Deutsch-russische Beziehungen

Deutsch-russische Beziehungen

Ihre welthistorischen Dimensionen vom 18. Jahrhundert bis 1917

Herausgegeben
von Ludmila Thomas
und Dietmar Wulff

Akademie Verlag

Die Deutsche Bibliothek – CIP-Einheitsaufnahme

Deutsch-russische Beziehungen und ihre welthistorischen Dimensionen vom 18. Jahrhundert bis 1917 / hrsg. von Ludmila Thomas und Dietmar Wulff. – Berlin : Akad.-Verl., 1992
ISBN 3-05-002148-9
NE: Thomas, Ludmila [Hrsg.]

Der Akademie Verlag ist ein Unternehmen der VCH-Verlagsgruppe.

Gedruckt auf säurefreiem Papier.

Satz: Hagedorn Satz, Berlin
Druck: GAM MEDIA GmbH, Berlin
Bindung: Verlagsbuchbinderei Mikolai, Berlin

Printed in the Federal Republic of Germany

Inhaltsverzeichnis

Vorwort

Eine umfassende Darstellung zur Geschichte der deutsch-russischen Beziehungen von ihrer Herausbildung im 18. Jahrhundert bis zum ersten Weltkrieg, die wissenschaftlichen Ansprüchen genügt, liegt bis zum gegenwärtigen Zeitpunkt nicht vor. Darüber kann auch die kaum noch zu überschauende Literatur nicht hinwegtäuschen, die einzelne Segmente dieser an Traditionen, Konflikten, Kontinuitäten und Brüchen reichen Geschichte behandeln. Auch die Gesamtdarstellungen, die je nach politischem Motiv die Zerwürfnisse und militärischen Auseinandersetzungen oder das jahrhundertelange friedliche und fruchtbare Zusammenleben in den Vordergrund rücken, füllen die Lücke nicht. Selbst literaturhistorisch orientierte, eher außerhalb der politik-historischen Traditionen befindliche Projekte, wie jenes von Lew Kopelew – die „West-östliche Spiegelungen", in dem die wechselseitigen Fremd- und Feindbilder, das Wirken von Deutschen in Rußland und die Aufenthalte von Russen in deutschen Territorien im Vordergrund stehen –, vermögen eine, diese und andere Beziehungsstränge integrierende Gesamtschau der Verhältnisse zwischen Deutschland und Rußland nicht zu ersetzen. Unterdessen erfordert die Zeit des Umbruches, die die Völker Ost- und Westeuropas zusammenzuführen scheint, ein wissenschaftlich fundiertes, universalhistorische Zusammenhänge erhellendes Geschichtsbild von den Beziehungen Rußlands und Deutschlands zueinander, das zur Verständigung zwischen beiden Völkern und Staaten beiträgt.

Der vorliegende Konferenzband wird dieses Defizit nicht beseitigen. Er entstand im Ergebnis eines Kolloquiums, das der Bereich Osteuropäische Geschichte des Institutes für Allgemeine Geschichte im April 1991 veranstaltete und der Vorbereitung zweier Synthesen zur Geschichte der deutsch-russischen Beziehungen vom 18. Jahrhundert bis 1914 dienen sollte. Ca. 20 Historiker, die die Disziplinen deutsche und allgemeine Geschichte, politische, Wirtschafts-, Kultur- und Wissenschaftsgeschichte vertraten, diskutierten an zwei Tagen die inhaltlichen und methodischen Probleme, die auf dem Weg zu einer „Geschichte der deutsch-russischen Beziehungen vom 18. Jahrhundert bis 1914" stehen. Den Veranstaltern kam es darauf an, die Ansätze der verschiedensten Disziplinen und Methoden auf ihre Fruchtbarkeit für dieses beziehungsgeschichtliche Thema zu prüfen. Diese gewollte Unterschiedlichkeit der Themen und Herangehensweisen spiegelt sich im vorliegenden Band wider. Neben übergreifenden theoretischen Reflexionen über die Notwendigkeit einer Geschichte der deutsch-russischen Beziehungen, ihren Gegenstand und ihre Einbettung in einen universalhistorischen Zusammenhang, über den Beziehungsbegriff und seinen Inhalt stehen empirische Beiträge zu verschiede-nen Problemen der deutsch-russischen Beziehungen. Wirtschaftshistorische Überlegungen befinden sich neben solchen zur Kultur- und Geistesgeschichte. Politiker des Wilhelminischen Kaiserreiches werden auf ihr Verhältnis zu Rußland befragt wie die in Rußland lebenden Deutschen. Mehrere Beiträge versuchen den Blick über den deutsch-russischen Horizont auf größere weltgeschichtliche Zusammenhänge zu lenken. So unterschiedlich die inhaltlichen Aspekte waren, so unterschiedlich fiel auch das methodische Instrumentarium aus. Hier reichte das Spektrum von der problemorientierten Diskussion des Forschungsstandes bis zur soliden, faktenreichen Untersuchung eines Themas aus der Vorgeschichte des ersten Weltkrieges.

Beziehungen, zumal zwischen zwei großen benachbarten Völker, besitzen viele Träger. Einzelne Persönlichkeiten, gesellschaftliche Organisationen, politische Parteien und andere Gruppen gehören ebenso dazu wie der Staat. Die unübersehbare Vielfalt der wechselseitigen Beeinflussungen im deutsch-russischen Verhältnis, das ungenügende methodische Instrumentarium, diese transparent darzustellen, sowie die schwierige Quellensituation und die notwendige Abgrenzung zu anderen Forschungsprojekten machten die Konzentration auf einen freilich entscheidenden Beziehungsstrang zwingend erforderlich. Den Gegenstand der Diskussion während des Kolloquiums und des vorliegenden Bandes bildeten aus diesem Grunde jene Beziehungen, die sich auf der staatlichen Ebene abspielten.

Die Unterschiedlichkeit der Tagungsbeiträge war erwünscht. Sie trug in erfreulichem Maße dazu bei, zugleich die Schwierigkeiten als auch die großen Möglichkeiten einer „Geschichte der deutsch-russischen Beziehungen“ auszuloten. Dies ermutigt die Herausgeber, die Beiträge der wissenschaftlichen Öffentlichkeit vorzustellen. Die Neugier auf das gegenwärtig Machbare kann allerdings erst vom Ergebnis – den noch zu schreibenden Synthesen – befriedigt werden.

Der Band enthält die schriftlich eingereichten Konferenzbeiträge. Einige Autoren behielten hierbei den Stil der mündlichen Rede bei. Aus technischen Gründen war es nicht möglich, die interessante Diskussion in geeigneter Weise zu reflektieren. Obwohl auf diese Weise der argumentative Meinungsstreit, der das Kolloquium kennzeichnete, im Konferenzband nicht zum Tragen kommen kann, hoffen die Herausgeber, Anregungen für die weitere Untersuchung der Geschichte der deutsch-russischen Beziehungen zu liefern.

Die Herausgeber danken dem Direktor des Instituts für Allgemeine Geschichte, Prof. Dr. Fritz Klein, für seine Unterstützung bei der Vorbereitung der Tagung sowie für seinen Einsatz bei ihrer Leitung. Unser aufrichtiger Dank gebührt ferner Frau Heidemarie Keller für die wissenschaftlich-technische Aufbereitung des Gesamtmanuskripts, Frau Jenny Schröder für die gewissenhafte Erledigung der anfallenden Schreibarbeiten sowie allen Kollegen, die bei der Vorbereitung und Durchführung des Kolloquiums mithalfen.

Die Herausgeber

Ludmila Thomas

Die deutsch-russischen Beziehungen als Gegenstand weltgeschichtlicher Forschungen

Die Geschichte der Beziehungen zwischen Völkern und Ländern ist seit langem ein Gegenstand der Geschichtsschreibung. Doch bis heute kann man von einer exakten Forschungsmethode für die Beziehungsgeschichte nicht sprechen. Zu den wirksamsten Motiven für Darstellungen der Völker- und Länderbeziehungen gehören Reflexionen nach den verlorenen Kriegen, die meist aus Anlaß ungerecht empfundener Friedensverträge einsetzten. Daher und aus Gründen, die mit der Fülle an schriftlichen Quellen zusammenhängen, sind die diplomatische Geschichte und die Geschichte der Fremdenbilder ihre bevorzugte Domäne.

Für die intensive Beschäftigung mit der Beziehungsgeschichte wären heute mehrere Begründungen anzuführen:

1. Die Hinwendung zur Beziehungsgeschichte aus dem akuten Bedürfnis heraus, die Welt um uns in Übereinstimmung mit den Ausrichtungen unseres Geschichtsbildes zu bringen. In der Zeit, wo Weltanschauungen aufgegeben werden, weil sie mit Makel versehen sind, Erklärungen für die überholte Weltordnung zu bieten, prüft man die Berechtigung früher vorgenommener Korrekturen.[1] Die rationelle Übersichtlichkeit versprechende Erklärung der Völkerbeziehungen aus ihrem ökonomischen und politischen Entwicklungsstand heraus reichte uns schon in der zweiten Hälfte unseres Jahrhunderts nicht mehr aus. Allmählich neigte man immer mehr dazu, die Probleme der Sozialpsychologie, der Ethnographie, der Kulturkreise und der Anthropologie als Erklärung für die Qualität der Beziehungen zu akzeptieren.

1 Vgl. Kapustin, M.: Konec utopii? Prošloe i buduščee socializma. Moskau 1990.

Das metaphysische Element, das solchen Erklärungen anhaftet, kann auch heute nicht von der Beschäftigung mit ihnen abschrecken. Zugleich aber weist uns die heutige Erfahrung auf das Produktive der ökonomisch-politischen Sicht, die schon veraltet geglaubt wurde. Wir erleben, daß Begriffe wie nationale Zusammengehörigkeit, gemeinsame Geschichte einerseits mobilisierend wirken, wenn es um die Abgrenzung gegenüber den anderen Völkern innerhalb eines Staatengebildes geht. Vertiefung imperialer Machtstrukturen, nationale und kulturelle Entwicklungsdefizite würde man hierfür neben den ökonomischen Faktoren als Erklärung anführen. Andererseits stehen wir am Anfang einer komplizierten Beziehung zwischen zwei Teilen eines Volkes, wo die historisch gesehen lächerlich kurze Zeit von 40 Jahren zur Entfremdung führte, die mit Mentalität und Sozialpsychologie allein nicht zu erklären ist. Systemunterschiede werden als Hauptgrund angeführt. Am Rande taucht allerdings die Frage nach unterschiedlichen Beziehungsfähigkeiten der Völker auf, als ein metasoziales Merkmal, von dem ihre Eignung für eine hervorragende Rolle in der Weltgeschichte immer wieder abhängen kann. Die Antwort erhofft man von der Rückbesinnung auf die Geschichte der Völkerbeziehungen.

2. Der geschichtsphilophische Aspekt.

Der Ehrgeiz, mit der Geschichtsschreibung eine wissenschaftliche Weltsicht zu verbreiten, legt uns allen die Frage nahe, ob nicht die Zeit gekommen ist, die Geschichte neu zu schreiben. Wenn die große Welterfahrung des 18. Jahrhunderts in die Formel gefaßt werden konnte, die Erstaunen darüber ausdrückt, daß „meine Welt noch nicht die Welt" sei; wenn noch in der ersten Hälfte unseres Jahrhunderts die Feststellung, daß der moderne Mensch ein Mitmensch zu sein hat, daß er aber auch das sei, wozu er sich macht und versteht, vorherrschte, so genügt diese halbherzige Relativierung für das heutige Weltempfinden nicht mehr. Unsere Weltsicht ist inzwischen auf eine weitere Relativierung vorbereitet; die Erfahrungen des Menschen am Ende des 20. Jahrhunderts drängen ihn geradezu zum Inbeziehungsetzen. Der Entwurf einer neuen Welt bzw. der neue Entwurf der Welt faßt heute, um mit Vilém Flusser zu sprechen, das Verhältnis als die ungekürzte Realität.[2] Das System vernetzter Intersubjektivität wird anstelle der

2 Vgl. Flusser, V.: Nachgeschichten. Essays, Vorträge, Glossen. Düsseldorf 1990, 158ff.

Unterscheidung zwischen Objekt und Subjekt zu setzen sein. Diese Aussicht könnte bei denjenigen produktiv wirken, die in der Vergangenheit an die Grenzen der säuberlichen Objekt-Subjekt-Unterscheidung angelangt sind. Freilich kann auch dieser Entwurf nicht alle Probleme lösen. Das Inbezugsetzen als Forschungsmethode und das Erforschen der Beziehungen ist zweierlei. Zu vergleichen wären beide Tätigkeiten in Bezug auf die Wertkrisen, die sie durchlaufen: während die Vergleichsmethode vor der Frage nach dem Etalon, nach dem Kriterium für die Norm steht[3], befaßt sich die Beziehungsgeschichte mit dem Problem der Prioritäten.

Die dritte Begründung sollte in unserem Falle die eigentlich gültige sein. Sie leitet die Beschäftigung mit der Beziehungsgeschichte von den Bedürfnissen und den Möglichkeiten der historischen Forschung ab.

Die moderne Geschichtsschreibung bezieht das Kriterium der Modernität in immer stärkerem Maße auf die Fähigkeit, die Geschichte als Weltgeschichte zu begreifen und darzustellen. Diese Forderung wird nicht nur an Historiker gestellt, die die Aufgabe übernehmen, eine Weltgeschichte zu verfassen; sie gilt auch für die Beurteilung weniger ehrgeiziger Synthesen der geschichtlichen Entwicklung. Wie weit wird aber die Anforderung ernstgenommen, wie weit werden wir ihr gerecht? Zwei Beispiele der Darstellung der Weltgeschichte möchte ich unter diesem Gesichtspunkt erwähnen: die unter Leitung von Alfred Heuß und Golo Mann herausgegebene Propyläen-Weltgeschichte und die 10bändige Weltgeschichte, herausgegeben von einem Autorenkollektiv unter der Leitung von Akademiemitglied Žukov in Moskau.[4]

Es war nicht zu erwarten, daß in diesen jeweils 10 Bänden die Weltgeschichte als ein einheitlicher Block, als etwas nach dem Prinzip der Einheit des Universums Konzipiertes, wenn auch mit unterschied-

3 Vgl. Fritz Kleins Ausführungen über den Sonderweg in der deutschen Geschichte. In: Klein, F., Aretin, K. O. v., Hg: Texte eines Kolloquiums. Berlin 1989, 20.

4 Vgl. Mann, G., Heuß, A., Hg: Propyläen Weltgeschichte. Eine Universalgeschichte, 1-10. Berlin, Frankfurt/M., Wien 1961; Mann, G., Heuß, A., Graf Lynar, E. W., Hg: Ergänzungsband Summa historica. Berlin, Frankfurt, Wien 1965; Vsemirnaja istorija v desjati tomach, hg. v. einer Redaktion unter Ltg. v. J. M. Žukov. Moskau 1955.

lichen ideologischen Vorzeichen, vorliegen würde. Doch wenn die Weltgeschichte nicht nur als die Summe der Nationalgeschichten dargestellt werden sollte, – ein Verfahren, für das man wohl nicht ganz zu Recht gerade Leopold von Ranke kritisierte, war doch zu erwarten, daß Beziehungen zwischen den Nationalgeschichten, ihre Komparativität, eine wesentliche Rolle spielen würden. Die Propyläen-Weltgeschichte versuchte den eindeutig nicht ausreichenden Stand der komparativen Forschung mit konzeptioneller Gedankenarbeit über den Aufbau und die Schwerpunkte einzelner Bände und mit gedankenreichen, modernen einleitenden Beiträgen zu jedem Band auszugleichen. Die Chronologie, in der die Weltgeschichte in die Geschichte einzelner Kulturen eingeteilt wurde, brachte neues Herangehen zum Ausdruck und konnte als Beweis dafür dienen, daß man die eurozentristische Sicht von Leopold von Ranke endgültig überwand und die „Welthaftigkeit des Geschehens“, wie Alfred Heuß formulierte, darzustellen anstrebte. Offensichtlich doch mit dem Ergebnis nicht gänzlich zufrieden, versuchte man eine Zusammenfassung in einem elften Band, der Grundzüge der Epochen enthielt und wesentlich bescheidener „Summa, nicht Einheit oder gar Wesen des Geschichtlichen zum Thema“ erhob.

Die russische „Vsemirnaja istorija“ enthält in der Einleitung keinen Hinweis auf die wachsende Welthaftigkeit. Erstaunlicherweise bekannten sich gerade die auf Marx bezugnehmenden Historiker zu der nach Nationalgeschichten aufgebauten Weltgeschichte.

Den Zugang zur Weltgeschichte sah man zwar in dem in Moskau verfaßten Vorwort in der steigenden Wechselseitigkeit, in den immer enger werdenden Beziehungen zwischen Völkern, Ländern, Nationen, so daß die Weltgeschichte als dominierender Inhalt und schließlich auch als das Resultat der Geschichte gesehen werden sollte[5], doch über die prinzipiellen Erklärungen war man in der konkreten Darstellung nicht gekommen. So weit war allerdings auch schon Leopold von Ranke gelangt. In der Vorrede zu seiner Weltgeschichte plädierte er lediglich dafür, die „Portale der Geschichte“ nicht zu weit zurück in die Urgeschichte zu stellen. „Die Ursprünge der Kultur“, – meinte er – „gehören einer Epoche an, deren Geheimnis wir nicht zu entziffern vermögen.“ Seine Auffassungen über das Verhältnis zwischen der

5 Vsemirnaja istorija 1 – /XXI.

Weltgeschichte und den Nationalgeschichten klingen dagegen ganz so, als ob er sich um die Begründung für die Notwendigkeit der Beziehungsgeschichte bemüht hätte: „Es gibt ein historisches Leben, welches sich fortschreitend von einer Nation zur anderen, von einem Völkerkreis zum anderen bewegt. Eben in dem Kampf der verschiedenen Völkersysteme ist die allgemeine Geschichte entsprungen, sind die Nationalitäten zum Bewußtsein ihrer selbst gekommen; denn nicht durchaus naturwüchsig sind die Nationen.“[6]

Je mehr wir uns dem Ausgang des 20. Jahrhunderts nähern, um so gewaltiger erscheint die Aufgabe, feststehende historische Erkenntnisse mit dem eigenen Erleben in Übereinstimmung zu bringen. Die Suche nach neuen Zugängen zur Weltgeschichte wird intensiver. Beziehungsgeschichte der Völker, der Staaten, der Gesellschaften und Parteien, der sozialen Gruppen und der Kulturen, der Persönlichkeiten aus Politik, Ökonomie, Wissenschaft, Kunst ist nur ein solcher Zugang, aber er ist von großer Wichtigkeit. Der unterschiedliche Forschungsstand, nicht nur von Land zu Land und von Volk zu Volk, sondern auch von einem Zweig der Beziehungen zum anderen, wird zum Hindernis für eine ausgeglichene Geschichtsbetrachtung. Staatliche Beziehungen werden in der Regel als Gegenstand der Geschichtsforschung legitimiert, darunter vor allem die diplomatischen. Bei der Unterscheidung zwischen den staatlichen Beziehungen und solchen, die nicht den offiziellen staatlichen Charakter trugen, kommt noch hinzu, daß für einige Arten der Verbindungen beides zutraf. Es gab zum Beispiel offizielle ökonomische Beziehungen und auch solche unterhalb oder außerhalb der offiziellen Ebene. Das gleiche trifft auf Kultur, Wissenschaft usw. zu. Entsprechend unterschiedlich sind die Quellenlage und auch die dem Historiker zur Verfügung stehenden Möglichkeiten, über pauschale Urteile hinaus konkrete Forschungsergebnisse vorzulegen.

Die Beschäftigung mit der Geschichte der deutsch-russischen Beziehungen wird in Deutschland von Historikern verschiedener Geschichtsdisziplinen vorgenommen. Es würde den Rahmen dieses Vortrages sprengen, würde man auf die Arbeiten eingehen, welche die deutsche Geschichte zum eigentlichen Untersuchungsfeld haben und

6 Ranke, L. v.: Weltgeschichte, 1/2. Hamburg 1928, 18f.

davon ausgehend, auf Beziehungen zu Rußland zu sprechen kommen. Hier kann nur von Forschern die Rede sein, die in Auseinandersetzung mit den Traditionen der deutschen Ostforschung zur russischen Geschichte als ihrem eigentlichen Gegenstand gekommen sind. Noch weiter eingeengt, geht es vor allem um die Einschätzung der Arbeiten, die in der DDR unter dem oben genannten Vorzeichen entstanden sind.

Kein Historiker der Welt, der ernsthaft die russische Geschichte erforscht, kann es tun, ohne dem Einfluß des in seinem Forschungsland herrschenden politischen und ideologischen Systems ausgesetzt zu sein. Dies ist bekanntlich kein Phänomen der Rußlandforschung allein. Von Land zu Land unterschiedlich stark und unterschiedlich direkt, spielt dieser Einfluß doch überall eine wesentliche Rolle. Er beginnt bei den Motiven, sich mit der Geschichte eines anderen Landes zu beschäftigen, und setzt sich bei der Themenwahl fort, für die immer das Rätselraten um die aktuelle Politik den zusätzlichen Reiz für die Beschäftigung mit der vergessenen Vorgeschichte liefert. Andererseits färbt die heimatliche Atmosphäre, in der ein Historiker seine Forschungen über das fremde Land betreibt, zumindestens ebenso nachdrücklich auf die von ihm produzierten Geschichtsbilder ab. Solche Binsenweisheiten pflegt man gewöhnlich solange zu vergessen, bis ein Wechsel der aktuellen politischen Szenerie die Frage nach dem Bleibenden unserer Geschichtserkenntnisse provoziert.

Für Rußlandforscher in der DDR muß diese Feststellung über den unlösbaren Zusammenhang mit der sowjetischen Geschichtsschreibung mehrfach und auf besondere Weise zutreffen. Zu verweisen sei nur auf die gleiche Unterordnung der aufeinander abgestimmten ideologischen Systeme, auf die besondere ideologische Auflage für die Propaganda der russischen Geschichte in der DDR, wie nicht zuletzt auf die Archivpolitik als einen Teil der offiziellen Informationspolitik.

Es ist daher unumgänglich, Defizite in der Historiographie der UdSSR zur eigenen Geschichte der vorrevolutionären Zeit zu erkennen und zu benennen. Beginnen muß man dort, wo die erste Grundkonzeption der russischen Geschichte bald nach der Oktoberrevolution entstand. Den größten Anteil an der Legende, die der Geschichtspropaganda zugrundegelegt wurde, hatte der Historiker und Berufsrevolutionär Michail Pokrovskij.

Pokrovskij war kein blinder Vollstrecker einer anonym entstandenen ideologischen Linie. Er erkannte die Zwänge, in die die von Lenin verfaßte Revolutionskonzeption und die ebenfalls von Lenin bzw. mit seiner Billigung durchgesetzte revolutionäre Praxis ideologischer Kämpfe die Geschichtsschreibung hineingestellt hatten. Seine „Russische Geschichte in kürzestem Abriß“ erschien zwischen 1920 und 1934 in elf Auflagen.[7] Lenin reagierte auf das Buch mit einem Brief an den Autor, in dem er den Wunsch äußerte, die Darstellung mit einer chronologischen Tabelle zu versehen, in der jedem Datum sowohl die marxistische als auch die bürgerliche Einschätzung beigefügt werden sollte.[8] Pokrovskij hat Lenins Rat nur teilweise befolgt. Die chronologische Tabelle wurde in den späteren Ausgaben beigefügt, doch ohne die historiographischen Kommentare. Als Praktiker der modernen Geschichtsschreibung sah er, daß Lenins Vorstellungen, man könne auf diese Weise nebenbei die bisherige Geschichtsschreibung außer Kraft setzen, illusorisch waren.

Eine vollkommene Übereinstimmung mit Lenin kann man in dem allgemeinen Geschichtsbild Pokrovskijs ohne weiteres feststellen. Lenins Bild der russischen Geschichte in den 50 Jahren vor der Oktoberrevolution war ausreichend bekannt. Diejenigen unter seinen Kritikern, die ihm eine ungenügende theoretische und historische Vorbereitung auf die Revolution vorwerfen, tun dem großen Revolutionär unrecht. Seine Beschäftigung mit der russischen Geschichte begann spätestens in der sibirischen Verbannung Ende der neunziger Jahre des vorigen Jahrhunderts. Und die letzte größere Arbeit, die Lenin unterbrach, um sich in die unmittelbare Vorbereitung der Revolution hineinzustürzen, „Staat und Revolution“, befaßte sich ebenfalls mit der Geschichte. Das Verhängnisvolle für die Geschichte und wohl auch für das Land bestand allerdings darin, daß Lenins Geschichtsauffassungen vollständig auf sein revolutionäres Ziel fixiert waren. Ereignisse russischer Geschichte wurden daher von ihm genauso wie die Prozesse, deren Zeuge er war, mit dem unversöhnlichen Maßstab eines auf Bruch, auf totale Veränderung orientierten Politikers gemessen. Jede Unzulänglichkeit, jeder Fehler, jede nicht bis zur letzten Konse-

7 Pokrovskij, M. N.: Russkaja istorija v samom sžatom očerke. Moskau 1933.
8 Lenin, V. I.: Brief an M. N. Pokrovskij v. 5. 12. 1920. In: Werke, 35. Berlin 1966, 422.

quenz durchgeführte Maßnahme, kurzum, jeder geschichtliche Kompromiß wurde kritisiert und scharf abgelehnt. Jede Reformbewegung, unabhängig von ihrem Ergebnis, wurde als ein Ereignis zweiter Sorte, verglichen mit einer revolutionären Aktion, selbst wenn diese gescheitert war, beurteilt. Das Hervorheben revolutionärer Traditionen in der russischen Geschichte bedeutete einen Bruch mit der offiziellen Tradition in der russischen Historiographie. Solange jedoch diese Sicht lediglich im publizistischen Werk des meist im Ausland lebenden Sozialdemokraten Vladimir Uljanov zu finden war, handelte es sich um eine produktive Korrektur des konservativen Geschichtsbildes. Nach der Revolution und vor allem, nachdem das Einparteiensystem mit dem Ziel der ungeteilten Beherrschung des Staates etabliert war, erhielt die auf Revolution orientierte Geschichtsverherrlichung eine stabilisierende Funktion. Zugleich entstand zum ersten Mal die Gefahr der Verabsolutierung dieser einen Komponente der russischen Wirklichkeit auf Kosten der anderen Elemente.

Die mit der neuen Macht verbundene Geschichtsschreibung, die sich à priori als marxistisch sah und auch so bezeichnete, sah ihren großen Auftrag darin, die historische Begründung für die These von der Oktoberrevolution als dem absoluten Höhepunkt der menschlichen Geschichte anzubieten. Die kurzsichtig und ahistorisch ausgelegte These von dem höheren Wert jeder revolutionären Bewegung verglichen mit dem Reformweg, hatte innerhalb von kurzer Zeit eine weitverzweigte Begründung erhalten. Pokrovskij spielte in dieser Aktion die führende Rolle. Dabei kann sein Beitrag zur Entlarvung der Innen- und Außenpolitik der Zarenregierung nicht hoch genug eingeschätzt werden. Seine Quellenpublikationen, insbesondere die Veröffentlichungen im „Krasnyj archiv“, hatten die bleibende positive Wirkung auf die Geschichtsforschung, und zwar im Ausland mehr als im Inneren des Landes. Die fast in allen europäischen Ländern eingeleitete Forschung über die Vorgeschichte des ersten Weltkrieges erhielt noch lange, nachdem die Pokrovskij-Schule in der UdSSR verdammt worden war, Impulse aus den von Pokrovskij initiierten Quellenpublikationen. Die deutsche Geschichtsschreibung, zumindestens der Teil, der bestrebt war, die imperialistischen Ursachen des Krieges bloßzulegen, hatte in Pokrovskij einen Partner, bei dem anders als bei den russischen Emigranten jener Zeit, jegliche Verdächtigungen des Nationalismus sich als unhaltbar erwiesen. Dagegen trugen die Teile seiner

Geschichtskonzeption, die der Unterstützung des in sich widersprüchlichen Programms des Aufbaus des Sozialismus in Rußland dienen sollten, zu offensichtlich Spuren einer tendenziösen Geschichtsdeformierung. Wenn es auch gewiß nicht um ein vordergründiges Taktieren ging, wie es bei späteren Historikergenerationen öfter der Fall war, so war das Ergebnis dieser aus Überzeugung vorgenommenen Revision der Geschichte verheerend. Die Geschichte Rußlands, wie auch die Weltgeschichte, wurde an eine Materialismusvariante angepaßt, die mit universalen Werten und Begriffen operierte. Ein bis heute weder von Pokrovskijs Kritikern noch von seinen Verehrern beachtetes Beispiel wäre seine Begründung für die von Lenin vertretene These von der ökonomischen Zurückgebliebenheit Rußlands. Die Natur sei Rußland gegenüber stiefmütterlich gewesen. Auf großen Gebieten des russischen Reiches könnten die notwendigen Nahrungsmittel nur spärlich und mit großer Mühe erzeugt werden. Diesen Zustand habe die sozialistische Gesellschaft vor zu korrigieren. Pokrovskij entwarf eine Utopie von der Gesellschaft, in der die Natur in Menschenhänden wie „die weiche Wachsmasse, aus der der Mensch alles kneten kann, was er braucht" sein würde.[9] Eine Weltsicht, die einerseits die Harmonie und das Glück der Menschheit zum Ziel erklärte. Doch sollte dieses Ziel mit Mitteln erreicht werden, die Harmonisierung, Toleranz, Aussöhnung, sei es mit der Natur, sei es innerhalb der menschlichen Gesellschaft, strikt ablehnten. Totale Revolution in der Politik, demzufolge Revolution als absoluter Wert, angewandt auf die Geschichte.

In dieser Sicht, die das Weltempfinden jener Generation der Gelehrten, Politiker und Künstler an verschiedenen Enden der Erde widerspiegelte, ein Weltempfinden, das den menschlichen Geist und die menschliche Energie über alles stellte, gab es kaum Platz für Nachsicht gegenüber den Fehlern und den Utopien früherer Generationen, wenig Platz für Toleranz gegenüber den Andersdenkenden. Der Kampf gegen die Religion und die Kirche war nur eine logische Konsequenz der Überzeugung, daß allein der von Zwängen der entstandenen Kultur und Zivilisation befreite Proletarier eine vollkommene Welt zu erschaffen vermöge.

Die Folge war, daß aus der Geschichtsdarstellung für längere Zeit Bewegungen, Prozesse und Persönlichkeiten herausfielen, die nicht in

9 Pokrovskij 15.

der revolutionären Tradition unterzubringen waren. Eine andere Folge waren zum Teil gutgemeinte Geschichtsfälschungen, die etwas für revolutionär erklärten, was man in das offizielle Geschichtsbild hinüberretten wollte. Solche Verwandlungen waren durchaus nicht nur für Politikerbiographien notwendig. Puškin verdankte seine offizielle Popularität zu verschiedenen Zeiten recht unterschiedlichen Momenten seiner Biographie. Zeiten, wo er diese seinem Tod von der Hand eines Ausländers verdankte, kamen erst später. Zuerst jedoch war es seine Freundschaft mit den Dekabristen, die ihn sowohl vor Angriffen der linken Kunstavantgarde als auch vor den Verdächtigungen der roten Bürokraten, den Vorkämpfern einer Fragebogengesellschaft, retteten.

Für die Historiographie, die sich mit der neueren russischen Geschichte befaßte, bedeutete dies ein Programm, dessen Verwirklichung u.a. die Reformbewegungen der 60er Jahre des 19. Jahrhunderts zum Opfer fielen. Mehr als ein halbes Jahrhundert lang werden diese, wie auch die Prozesse der Demokratisierung nach der Revolution 1905, vom Standpunkt dessen eingeschätzt, was sie nicht vermocht hatten.

Während die Folgen der ausschließlichen Orientierung auf die revolutionäre Vergangenheit noch lange an den zahlreichen „weißen Flekken" der Geschichte abzulesen waren, ist der ihr zugrunde gelegte konzeptionelle Ansatz längst relativiert worden. Ab 1934 kann man von einer neuen konzeptionellen Verbiegung der Geschichtsschreibung reden. Die Großmachttradition wurde hervorgeholt und neben der Revolutionskonzeption installiert, ohne diese gänzlich außer Kraft zu setzen. Das Kunststück wurde ohne Hilfe eines Historikers von dem ersten Mann im Lande höchst persönlich vollbracht. Seine Helfer blieben anonym.[10] Stalins „Kurzer Abriß" knüpfte formell an Pokrovskijs Werk an. Auch die Methode, sich auf Lenin zu beziehen, wenn man die eigene Geschichtsauffassung begründete, hatte Vorgänger. Zur vollständigen Entfaltung dieser Methode kam es übrigens erst nach 1945. Die Großmachttradition hatte, wie nicht anders zu erwarten, einen politischen Hintergrund: Die revolutionäre Macht setzte ihre Alleinherrschaft im Lande durch und war dabei, sich als Großmacht zu etablieren. Sie brauchte eine „vaterländische Geschichte", in der man

10 Vgl. Geyer, D.: Klio in Moskau und die sowjetische Geschichte. Heidelberg 1985, 9ff.

zwar begründen konnte, daß mit dem Sturz des letzten Zaren eine völlig neue Epoche der Weltgeschichte einsetzte, jedoch in der Begründung des Großmachtanspruchs auf die alten Traditionen erfolgreicher und starker Zarenpersönlichkeiten – etwa Ivan IV., Peter I., aber auch Nikolaj I. – zurückgriff. Ein bemerkenswertes Zeugnis der Geschichtsschreibung, die diese ideologische Tendenz auf brillante Weise unterstützte, sind die großen Arbeiten von Eugenij Tarle, besonders seine zweibändige Krim-Kriegsdarstellung.[11] Bei der Lektüre der Abschnitte über Nikolaj I., die von Feingefühl für sprachliche und inhaltliche Nuancen zeugen, kann sich der Leser des Verdachts nicht erwehren, daß der erfahrene Historiker genau wußte, wie weit er auf den großen Tyrannen Rücksicht nehmen mußte, dessen Urteil über das Buch zugleich ein Urteil über das Sein oder Nichtsein des Autors bedeutete. Stalin war für ihn, so scheint es, in seiner Eitelkeit, im Hinblick auf Parallelen zu einem Zaren durchschaubar. Tarle konnte ohne Furcht die Härte, sogar die Grausamkeit dieses Zaren schildern, wenn er ihm nur die Größe und das Engagement für Rußlands Herrschaft in Europa zugestand. Das Buch war übrigens mehrfach konzeptionell abgesichert: Das antideutsche Element in der Darstellung der Ereignisse aus längst vergangenen Zeiten gehörte genauso dazu wie die meisterhaft ausgeführte Schilderung der Heldentaten russischer Soldaten und Matrosen. Man bedenke, daß das Buch während des 2. Weltkrieges, der erste Band 1941, der zweite 1943, erschienen ist. Die 2. Auflage folgte schon 1944. Tarle war einer der wenigen Historiker jener Zeit, die ihre zweifellos überragenden Fähigkeiten und Kenntnisse in den Dienst der neuen Großmachtkonzeption mit echter Überzeugung und Engagement gestellt haben. Deshalb ist sein Anteil an dieser Verbiegung der Geschichte besonders groß. Nicht zuletzt trifft das für seine Haltung zu Deutschland zu, ein Aspekt, mit dem sich Historiker der deutsch-russischen Beziehungen auseinanderzusetzen haben.

Um ein ganz besonderes Kapitel der Beziehungsgeschichte, das nicht zuletzt vom methodologischen Gesichtspunkt zu beachten wäre, geht es bei der Darstellung der Geschichte der Völker der UdSSR.

11 Tarle, E.V.: Krymskaja vojna, in: Sočinenija v 12 tomach, VIII, IX. Moskau 1959.

Obwohl seit 1922 der Staat offiziell als eine Union der Republiken existierte, wurde stets von der Nationalitätenpolitik gesprochen und nicht von den Beziehungen zwischen den verschiedenen Republiken und Völkern. Die Geschichtsschreibung wurde etwa seit den 60er Jahren mit den nach einer Grundkonzeption verfaßten Abrissen der Geschichte einzelner Nationen, Nationalitäten oder Regionen angereichert. Sie wurde weit hinter den Anschluß dieser Völker an Rußland zurückverfolgt, und die Begründung dieses Einschnitts war in der Regel ihr konzeptioneller Schwerpunkt. Begreiflicherweise drehen sich heute die Geschichtsdarstellungen einzelner Völker um dasselbe Problem mit umgekehrtem Vorzeichen – nämlich um die historische Begründung für die aktuellen politischen Autonomie- bzw. Abtrennungsbestrebungen. Nachträglich kann man darüber staunen, wie sehr die offizielle Geschichtsschreibung in diesem Punkt das Wesentliche aussprach. Es sollte nicht einmal der Anschein eines Bundes souveräner, aus verschiedenen historischen und ethnischen Quellen zusammengewachsener Völker entstehen.

Während die beiden konzeptionellen Festlegungen zugleich zwei Etappen der Geschichtsschreibung in der UdSSR kennzeichnen können, war die dritte Etappe, die nunmehr vermutlich abgeschlossen ist, nicht so einfach auf eine konzeptionelle These zu reduzieren. Auch zeitlich ist ihr Anfang schwer zu bestimmen. Der Sieg im 2. Weltkrieg und die Konfrontation mit der westlichen Welt, – sowohl in Gestalt des besiegten Gegners, als auch der ehemaligen Verbündeten, – gehörten wie der 20. Parteitag der KPdSU und der mißlungene Demokratisierungsversuch zu ihren Voraussetzungen. Die ideologische Krise widerspiegelte sich in der Historiographie dieser Zeit auf unterschiedliche Weise. Die jahrzehntelange Politik der Aufsicht über die Archive, über Quellen und Fachliteratur trug ihre Früchte. Dem Historiker, der sich mit der russischen Geschichte beschäftigen wollte, stand eine Quelle sofort und uneingeschränkt zur Verfügung: die veröffentlichten Arbeiten von Lenin. Aus den Reden und Aufsätzen des Revolutionärs, der die Absicht, die russische Wirklichkeit von Grund auf zu ändern, begründete, gewann man die Erkenntnisse über den Geschichtsverlauf am Anfang des Jahrhunderts.

Die offizielle Geschichtsschreibung schleppte sich von einem runden Jahrestag bzw. Parteitag zum anderen. Es schien, als ob die völlige Gleichschaltung der Historiographie mit allen Konsequenzen für die

Arbeitsweise, für das Ritual der Veröffentlichungen, für die Themenauswahl und die Vorauswahl des zur Verfügung gestellten Archivmaterials total vollzogen war.

Doch man würde ein völlig falsches Bild von den Forschungen zur Geschichte Rußlands entwerfen, wenn man diese nur auf die oben charakterisierte offizielle Geschichtsschreibung einschränken würde. Im Schatten der zum Vorzeigen bestimmten Historiographie der großen Themen existierte eine Geschichtsschreibung, die sich jeder Politisierung der Geschichte zu entziehen versuchte. Zentren dieser Forschungen entstanden meist in den 60er Jahren, und zwar dort, wo Historiker einen unkontrollierten Zugang zu Archivmaterialien bewahren konnten. Dazu gehörten z.B. Einrichtungen des Historischen Archivinstituts in Moskau, die Filiale des Akademieinstituts für Geschichte der UdSSR in Leningrad, einzelne historische Gedenkstätten und Museen, aber auch die geschichtlichen Forschungszentren in den einzelnen Unionsrepubliken. Damit sind nicht alle Forschungsinseln dieser Art genannt, und nicht alle Historiker, die an den genannten Institutionen tätig waren, haben die ihnen gebotenen Möglichkeiten für eine echte Forschung genutzt. Und doch kann man von der Konzentration bleibender Forschungsergebnisse, die übrigens auch im Ausland Beachtung fanden, gerade in diesen Einrichtungen sprechen. Die meisten mit peinlicher Genauigkeit geführten Untersuchungen erhoben allerdings kaum den Anspruch, einen Beitrag zur Klärung einer wichtigen theoretischen bzw. politischen Frage zu leisten. Die Gedankengänge und die Beweisführung blieben stets an der Schwelle der größeren Verallgemeinerung stehen. Die Neigung zur sorgfältigen Faktenbeschreibung, die an Faktologie grenzte, war auch eine Äußerung der ideologischen Krise, ein Versuch, sich über die Zeiten der theoretischen Sterilität mit Hilfe empirischer Forschungen hinwegzuretten. Über die Quellen einer solchen Haltung, die meiner Meinung nach in manchen Fällen als eine Form des geistigen Widerstands bewertet werden kann, muß noch geforscht und geschrieben werden. Hier können nur einige Stichpunkte zur Diskussion angeboten werden. Verschiedene Umstände müssen zur Klärung dieses Phänomens herangezogen werden. Das wichtigste wäre die ethische Tradition der russischen Intelligenz vor der Revolution. Die Nachteile, in dem neu gegründeten Arbeiter-und-Bauern-Staat nur zur „herrschenden Klasse“ zu gehören, trafen die mit der Revolution verbundenen Lehrer,

Anwälte, Wissenschaftler und Künstler nicht unvorbereitet. Erfahrungen der Verfolgungen, der Verbannung, der Zensurschranken und der sozialen Notlage waren für sie nichts Neues. Die Chance, Einfluß für die neue Macht auszuüben, sahen sie zuerst in ihrer zivilisatorischen Rolle im Rahmen der Kulturrevolution. Die Gefahr der echten Isolierung bestand nur für den Teil der Intelligenz, der organisatorisch mit der Kirche verknüpft war. Die Massenrepressalien der 30er Jahre, die in erster Linie die mit der Partei verbundene Intelligenz trafen, schufen zusätzliche Unsicherheiten und unbeabsichtigte Nebenwirkungen. Es bildeten sich Verhaltensnormen heraus, nach welchen die Nähe der Intelligenz zur politischen Macht nicht nur für gefährlich, sondern auch als verdächtig galt.

Dieser Exkurs in die sowjetische Geschichtsschreibung sollte eine Erklärung für die Situation der Rußlandforschung in der DDR anbieten. Die neue Geschichtsschreibung des als sozialistisch proklamierten Teils Deutschlands hatte selbstverständlich nur mit der offiziellen Geschichtsschreibung der UdSSR zu tun. Aus dieser Quelle war zuerst kein Mut für eigene Wege zu schöpfen. Es dauerte Jahre, bis der bequeme, aber geistig unergiebige Kreis der offiziellen Kontakte durchbrochen werden konnte. Mehrere Faktoren spielten dabei eine Rolle. Zuallererst begannen die Kontakte zu wirken, die die deutschen Antifaschisten aus den Lagern in Sibirien und Kasachstan mitbrachten. Hinter die offizielle ideologische Hülle konnten auch die zahlreichen jungen Deutschen schauen, die in der Sowjetunion studierten. Ihre Erfahrungen, z.B. in den Jahren nach dem XX. Parteitag der KPdSU, widersprachen so gründlich der zu diesem Zeitpunkt in der DDR herrschenden Propaganda, daß eine Dauerwirkung auf ihre Weltanschauung durch Aufenthalte im Lande der Revolution vorprogrammiert war. Für die Osteuropaforschung der DDR bot paradoxerweise die deutsche Ostforschung den Schlüssel zu den über das Amtliche hinausgehenden Verbindungen.

Die Einstellung russischer Historiker zu der vor allem durch Eduard Winter repräsentierten deutschen Ostforschungstradition war kompliziert. Die fachlichen Leistungen ihrer großen Vertreter war man bereit zu würdigen, aber ihre Zusammenarbeit mit dem Auswärtigen Amt, und zwar nicht allein in der Zeit der demokratischen Weimarer Republik, war verdächtig. Selbst, oder auch gerade im Falle von Otto Hoetzsch, dessen Arbeiten über die russische Geschichte, vor allem aber die mit Pokrovskij zusammen erstellte Dokumentenausgabe[12] in der UdSSR bekannt und hoch geschätzt waren, war seine Nähe zu Macht gerade für diejenigen verdächtig, die jegliche Kontakte mit eigenen Machthabern zu meiden suchten.

Von einer Distanz zur Politik konnte man bei den angesehenen Vertretern der deutschen Ostforschung, vor allem in den ersten drei Jahrzehnten des XX. Jahrhunderts, gar nicht sprechen. Die falsche Beurteilung der Situation in Rußland kurz vor der Revolution 1905, die spätere Historiker der politischen Kurzsichtigkeit des Kaisers anlasteten, muß auf Gutachten zurückgeführt werden, die Theodor Schiemann im Auftrage der Regierung angefertigt hatte.[13] Die Einschätzung der Rolle einzelner politischer Parteien kurz vor der Februarrevolution stammte von Otto Hoetzsch und wurde von einem anderen angesehenen deutschen Historiker, dessen Verdienste allerdings nicht auf dem Gebiet der Ostforschung lagen – Max Weber – scharf kritisiert.[14] Persönlich engagiert erscheinen diese Historiker; dies traf vor allem für Otto Hoetzsch und seine Umgebung zu, schon wegen der rationellen und emotionellen Beteiligung an ihrem Forschungsgegenstand, die sie später, vor allem zur Zeit des Faschismus, vor einer antislawischen Haltung bewahrte. Diese wichtige Tatsache wurde von einigen Historikern in unserem Kreise, vor allem von G. Voigt[15], mit umfangreichen Archivquellen belegt und kann heute als Korrektur am Bild der Ostforschung betrachtet werden, das vor allem in der sowjetischen Historiographie jahrzehntelang vorherrschend war.

Die Geschichte der deutsch-russischen Beziehungen war in der DDR, zumindest bis 1985, fast das einzige ständig politisch brisante

12 Gemeint ist: Die Internationalen Beziehungen im Zeitalter des Imperialismus. Dokumente aus den Archiven der Zarischen und der Provisorischen Regierung. Hg: Kommission beim Zentralexekutivkomitee der Sowjetregierung unter dem Vorsitz von Michail Pokrovskij. Dt. Ausg.: Otto Hoetzsch. Berlin 1931–1943.

13 Bericht Th. Schiemann an das Auswärtige Amt über den Verlauf der Universitätsreform in Rußland v. 19.10.1901 bis 30.11.1902. In: Politisches Archiv, AA Bonn R 10566.

14 Vgl. Weber, M.: Rußlands Übergang zur Scheindemokratie. In: Ders.: Gesammelte politische Schriften. München 1921, 108.

15 Vgl. Voigt, G.: Otto Hoetzsch 1876-1946. Wissenschaft und Politik im Leben eines deutschen Historikers. Berlin 1978.

Thema der osteuropäischen Geschichte. Eduard Winter ist es zu verdanken, daß diese politische Konjunktur unter seiner Leitung zu zahlreichen Forschungsergebnissen, zur Herausgabe einer Zeitschrift, zur Veröffentlichung zahlreicher Editionen und Monographien geführt hat. Die, oberflächlich betrachtet, lediglich an der Quellenbasis orientierte Forschung, deren einziger Grundsatz die Einführung in die Geschichtsschreibung neuer, bis dahin nicht veröffentlichter Archivmaterialien zu sein schien, folgte in Wirklichkeit einer durchdachten Konzeption. Diese hatte die politische Auflage für die Erforschung der deutsch-russischen Beziehungen in beiden Ländern – der DDR wie der UdSSR – zu beachten. In der DDR besaßen die Episoden der deutsch-russischen Beziehungen einen besonderen Vorzeigewert, die friedlich und harmonisch verliefen. Es ging nicht darum, in der tiefen Vergangenheit unlösbare Gegensätze, versäumte Verständigungschancen aufzudecken oder Etappen der Beziehungen zu beschreiben, wo diese beiden Staaten als Feinde einander gegenüberstanden. Die beiden Weltkriege erschienen angesichts einer solchen Tradition als Unfälle in der Beziehungsgeschichte, verursacht vom deutschen Imperialismus. Die Konsequenz einer solchen Konzeption bestand einerseits im Hervorheben aller Ereignisse und historischer Persönlichkeiten, die für das positive Saldo der Beziehungen geeignet waren. Andererseits aber erwuchsen der Geschichtsschreibung der DDR mit der Zeit Schwierigkeiten, z.B. bei der Darstellung der Marx'schen Haltung gegenüber Rußland oder auch Bebels Aktivitäten im Reichstag aus Anlaß der russischen Politik. Mehr oder weniger schwerwiegende politisch begründete Geschichtsfälschungen setzten schon bei der nicht allein in der DDR vertretenen These von einem besonderen Gewicht der deutsch-russischen Beziehungen, von dem schicksalhaften Aufeinanderfixiertsein beider Länder im Verlaufe der letzten tausend Jahre ein. Die Legende von einem stets besonders großen Gewicht der deutsch-russischen Beziehungen hatte Auswirkung auf die Darstellung der Beziehungen zu anderen Ländern und Völkern.

Nach zwei Weltkriegen, in denen Deutschland gegen Rußland antrat, nahmen die deutsch-russischen Beziehungen auch in der sowjetischen Geschichtsschreibung einen besonderen Platz ein. Für aktuelle Anlässe gebrauchte man die Geschichte schon am Vorabend des 2. Weltkrieges. Die Geschichte der Herausgabe von Bismarcks „Gedanken und Erinnerungen", vor allem auch das Vorworts von Arkadij Erussalimskij ist mehrmals beschrieben worden.[16] Bismarcks Warnungen vor den kriegerischen Auseinandersetzungen wurden 1940 neben den anderen Hinweisen auf andere historische Parallelen zitiert. Mehr als auf Bismarck bezog man sich auf Napoleons Rußlandfeldzug. Auf diese Parallele war auch die Bezeichnung Großer Vaterländischer Krieg gerichtet. In den vergangenen 45 Jahren nach dem Kriege gab es jedoch zu keiner Zeit konzeptionelle Einmischung in die Geschichtsschreibung zur Periode vor 1917, die eine tendenziöse antideutsche Geschichtsauslegung vorschrieben. Thesen von der Aggressivität des deutschen Imperialismus spielten eine große Rolle im Zusammenhang mit der Entstehung des ersten Weltkrieges. Weiter zurück ging nur die Kritik der Ostforschung und die Legende von dem Kampf Alexander Nevskijs gegen die deutschen Ritter. Andere ideologisch gefärbte Auseinandersetzungen um die Aspekte der deutsch-russischen Beziehungen trugen im ganzen einen Defensivcharakter, so etwa die um die Normannentheorie oder um das Problem der Rolle des Auslandskapitals – namentlich des deutschen – im vorrevolutionären Rußland.

Die politische Geschichte der deutsch-russischen Beziehungen verlor allmählich, vor allem nach Erussalimskijs Tod, ihren Platz im ideologischen Vorfeld. Arbeiten von Astaf'ev, Maškin, Avetjan[17] konnten diesen Platz selbst mit der Unterstützung der wirtschaftsgeschichtlichen Untersuchung von Djakin[18] nicht mehr sichern.

Noch wichtiger als personelle Fragen war die deutliche Zuwendung der Geschichtsideologie zu dem Problem Rußland und Europa. Die zentrale Frage der geistigen Auseinandersetzungen im XIX. Jahrhundert wurde schon in den 70er Jahren, zuerst zur Begründung des traditionellen Gewichts des russischen Staates und der russischen Kultur für Europa, aufgegriffen. Seit Mitte der 80er Jahre kam es jedoch zur wesentlichen Akzentverschiebung, was für die Geschichtsschrei-

16 Vgl. vor allem das Interview mit dem Historiker Michail Gefter. In: Vek XX i mir 8 (1987); Wegner-Korfes, S.: Otto von Bismarck und Rußland. Berlin 1990, 184, 213.

17 Vgl. Astaf'ev, I.I.: Am Scheideweg. Zur Entwicklung der russisch-deutschen Beziehungen 1905 bis 1911. In: Russisch-deutsche Beziehungen von der Kiever Rus' bis zur Oktoberrevolution. Berlin 1970; ders.: Russko-germanskie diplomatičeskie otnošenija 1905-1911 gg. Moskau 1972.

18 Djakin, V. S.: Germanskie kapitaly v Rossii. Leningrad 1971.

bung große, bisher noch wenig genutzte Möglichkeiten eröffnete. Die Relativierung, die die deutsch-russischen Beziehungen in der sowjetischen Geschichtsschreibung mit dieser Zuwendung zur Rußland-Europa-Problematik erfahren haben, hätte für unsere Forschung von großem Vorteil sein können. Sie entließ die Beziehungen aus der hierarchischen Verharrung, in die sie seit dem Beginn der Forschungen über die Ursachen des ersten Weltkrieges geraten waren.

Die Projektgruppe „Geschichte der deutsch-russischen Beziehungen" konstituierte sich Ende der 80er Jahre. Sie stand von Anfang an sowohl in der Tradition der von Eduard Winter geleiteten Forschungen als auch in der Auseinandersetzung mit dieser Tradition. Das sichtbare Ergebnis dieser Auseinandersetzung, die nicht erst von der Projektgruppe geführt wurde, bestand wohl in der Schwerpunktverlagerung der Forschungen auf Gebiete der ökonomischen und der politischen Geschichte. Das betraf vor allem die Beschäftigung mit der neueren Geschichte, die von der Gruppe der vergleichenden Imperialismusforschung unter der Leitung von Fritz Klein starke Impulse aufgenommen hat. Aber auch für die Erforschung der Geschichte Rußlands und der deutsch-russischen Beziehungen bis Anfang des 19. Jahrhunderts traf diese Schwerpunktverlagerung, wenn auch in abgeschwächter Form, zu.[19]

Gegenwärtig sind die Mitglieder der genannten Gruppe mit zum Teil gänzlich neuen, zum Teil nur in neuem Gewand erscheinenden inhaltlichen und methodischen Problemen konfrontiert. Auf einige davon sei hier eingegangen.

Das Problem der Prioritäten zwischen den traditionellen Strängen der politischen, ökonomischen und kulturellen Beziehungsgeschichte, das in anderen Beiträgen behandelt wird, wird durch Konfrontation mit Ergebnissen neuerer, an der Grenze zur Sozialpsychologie und zur Kulturgeschichte angesiedelten geschichtswissenschaftlichen Untersuchungen erweitert.

Das Wuppertaler Projekt „West-östliche Spiegelungen" unter der Leitung von Prof. Lew Kopelew, von dem bisher 4 Bände erschienen

19 Vgl. Hoffmann, P., Küttler, W.: Tendenzen, Probleme und Aufgaben beziehungsgeschichtlicher Forschungen. Dargestellt am Beispiel der deutsch-russischen Beziehungen des 17. und 18. Jh. In: Jahrbuch für Geschichte der sozialistischen Länder Europas 28 (1984) 31–44.

sind, meine ich damit vor allem.[20] Fremdbilder, Feindbilder, Freundbilder, Weltbilder – diese spannende Kette wird anhand von literarischen Werken, Äußerungen von prominenten Persönlichkeiten, Medien, Reiseberichten untersucht. In der Einleitung zum ersten Band betonte Lew Kopelew mit Nachdruck, daß es ihm an einer klaren Unterscheidung zwischen Staat- und Nation-Bildern liegen würde. Er habe sich damit vorgenommen, die Oberfläche der Urteile und der Vorurteile zu verlassen und tiefer zu schürfen. Das Problem der Kriterien bei Auswertung der großzügig angebotenen Bilder steht allerdings ihrer Verwertung für Geschichtssynthesen im Wege. Zumal es sich offensichtlich um mehr handeln sollte als um die Aufbereitung des Materials für die künftige Erforschung der Beziehungsgeschichte. Die Einbettung in die staatlichen Beziehungen wäre wohl unumgänglich. Der Wandel der Fremdbilder, z.B. vor, während und nach einem Krieg, und zwar in Abhängigkeit davon, ob der Staat den Krieg gewonnen oder verloren hat, wird man nicht erklären, ohne ihre Funktion zu berücksichtigen. Im weiteren Sinne geht es dabei um die kritische Quellenauswertung überhaupt. Daher wäre es günstig, Bemühungen um die moderne wissenschaftliche Methode mehr zu koordinieren.

Für uns tauchte das Problem kritischer Quellenauswertung schon vor Jahren im Zusammenhang mit der Auswertung der Archivquellen zu Wirtschaftsbeziehungen auf. Das Bild ökonomischer Beziehungen zwischen den beiden Staaten in den 20er Jahren vor dem Kriege, das in der Gruppe unter der Leitung von Heinz Lemke erarbeitet wurde,[21] entsprach kaum der These von den ökonomischen Prioritäten bei der Entstehung des ersten Weltkrieges. Genauer gesagt, war es eigentlich

20 West-östliche Spiegelungen. Russen und Rußland aus deutscher Sicht und Deutsche und Deutschland aus russischer Sicht von den Anfängen bis zum 20. Jahrhundert. Wuppertaler Projekt zur Erforschung der Geschichte deutsch-russischer Fremdenbilder u.d.Ltg. v. Lew Kopelew. A 1,2; B 1,2. München 1987, 1989.

21 Vgl. Lemke, H.: Politik und Ökonomie in den deutsch-russischen Beziehungen vor dem ersten Weltkrieg: Bestrebungen, Rußland den deutschen Weltmarkt zu sperren. In: Klein, F., Hg: Neue Studien zum Imperialismus vor 1914. Berlin 1980; ders.: Finanztransaktionen und Außenpolitik. Deutsche Banken und Rußland im Jahrzehnt vor dem ersten Weltkrieg. Berlin 1985.

umgekehrt. Auseinandersetzungen um die Handelsverträge,[22] ständige Konflikte im Alltag dieser Beziehungen, die meist die Ebene der Klagen im Auswärtigen Amt erreichten[23], Probleme bei der Gründung und Führung der Aktiengesellschaften mit deutscher Kapitalbeteiligung in Rußland, die während des Krieges ihren Höhepunkt in der Kampagne gegen „Sasilje" erreichten[24] – all diese Fakten würden genügen, um die genannte These hinreichend zu beweisen. Dagegen spricht allerdings sowohl die Tatsache der wachsenden Quantität und Qualität der Wirtschaftsbeziehungen und auch der Vergleich zu den ökonomischen Problemen beider Staaten gegenüber den anderen europäischen und außereuropäischen Ländern. Tatsachen der Konfliktstoffe, wie auch der tatsächlichen Konflikte wurden in der Geschichtsschreibung oft als Kriegsursachen angeführt, doch eigentlich überzeugten sie wenig in den Fällen, wenn es offensichtlich war, daß beide Seiten es verstanden hatten, mit den Konflikten umzugehen, ohne an das kriegerische Austragen der Probleme zu denken. Es bedurfte erst anderer Motive, deren Natur unterschiedlich zwangsläufig war, und nicht allein die Beziehungen zwischen Deutschland und Rußland berührte, um den Krieg heraufzubeschwören. Womit nicht gesagt werden soll, daß die Jahrzehnte dauernden kleinen ökonomischen Sticheleien gar keine Rolle bei der Bereitschaft zur Zuspitzung des Konflikts spielten. Das Problem des Primats oder, wie wir es sehen, der wechselnden Prioritäten und unterschiedlichen Wirkungen der Beziehungen, wird noch ausführlicher diskutiert. Hier geht es um die Quellenauswertung, um die Gefahr, den Weg eines schriftlich festgehaltenen Zeugnisses nicht bis zu dem Beweis seiner tatsächlichen Wirkung zu verfolgen. Dies gilt, wie schon gesagt, nicht allein für Fremdbilder, deren Wirkung nicht immer nachgewiesen werden kann, sondern auch für die Bewertung großangelegter Entwürfe der Umverteilung der

22 Wulff, D.: Handel und Politik in den deutsch-russischen Beziehungen 1894-1904. Zu den Auseinandersetzungen um die russische Agrarausfuhr, phil. Diss. Berlin 1986.

23 Vgl. Lemke, H., Hg: Deutsch-russische Beziehungen 1906–1914. Dokumente. Berlin 1991.

24 Vgl. Thomas, L.: Das Handelshaus Kunst und Albers im russischen Fernen Osten bis 1917. Zum Problem des deutschen Kapitals in Rußland. In: Jahrbuch für Geschichte der sozialistischen Länder Europas 28 (1984) 187.

Welt, die nie das Licht der Öffentlichkeit erblickt haben. Manchmal war der Historiker, der diese Dokumente herausfand, ihr erster Leser überhaupt. Die finale Betrachtungsweise, das Unvermögen, sich bei der Beurteilung der zwei Jahrzehnte vor dem ersten Weltkrieg von der Kenntnis um die folgenden Ereignisse loszulösen, hat bekanntlich gerade den Vorkiegsuntersuchungen in allen Ländern einen schlechten Dienst erwiesen. Der Krieg bedeutete den Bruch, die negative Konsequenz der Beziehungen, doch er bedeutete nicht den Abbruch der vorhandenen Fäden. Die komplizierte Beziehungsgeschichte ging weiter. Selbst wenn man allein die Geschichte der Friedensvermittlungen während des Krieges nimmt, hat man mit der aufregenden, kuriosen Fortsetzung vieler vor dem Kriege auf einer ganz anderen Ebene existierenden Beziehungen zu tun.[25] Solche Überlegungen veranlassen uns, die Geschichte der Beziehungen zwischen den beiden Ländern auf die Zeit des ersten Weltkrieges auszudehnen.

Damit würden wir uns aber auch auf das schwierige Terrain der Arbeiterbewegung und der Revolution begeben. Ein spezifischer, vom Forschungsgegenstand diktierter Zugang zu diesem Gebiet könnte uns vor der Gefahr des Ertrinkens in Fakten und Theorien schützen. Dagegen würde das völlige Aussparen dieses Fragenkomplexes bedeuten, daß wir uns von den zentralen Ereignissen der Geschichtsepoche entfernen. Offensichtlich haben wir es hier mit dem interessanten und unerforschten Phänomen der wechselnden, der entstehenden und verschwindenden Prioritäten zu tun. Monarchische Beziehungen waren über Jahrhunderte ein fester Bestandteil der Länderbeziehungen gewesen. Die Beziehungen der sozialen Schichten, der Parteien und Organisationen gewannen allmählich an Einfluß und traten in den Vordergrund.

Einige, unserer Meinung nach wichtige Aspekte der Geschichte der deutsch-russischen Beziehungen sind damit angedeutet. Ihre weitere Erforschung würde gegenwärtig die größten Impulse von einer Synthese haben. Es ist an der Zeit, eine Gesamtdarstellung der Beziehungen zwischen den beiden Ländern zu wagen.

25 Vgl. dies.: Friedensvermittlungen zwischen Deutschland und Rußland während des ersten Weltkrieges. Probleme der Forschung. In: Ebenda 32 (1988) 73–90.

Dietmar Wulff

Primat der Innen-/Außenpolitik bzw. Wirtschaft oder wechselnde Prioritäten?

Am 17. April 1903 schrieb der Wirtschaftspolitiker V.N.Kokovcov, designierter Nachfolger des mächtigen Finanzministers Vitte, dem ehemaligen Botschafter des Zarenreiches in Berlin, P.A.Zaburov, folgende düstere Vision: „Mir steht unsere politische Isolation vor Augen und die Bedeutung, die diese in der Epoche der großen Konzentrationen, Trusts, Syndikate und Unionen besitzt. Unsere Zukunft ist voller böser Vorzeichen und ich sehe nicht, woher uns ein Lichtstrahl der Beruhigung leuchten könnte. Ich glaube weder an unser Bündnis mit Frankreich, noch an die Fähigkeiten und die Kunst unserer Diplomatie . . . Ich überlege immerzu, begrüßte ich in der Perspektive die unmittelbare persönliche Annäherung der obersten Repräsentanten der beiden Nachbarmächte /gemeint sind die Monarchen Rußlands und Deutschlands/ –, wenn ich nicht die Irrealität dieses verführerischen Traumes erblicken würde. Und ich sehe dies mit größter Trauer, die aus der festen Überzeugung rührt, daß in unserem und im Interesse der ganzen Welt die Rückkehr zu dem zu wünschen wäre, was so leichtfertig 1878, vor allem aber 1879 zerstört worden ist.“[1]

Dieser Brief aus dem Zaburov-Nachlaß des Zentralen Historischen Staatsarchives St.Petersburgs enthält einiges an Bemerkenswertem. Da wäre die ahnungsvolle Katastrophenstimmung zu nennen, die Skepsis, ja Resignation gegenüber der Diplomatie oder die von analytischem Verstand zeugende Wahrnehmung, daß die tiefe Krise des Zarenreiches mit der Epoche der „Konzentrationen, Trusts und Syndikate“ in Zusammenhang stünde. Den Historiker jedoch, der sich mit

1 Centralnyj Gosudarstvennyj Istoričeskij Archiv St.Petersburg, F.1044, Op.1, D.269, Bl.1f.

Beziehungsgeschichte befaßt und etwas über die Hintergründe der russisch-deutschen Entfremdung vor dem 1. Weltkrieg erfahren will, wird vor allem der letzte Teil des Zitates interessieren, nämlich jene nur vage angedeuteten Ereignisse, die „so leichtfertig 1878, vor allem aber 1879“ etwas zerstörten, was dem einflußreichen Politiker 25 Jahre später wertvoll schien.

Das Dechiffrieren der Jahreszahl 1878 fällt leicht. Der Berliner Kongreß fand in diesem Jahr statt, ein Ereignis, das die Eskalation der Spannungen auf dem Balkan und an den Meerengen zwischen Österreich/Ungarn und Deutschland einerseits und Rußland andererseits wie kein anderes verkörperte und damit das Ende der Solidarität zwischen den drei großen Monarchien Europas ankündigte. Deutlich größere Schwierigkeiten bereitet es allerdings, die Ursachen für die Entfremdung zwischen Deutschland und Rußland zu benennen, die sich mit dem Jahr 1879 verbinden. Meinte der in den Vorstellungen vom Primat der Politik befangene Repräsentant des Zarenreiches, der Aristokrat Kokovcov, die Entstehung des deutsch-österreichischen Bündnisses oder hielt der pragmatische Finanzminister die Einführung der protektionistischen Agrarzölle in Deutschland und die beinahe gleichzeitig beendete Rückkehr zum Protektionismus in Rußland für die Wurzel allen Übels? Obwohl bezweifelt werden kann, daß Kokovcov beim Schreiben die Deutungsfähigkeit seiner Worte bewußt war und diese daher nicht überinterpretiert werden dürfen, so weist ihre Unbestimmtheit zumindest doch auf ein Kardinalproblem beziehungsgeschichtlicher Forschung hin: Waren vornehmlich politisch-diplomatische oder innenpolitische oder gar wie auch immer geartete wirtschaftliche Gegensätze für das Brüchigwerden und den schließlichen Riß des Drahtes zwischen Petersburg und Berlin verantwortlich?

Spätestens seit Ranke verläuft die Diskussion über die Ursachen und Motive historischer Prozesse unter dem Zeichen des Primats einer bestimmten Politik oder von wirtschaftlichen Interessen. Lange Zeit dominierte uneingeschränkt die Vorstellung von einem Primat der Außenpolitik. Eckhart Kehr, George W. Hallgarten u.a., von den wenigen marxistischen Historikern ganz zu schweigen, verblieben in der Außenseiterrolle. Erst in den siebziger Jahren rückten sozialgeschichtliche Interpretationen, darunter der Geschichte der Außenpolitik und der internationalen Beziehungen, in den Rang einer etablierten Forschungsrichtung, ohne freilich, wie Gilbert Ziebura kürzlich mit einem Anflug von Resignation feststellte, je die Defensive zu verlassen.[2] Die DDR-Geschichtswissenschaft gab vor, die materialistische Sicht auf die Geschichte zu repräsentieren, die Kategorien wie Produktivkräfte, Produktionsverhältnisse und, davon abgeleitet, ökonomische Klasseninteressen für die historische Entwicklung verantwortlich machte. Die Engels'sche Formulierung von der Dominanz ökonomischer Interessen erst „in letzter Reihe"[3] wurde allerdings von den meisten Historikern hierzulande ernst genommen, was als logische Folge die Untersuchung der Eigendynamik anderer denkbarer Faktoren nach sich zog.

Der Begriff des Primats an sich ist umstritten. Bereits von seiner Herkunft her ist er, der der katholischen Glaubenslehre entstammt und das Recht des Bischofs von Rom und Papstes auf die Nachfolge Petrus' festschrieb, wenig geeignet, die historische Dynamik, die Beziehungen nun einmal innewohnt, zu erklären. Die Einseitigkeit und Starrheit, die er suggeriert, lassen ihn gerade für die russisch-deutschen Beziehungen, die in der Neuzeit die gesamte Skala von Freundschaft bis Krieg in jeder nur denkbaren Variante durchlebten, als gänzlich unangemessen erscheinen.

Die Primatdiskussion beeinflußte, wenn auch nicht vordergründig, die Literatur zum Verhältnis zwischen Deutschland und Rußland. Zugleich stellte sich immer wieder das Problem, ob die Suche nach dominierenden Faktoren aus dem Bereich von Politik und Wirtschaft in der Beziehungsgeschichte nicht generell in die Sackgasse führt. Immer wieder drängte sich die Frage auf, ob es nicht auch gänzlich andere Kausalzusammenhänge und Interdependenzen gab, die das Verhältnis beider Staaten zueinander bestimmten oder beeinflußten, und somit den Rahmen der auf das Primat zugespitzten Frage sprengten. In den letzten Jahrzehnten erschienen folgerichtig zahlreiche Arbeiten, die der Einseitigkeit bei der Bestimmung entscheidender Faktoren in den russisch-deutschen Beziehungen zu entgehen suchten.

2 Vgl. Ziebura, G.: Die Rolle der Sozialwissenschaften in der westdeutschen Historiographie der internationalen Beziehungen. In: Geschichte und Gesellschaft, 16 (1990) 79ff.

3 Engels, F.: Der Sozialismus in Deutschland. In: Marx/Engels, Werke, 22, – /252.

Dies gilt für Untersuchungen, die seit dem Buch von Dietrich Geyer in den alten Bundesländern unternommen wurden,[4] trifft aber auch für die Arbeiten zum Verhältnis zwischen Rußland und Deutschland im 18. Jahrhundert von Donnert und Hoffmann[5] oder die von Fritz Klein herausgegebenen Sammelbände zum Imperialismus vor 1914 zu, die empirische Forschungen zur Vielgestalt imperialistischer Handlungsmotive vereinten.[6] Diese Untersuchungen ließen jedoch auch Probleme offen. Sie galten verständlicherweise beinahe immer „nationalstaatlichen" Fragestellungen, bestenfalls der Politik eines der beiden Länder zum jeweils anderen, kaum aber der eigentlichen Beziehungsgeschichte mit ihrer Eigendynamik.

Ganz allgemein beschreibt das Wort Beziehung aber den Zusammenhang zweier Begriffe oder Dinge, die in ihrem räumlichen, zeitlichen und bedeutungsmäßigen Zusammensein aufeinander angewiesen sind und sich wechselseitig bestimmen. Beziehungen stellen teils Verbindungen, teils Trennungen dar. Die Beziehungen zweier Länder, so zwischen Deutschland und Rußland, zu untersuchen, heißt also, ihren räumlichen, zeitlichen, ökonomischen, politischen, kulturellen und geistigen Zusammenhang, ihr umfassendes Aufeinanderangewie-

4 Vgl. u.a. Geyer, D.: Der russische Imperialismus. Studien über den Zusammenhang von innerer und auswärtiger Politik 1860-1914. Göttingen 1972; Altrichter, H.: Konstitutionalismus und Imperialismus. Der Reichstag und die deutsch-russischen Beziehungen 1890-1914. Frankfurt /M., Bern, Las Vegas 1977; Müller-Link, H.: Industrialisierung und Außenpolitik. Preußen-Deutschland und das Zarenreich von 1860-1890. Göttingen 1977; Vogel, B.: Deutsche Rußlandpolitik. Das Scheitern der deutschen Weltpolitik unter Bülow 1900-1906. Düsseldorf 1973; Löhr, B.: Die „Zukunft Rußlands". Perspektiven russischer Wirtschaftsentwicklung und deutsch-russische Wirtschaftbeziehungen vor dem Ersten Weltkrieg. Stuttgart 1985.

5 Hoffmann, P.: Rußland im Zeitalter des Absolutismus. Berlin 1988; Donnert, E.: Rußland im Zeitalter der Aufklärung. Leipzig 1986.

6 Klein, F., Hg: Studien zum deutschen Imperialismus. Berlin 1976; ders.: Hg.: Neue Studien zum Imperialismus vor 1914, Berlin 1980; vgl. auch die Aufsatzsammlung in Jahrbuch für Geschichte, 29 (1984) sowie Kumpf-Korfes, S.: Bismarcks „Draht nach Rußland". Zum Problem der sozialökonomischen Hintergründe der russisch-deutschen Entfremdung im Zeitraum von 1878-1891. Berlin 1968; Lemke, H.: Finanztransaktionen und Außenpolitik. Deutsche Banken und Rußland vor dem ersten Weltkrieg. Berlin 1985.

sensein, im Positiven wie im Negativen zu erforschen. In Beziehungen bringen die Partner bzw. Kontrahenten Eigenes ein, das in seiner Verkettung mit den Voraussetzungen, Bedingungen und Triebkräften des Anderen eine spezifische Qualität und somit Eigendynamik gewinnt. Beziehungen zwischen Deutschland und Rußland, zumal nicht nur auf die staatliche Ebene beschränkt, besitzen demzufolge eine eigenständige Struktur und sind mehr als die Summe zweier Außenpolitiken. Küttler und Hoffmann wiesen bereits 1984 auf die Vielschichtigkeit dieser Beziehungen hin.[7]

Die meisten Arbeiten untersuchten lediglich Teilaspekte der deutsch-russischen Beziehungen. Dies entspricht der normalen historiographischen Entwicklung, wirft allerdings das Problem auf, ob nicht die Fragen nach den Folgen der unterschiedlich verlaufenden Industrialisierung in beiden Staaten auf die bilateralen Beziehungen, nach dem Verhältnis von ökonomischen Interessen und Politik, nach der Interdependenz von Innen- und Außenpolitik, von Öffentlichkeit und Politik usw., jede für sich genommen, in letzter Konsequenz nicht doch wieder die Gefahr erzeugen, Primate in Form langzeitig dominierender Faktoren zu suchen, statt Zusammenhänge, Wechselwirkungen und Prioritätenwechsel zu erforschen. Hier tritt das Fehlen einer, diese Fragestellungen integrierenden, grundsätzliche, aber vernachlässigte Beziehungsfaktoren (geographische Lage, demographische Entwicklungen, Nationalgefühle und Nationalismen) würdigenden, scheinbar nebensächliche, häufig unterschätzte Kräfte (kulturelle Kontakte, Bilder vom jeweils anderen, Rolle der Minderheiten) einbeziehenden Gesamtdarstellung der deutsch-russischen Beziehungen besonders nachteilig zutage. Einigen Aspekten, die bei der Erstellung solcher in Vorbereitung befindlichen Gesamtdarstellung zu beachten sein werden, gelten folgende Überlegungen.

Die Beziehungen zwischen den bzw. dem deutschen Staat/en/ bestimmten mehrere grundsätzliche Triebkräfte, jene „forces profondes“, wie sie der französische Historiker Pierre Renouvin in der achtbän-

7 Vgl. Hoffmann, P., Küttler, W.: Tendenzen, Probleme und Aufgaben beziehungsgeschichtlicher Forschungen. Dargelegt am Beispiel der deutsch-russischen Beziehungen des 17. und 18.Jh. In: Jahrbuch für Geschichte der sozialistischen Länder Europas, 28 (1984) 35ff.

digen „Histoire des relations internationales“ definierte.[8] Renouvin nennt die geographischen und demographischen Gegebenheiten, ökonomische Konkurrenz und Konflikte, ökonomische Bindungen, finanzielle Fragen, die nationalen Gefühle, Nationalismen und Friedenssehnsüchte. Sie unterscheiden sich von anderen Faktoren durch ihre Dauerhaftigkeit, Unteilbarkeit und Universalität. Es darf indes nicht übersehen werden, daß neben diesen bestimmenden Faktoren auch solche existieren, die internationale Beziehungen zu beeinflussen imstande waren, z.B. Kultur- und Wissenschaftsaustausch, Rolle von Minderheiten und militärstrategische Aspekte. Angesichts der ungesteuerten Variabilität, die die Motive menschlichen Handelns auszeichnen, hielten Renouvin und seine Mitstreiter es für vergebliche Mühe, eine entsprechende Hierarchie herzustellen oder gar Gesetzmäßigkeiten in den internationalen Beziehungen aufzuspüren. Es bleibe nur der Versuch, das sehr komplexe Spiel der Triebkräfte zu verstehen, die die großen Wandlungen in der Welt bewirkten. Folgt man Renouvin, so kommt es also darauf an, die genannten Faktoren, obwohl von ganz unterschiedlicher Natur, als gleichwertig zu begreifen. Das kann allerdings nicht ausschließen, daß sich in den verschiedenen historischen Perioden Kräftekonstellationen herausbildeten, die sich unter bestimmten Einflüssen in eine entsprechende Richtung entwickelten, oder eine Kontinuität darstellten. Einzelne Triebkräfte erlangten im Beziehungsgefüge Priorität, verloren diese wieder, ja verschwanden sogar. Prioritätenwechsel erfolgten unter bestimmten Voraussetzungen, die es in den deutsch-russischen Beziehungen zu erforschen gilt, und waren dem Zufall ausgesetzt.

Vor dem 18. Jahrhundert prägte vor allem die geographische Trennung, das nicht einmal unmittelbare Nebeneinander dünn besiedelter historischer Räume, die deutsch-russischen Beziehungen. Bevölkerungszunahme, wirtschaftliches Wachstum und, damit im Zusammenhang, die Entstehung und Konsolidierung von Nationalstaaten ließen die Völker zusammenrücken und schufen zugleich Barrieren zwischen ihnen. Unterschiedlich definierte nationale Interessen, die in bei weitem nicht homogenen Nationalgefühlen ihren Niederschlag fanden,

8 Vgl. Renouvin, P.: Histoire des relations internationales, 1. Paris 1953, X; ders.: Jean-Baptiste Duroselle, Introduction d'histoire des relations internationales. Paris 1964, 2.

Industrialisierung auf der einen und Rückständigkeit auf der anderen Seite, die im 19. Jahrhundert in nachholende Modernisierung mündete, bestimmten nun das Beziehungsgeflecht. Dies betraf auch die Beziehungen zwischen den deutschen Staaten und Rußland, die im Resultat der polnischen Teilungen Nachbarn geworden waren. Dies und der unterschiedliche Stand der nationalstaatlichen Entwicklung beeinflußte ihre Beziehungen zueinander spürbar. Krimkrieg und die Reichseinigung von 1871 markierten aus diesem Grunde Wendepunkte im bilateralen Verhältnis.

Die Entstehung des deutschen Nationalstaates symbolisierte geradezu die Verlagerung des Schwerpunktes im deutsch-russischen Beziehungsgefüge in Richtung des Staates. Seine neue umfassendere Rolle äußerte sich in stärkerer Einmischung in alle Belange des Lebens, vor allem in der Wirtschaft. Sie trat allerdings in Konflikt zu gegenläufigen Tendenzen, die aus der zunehmenden Internationalisierung der Gesellschaften und dem rapiden Anwachsen der antiautoritären revolutionären Bewegungen resultierte. Das staatliche Verhältnis wurde nunmehr vor allem von politischen, ökonomischen und ideologischen Faktoren bzw. deren Interdependenz bestimmt. Eines der wichtigsten Anliegen künftiger Synthesen muß demzufolge darin bestehen, die Verzahnung außenpolitischer, wirtschaftlicher und ideologischer Vorgänge sowie ihre Auswirkungen auf die staatliche Ebene zu untersuchen, ohne dabei ihre jeweilige Eigenständigkeit außer acht zu lassen oder von vornherein Prioritäten festzulegen.

Vor allem die komplizierte Verkettung nationaler und ideologischer Sentiments wurde von den politischen Akteuren in beiden Ländern bis in das 20. Jahrhundert reflektiert. Ende März 1894 verfaßte der Staatssekretär im Auswärtigen Amt, Freiherr von Marschall, eine Denkschrift, die offenbar den Kaiser nach Jahren eskalierender Entfremdung von der Notwendigkeit guter Beziehungen zu Rußland zu überzeugen suchte.[9] Nach Marschalls Ansicht bestimmten folgende zwei Tendenzen die deutsch-russischen Beziehungen: „Einmal arbeitet die Verschiedenheit der Rasse und der Religion der beiden Völker, ferner das in den letzten Jahrzehnten stärker betonte Nationalgefühl denjenigen in die Hände, welche eine Gegnerschaft zwischen den beiden Nationen herzustellen bemüht sind. Rußland, wird von

9 Politisches Archiv Bonn, R 2087, Bl.37ff.

dieser Seite argumentiert, ist bisher zum großen Theil durch den Germanismus an seiner freien Entwicklung behindert worden, Rußland muß sich daher wirtschaftlich und politisch von seinem westlichen Nachbarn emancipieren. Dieser Einsicht entspringt die Auffassung, daß der Weg nach Constantinopel durch das Brandenburger Thor führe. Diesen zum Theil auf Fictionen beruhenden Factoren stehen andere gegenüber, welche die beiden Völker auf ein gegenseitiges gutes Einvernehmen hinweisen. Hierzu gehören in erster Linie die traditionellen verwandtschaftlichen und freundschaftlichen Bande, welche die beiden Herrscherhäuser verbinden, ferner die Gemeinsamkeiten der Interessen, welche vor allem auf dem Boden des monarchischen und verwandtschaftlichen Princips gegenüber den modernen revolutionären Ideen zu suchen sind. Von den oben skizzierten einander gegenüberstehenden Faktoren das Gewicht auf diejenige Seite zu verlagern, welche ein gutes Verhältnis zwischen Rußland und Deutschland ermöglicht, ist eine der erfreulichsten Aufgaben einer weisen und friedlichen deutschen Politik.", lautete die politische Schlußfolgerung des Staatssekretärs. Die Kategorien von Wirtschaft und Politik tauchten im grundsätzlich gehaltenen Einleitungsteil der Denkschrift nur am Rande auf. Erst am Schluß, im Zusammenhang mit dem gerade geschlossenen Handelsvertrag, behandelte der Staatssekretär en passant die Frage, „in welchem Zusammenhang die wirtschaftlichen und politischen Beziehungen zweier Länder zueinander stehen." Es sei unzweifelhaft, daß „gute wirtschaftliche Beziehungen nur zur Festigung guter politischer Beziehungen dienen können". Anders ausgedrückt hieß das, ökonomische Gegensätze können ein gutes politisches Verhältnis beeinträchtigen, aber nicht gefährden und ohnehin schon schlechte Beziehungen verschlechtern.

Gewiß bestimmten Mächtekonstellation, wirkliche oder vermeintliche nationale Interessen sowie Traditionen das politische Denken in Deutschland und Rußland vom 18. bis Anfang des 20. Jahrhunderts. Wirtschaftliche Faktoren wurden zunehmend als störend oder begünstigend empfunden, nicht aber als dominant. Dies war die subjektive Seite. Trotzdem trifft jedoch für die deutsch-russischen Beziehungen zu, was Eckhart Kehr bereits 1928 schrieb: „Eine Außenpolitik hat – es klingt trivial, aber es wird gern übersehen – nicht nur einen Gegner vor sich, sondern auch eine Heimat hinter sich. Eine Außenpolitik kämpft nicht nur gegen den Gegner, sondern auch für die

Heimat, sie wird nicht nur nach den Schachzügen der Gegner orientiert, sondern auch – und oft mehr – nach dem Willen und Bedürfnis der primär nicht außenpolitisch empfindenden Heimat."[10] Meinte Kehr vor allem die innenpolitische Auseinandersetzung zwischen den Klassen und Eliten des Kaiserreiches, so geht der Heimatbegriff doch weit darüber hinaus. Er impliziert die Industrialisierungsprozesse, die wirtschaftliche Antagonismen innerhalb Deutschlands und Rußlands erzeugten und sich vor allem im Laufe des 19. Jahrhunderts zu einem schwer entwirrbaren Netz von Gegensätzen zwischen beiden Staaten verwoben. So wie der krisenhafte Verlauf des Transformationsprozesses in Rußland nach 1861 die Stellung des Zarenreiches im System der Mächte erheblich beeinträchtigte – Geyer und Müller-Link haben dies nachgewiesen –, so sehr beförderte der industrielle Aufschwung den außenpolitischen Tatendrang des Kaiserreiches.[11] Die unterschiedliche Entwicklung der Produktivkräfte wies Deutschland und Rußland den ihrem Niveau gemäßen Platz in der gerade entstehenden internationalen Arbeitsteilung zu. Beide Volkswirtschaften ergänzten sich bzw. konkurrierten auf bestimmten Feldern miteinander, wobei sich letztere Tendenz Anfang des 20. Jahrhunderts durchzusetzen schien. Der Grad der Ergänzung bzw. Konkurrenz aber prägte das deutsch-russische Verhältnis nachhaltig, ohne es immer zu bestimmen, wobei diese Kategorien, abgehoben von der ökonomischen Ebene, überhaupt als Grundlage für Beziehungen gelten können. Dies geschah allerdings nicht unvermittelt oder automatisch, denn die unmittelbare Einwirkung dieser Gegensätze auf die deutsch-russischen Beziehungen erfolgte über die Träger wirtschaftlicher Interessen.

Renouvin, der die Ökonomie in seinen Betrachtungen durchaus gebührend würdigte, meldete lebhaften Zweifel an, ob wirtschaftliche

10 Vgl. Kehr, E.: Englandhaß und Weltpolitik. In: ders.: Der Primat der Innenpolitik. Gesammelte Aufsätze zur preußisch-deutschen Sozialgeschichte im 19. und 20. Jahrhundert. Hg. von Hans-Ulrich Wehler. Berlin 1965, 150.

11 Vgl. neben den bereits zitierten Büchern auch Geyer, D.: Rußland als Problem der vergleichenden Imperialismusforschung. In: Thadden, R. v., Pistolkohrs, G. v., Weiss, H., Hg: Das Vergangene und die Geschichte. Festschrift für Reinhard Wittram zum 70.Geburtstag. Göttingen 1973, 341ff.

Interessen zu den „forces profondes" der internationalen Beziehungen gehörten.[12] Seine berechtigte Skepsis galt jenen Versuchen, von ökonomischen Forderungen einzelner Interessenten oder Interessengruppen direkt auf die Gesamtpolitik einer Regierung zu schließen. Ökonomische Interessen gelangten kaum in Reinkultur in die politische Sphäre, sondern gefiltert durch tradierte Orientierungen, ideologische, kulturelle und nationale Positionen ihrer Träger.

So unterschiedlich die ökonomischen Interessen waren, so sehr differierten auch die außenpolitischen Orientierungen ihrer Träger. Außenpolitische Standpunkte und Forderungen primär wirtschaftlich motivierter pressure groups standen sich oftmals diametral gegenüber und hoben dadurch ihre politische Wirkung auf. Die Vertreter wirtschaftlicher Interessen hatten nur selten direkten Zugang zu den außenpolitischen Schalthebeln – in Deutschland mehr, in Rußland weniger – und begegneten dort einer Ministerialbürokratie, die geschickt für übergeordnete und eigene Interessen zu lavieren verstand. Wirtschaftliche Stärke bestimmter Gruppen, beispielsweise der Unternehmer im Wilhelminischen Deutschland, stand somit häufig in keiner Relation zu ihrem politischen Einfluß.

Weitere Einschränkungen, bezogen auf die Wirkungsmöglichkeiten ökonomischer Interessen, ließen sich ohne weiteres anfügen. Dennoch wird die Bedeutung wirtschaftlicher Faktoren für die deutsch-russischen Beziehungen, mit Ausnahme einiger sowjetischer Historiker, von kaum jemandem bestritten.[13] Das Problem besteht darin, daß es schwerfällt, ihr Funktionieren in den Beziehungen und damit etwaige Prioritätenwechsel tatsächlich nachzuweisen. Die hier auftretenden Interdependenzen lassen sich am ehesten an überschaubaren historischen Abläufen rekonstruieren. Heinz Lemke hat dies für die finanziellen Beziehungen zwischen beiden Ländern getan, insbesondere für

12 Vgl. Duroselle, J.-B.: De l' „Histoire diplomatique" à l' „Histoire des relations internationales" In: Histoire des relations internationales. Mélanges Pierre Renouvin. Paris 1971, 6f.

13 Vgl. Astaf'ev, I. I.: Russko-germanskie diplomatičeskie otnošenija 1905–1911 gg. (Ot Portsmutskogo mira do Potsdamskogo soglašenija). Moskau 1972; noch dezidierter bei Avetjan, A. S.: Russko-germanskie diplomatičeskie otnošenija nakanune pervoj mirovoj vojny 1910–1914 gg. Moskau 1985.

die Rußlandgeschäfte deutscher Banken.[14] Ludmila Thomas hat am Beispiel der Entwicklung der russischen Handelsflotte u.a. die für das deutsch-russische Verhältnis so wichtige Frage der Rolle des Auslandskapitals für die kapitalistische Entwicklung im Zarenreich und der Konkurrenz zwischen Unternehmungen beider Länder untersucht.[15] Die handelspolitischen Auseinandersetzungen zwischen Deutschland und Rußland Ende des 19. Jahrhunderts/Anfang des 20. Jahrhunderts liefern hierfür ebenfalls geeignetes Material.[16]

Anfang der neunziger Jahre hatte sich folgendes Interessenbündel auf dem Gebiet der Handelspolitik herausgebildet: Das dezidierte Interesse der russischen Industrie bestand darin, sich den heimischen Markt zu sichern und auf den angrenzenden asiatischen Märkten Fuß zu fassen. Dem entsprach die protektionistische Wirtschaftspolitik der russischen Regierung, die wiederum bei den großen landwirtschaftlichen Produzenten auf zunehmenden Widerstand stieß, da der Protektionismus die Ausfuhr agrarischer Erzeugnisse indirekt erschwerte und dringend benötigtes Gerät verteuerte. Der deutsch-russische Handelsvertrag von 1894 allerdings erleichterte zunächst die Agrarausfuhr ins Kaiserreich. Dies rief den lebhaften Protest der deutschen Agrarier hervor, die sich energisch gegen das Vordringen von Agrarprodukten aus dem östlichen Nachbarreich wandten. Die deutsche Industrie ihrer-

14 Neben dem bereits erwähnten Buch vor allem: Politik und Ökonomie in den deutsch-russischen Beziehungen vor dem ersten Weltkrieg: Bestrebungen, Rußland den deutschen Geldmarkt zu sperren. In: Neue Studien zum Imperialismus; ders.: Die Zusammenarbeit der Petersburger Internationalen Handelsbank mit Mendelssohn & Co. bei der Emission russischer Eisenbahnanleihen in Deutschland am Ende des 19. Jh.. In: Jahrbuch für Geschichte der sozialistischen Länder Europas, 27 (1983); ders.: Verbindungen der Petersburger Internationalen Handelsbank zu deutschen Banken Ende des 19. Jh. In: Ebenda, 28, (1984).

15 Vgl. Thomas, L.: Die russische Handelsflotte. Situation und Probleme Ende des 19. Jahrhunderts bis 1917. In: Ebenda, 27 (1983); dies.: Rivalitäten deutscher und russischer Schiffahrtsgesellschaften im Transatlantikgeschäft. Politische und ökonomische Hintergründe. In: Jahrbuch für Geschichte, 29 (1984); dies.: Reformen und Reedereien. Der russische Kapitalismus und die Handelsmarine 1856-1914 (in Vorbereitung).

16 Vgl. Wulff, D.: Handel und Politik in den russisch-deutschen Beziehungen 1894–1904. Zu den Auseinandersetzungen um die russische Agrarausfuhr. Phil. Diss. Berlin 1986 .

seits war gegenüber Rußland aus verständlichen Motiven an niedrigen bzw. keinen Zollschranken interessiert. Die Fronten verliefen im wesentlichen zwischen russischen Agrariern und deutschen Industriellen auf der einen und deutschen Agrariern und russischer Industrie auf der anderen Seite, wobei es innerhalb der monolithisch erscheinenden Blöcke durchaus schwerwiegende Interessendivergenzen gab. An dieser seit den siebziger Jahren bestehenden Konstellation der ökonomischen Interessen, einer Konsequenz des in unterschiedlichem Tempo verlaufenden industriellen Aufschwungs, änderte sich selbst nach dem Abschluß des Handelsvertrages von 1894 wenig. Was sich änderte, war das Kräfteverhältnis zwischen den herrschenden Klassen in Deutschland und in Rußland. Die Industrialisierung in beiden Ländern und, damit verbunden, der Übergang zum Imperialismus, vergrößerte nicht nur das ökonomische Gewicht der Großindustrie, sie suchte besonders in Deutschland auch über ihre Interessenvertretungen ihren Einfluß auf die Staatspolitik zu erweitern. Dem standen die hartnäckigen und nicht erfolglosen Versuche der noch immer politisch einflußreichsten Schicht, der Großgrundbesitzer, vertreten durch den Bund der Landwirte (BdL), gegenüber, ihre Geltung unter allen Umständen zu wahren. Ähnliche Prozesse, wenn auch nicht mit dieser Dramatik, vollzogen sich in Rußland. Hier wie dort war indes die Außenhandelspolitik eines der entscheidenden Felder, auf dem die Auseinandersetzungen zwischen alten und neuen Eliten ausgetragen wurden. Auf Grund ihres politischen und ökonomischen Gewichts betrafen sie in erster Linie die deutsch-russischen Handelsbeziehungen.

Obwohl, wie bereits erwähnt, mit dem Handelsvertrag von 1894 die wirtschaftlichen Differenzen zwischen dem Kaiserreich und dem zaristischen Rußland offiziell beigelegt worden waren und die Rahmenbedingungen für einen ruhigen und dynamischen wirtschaftlichen Austausch gesichert schienen, löste er ein heftiges innenpolitisches Kräftemessen in beiden Staaten und in deren Folge neuerliche Rivalitäten in den russisch-deutschen Beziehungen aus. Schuld daran trugen in erster Linie die deutschen Agrarier, die in dem Abkommen eine eklatante Verletzung ihrer wirtschaftlichen Interessen erblickten. Sie unternahmen zahlreiche Aktionen, um die Bestimmungen des Handelsvertrages, die den russischen Agrarexport betrafen, zu umgehen oder direkt zu verletzen. Die deutsche Regierung verhinderte die gravierendsten Verstöße gegen Geist und Buchstaben des Vertrages wie die von den Agrariern besonders intensiv geforderten „großen Mittel“. Zu den „großen Mitteln“ zählten alle Versuche, die Handelsverträge vollständig, direkt oder indirekt ihrer Wirkung zu berauben. Zu ihnen gehörten neben der immer wieder geforderten Kündigung der Handelsverträge, der Antrag Kanitz (Einführung eines staatlichen Getreidemonopols und fester Getreidepreise) und die Einführung des Bimetallismus. Bei der Durchsetzung zahlreicher anderer agrarprotektionistischer Maßnahmen zeigte sich die Wilhelmstraße jedoch im Interesse der von ihr proklamierten Sammlungspolitik den Agrariern entgegenkommender. Zu ihnen zählten u.a. die Aufhebung des Identitätsnachweises und der Staffeltarife, veterinärmedizinisch motivierte Einschränkungen der Vieh- und Fleischeinfuhr und das Verbot des Getreideterminhandels. Diese sogenannten „kleinen Mittel“ mußten, soweit sie die Importe aus Rußland betrafen, die Interessen der russischen Agrarier empfindlich schädigen. Die Regierung in Petersburg, die sich aus innenpolitischen und wirtschaftlichen Gründen um den ungehinderten Zugang zum deutschen Agrarmarkt sorgen mußte, widersetzte sich in der Regel sehr energisch diesen Angriffen. Die so entstandenen Friktionen gewannen auf diese Weise direkte Bedeutung für die deutsch-russischen Beziehungen. Gemeinsam mit den machtpolitischen, militärstrategischen und ideologischen Faktoren und dem gemeinsamen Interesse an der Verfolgung der revolutionären Bewegung beeinflußten also handelspolitische Auseinandersetzungen das Verhältnis zwischen Deutschland und Rußland. Ihr Stellenwert war allerdings auf Grund des ökonomischen Gewichts des Handels zwischen beiden Ländern höher als im Verhältnis zu anderen Staaten.

Geht man also davon aus, daß die Prioritäten für die deutsch-russischen Beziehungen in den Jahrzehnten vor dem 1. Weltkrieg nicht ein für alle Mal festgelegt waren, so kann festgestellt werden, daß sich auch der Stellenwert der Handelspolitik ständig änderte. Ging es um strategische Entscheidungen über die Perspektiven des deutsch-russischen Handels, wie sie der Abschluß von Handelsverträgen darstellte, so wurde der Widerstreit zwischen den wirtschaftlichen Interessen der deutschen und russischen Bourgeoisie bzw. der deutschen und russischen Agrarier zu einem die zwischenstaatlichen Beziehungen direkt belastenden und prägenden Problem. Der Konflikt, der dem Handelsvertragsabschluß von 1894 voranging, bestimmte maßgeblich die deutsch-russischen Beziehungen. Er dominierte im Vergleich zu den machtpolitischen und militärstrategischen Gegensätzen. Nach der Unterzeichnung des Vertrages von 1894 erweiterte sich wieder der Handlungsraum für die verantwortlichen Politiker, die eine Annäherung zwischen Deutschland und Rußland befürworteten. Sie konnten nun verstärkt übergreifende, von den Sonderinteressen wirtschaftlicher Interessengruppen abweichende außenpolitische Ziele verfolgen. In den Beziehungen beider Staaten trat eine Entspannungsphase ein, politisch-diplomatische Erwägungen rückten in den Vordergrund. Die Beilegung der gravierendsten wirtschaftlichen Differenzen stellte allerdings weder den Dreibund ernsthaft in Frage, noch konnte sie die 1893 besiegelte russisch-französische Allianz verhindern und den Draht zwischen Petersburg und Berlin neu ziehen. Beide Staaten hatten sich politisch und wirtschaftlich auseinandergelebt; die Interessen ihrer Eliten klafften weit auseinander. Selbst ein so bedeutsames Ereignis wie der Abschluß des Handelsvertrages vermochte die zuvor getroffene strategische Weichenstellung in der außenpolitischen Orientierung Deutschlands und Rußlands nicht mehr zu ändern.

Ähnliche Bedeutung für die deutsch-russischen Beziehungen erlangte der handelspolitische Konflikt, der in den ersten Jahren des 20. Jahrhunderts anläßlich der Erneuerung des Handelsvertrages ausgetragen wurde. Wieder standen schwerwiegende wirtschaftliche Interessen von Bürgertum und Agrariern auf dem Spiel, die eine dramatische innenpolitische Konfliktsituation in beiden Ländern heraufbeschwor. Innenpolitische Gründe zwangen die Reichsleitung zu einem protektionistischen Zolltarif, dessen Kernstück erheblich erhöhte Getreidezölle bildeten. Dies hatte man in Petersburg bereits Anfang 1902, 2 Jahre vor Vertragsabschluß, erkannt. Wenn die dortigen Verantwortlichen dennoch Widerstand gegen einen Handelsvertrag zu deutschen Bedingungen leisteten, so war er innenpolitisch determiniert. Man mußte Gegenwehr demonstrieren, um die Empörung der von den Getreidezöllen betroffenen Agrarproduzenten in Grenzen zu halten und möglicherweise in anderen Teilen des deutschen Zolltarifs Kompensationen zu erhalten. Selbst die Entscheidung des Petersburger Kabinetts im Mai 1904, den Widerstand aufzugeben und den Vertrag zu unterzeichnen, war nicht von außenpolitischen Motiven geleitet, etwa den politischen Erfordernissen des russisch-japanischen Krieges, sondern entsprang vor allem taktischen Erwägungen im

Machtkampf der Führungsspitze um den Zaren.[17] Die Handelspolitik war offenbar das Feld, auf dem reaktionäre Kräfte um Großfürst Aleksandr Michajlovič und Innenminister Pleve ihre pragmatischen Widersacher Vitte und Lamzdorf schlagen konnten. Das so motivierte Votum für den Handelsvertrag wiederum konnte zustandekommen, weil der eigentlich wichtige wirtschaftliche Beschluß, die Zustimmung zu den entscheidenden Teilen des deutschen Zolltarifs, wenn auch widerstrebend, längst gefallen war. Der russisch-japanische Krieg hat den Abschluß des Handelsvertrages lediglich insofern beschleunigt, als dieser den deutschen Geldmarkt für Kredite öffnete, was Bedeutung erlangen konnte, aber nicht zwingend mußte. Die außen- und bündnispolitischen Konsequenzen sprachen sogar dagegen, Deutschland auf wirtschaftlichem Gebiet nachzugeben. Das Wilhelminische Kaiserreich konnte gar nicht anders, als Rußland indirekt in seinem Kampf gegen Japan zu unterstützen, wollte man nicht in Ostasien Terrain verlieren.

Rein wirtschaftlich erbrachte der Handelsvertrag keine nachteiligen Auswirkungen für die Kontrahenten. Den durch den Zoll erhöhten Preis mußten die Konsumenten tragen. Er beseitigte aber die objektiven wirtschaftlichen Gegensätze zwischen Rußland und Deutschland nicht. Diese erzeugten häufig Mißstimmungen, brachen aber erst am Vorabend des Weltkrieges wieder offen aus.[18] Das bilaterale Verhältnis indes wurde direkter und fühlbarer von den wie auch immer motivierten Auseinandersetzungen um diesen Vertrag geprägt. Der wirtschaftliche Goliath hatte David, so schien es, in einer für ihn schwierigen sowie von Krieg und herannahender Revolution gekennzeichneten Zeit einen vermeintlich nachteiligen Vertrag mit Langzeitwirkung aufgezwungen, lautete die übereinstimmende Schlußfolgerung sowohl in den deutschfeindlichen Kreisen der Bourgeoisie und Bürokratie Rußlands als auch in den traditionell germanophilen Kreisen der Gutsbesitzer. Auch nach 1904 behielt die Handelspolitik also ihre Bedeutung für die deutsch-russischen Beziehungen.

17 Vgl. ders.: Der russisch-deutsche Handelsvertrag von 1904. Zu den Motiven und Hintergründen seinens Abschlusses. In: Jahrbuch für Geschichte der sozialistischen Länder Europas, 32 (1988).

18 Vgl. den Beitrag von Heinz Lemke in diesem Band.

Für die Zeit Ende des 19./Anfang des 20. Jahrhunderts kann der Stellenwert handelspolitischer Faktoren in den deutsch-russischen Beziehungen folgendermaßen beschrieben werden: Waren die strategischen Entscheidungen über die Handelspolitik durch den Abschluß betreffender Abkommen getroffen, traten die ökonomischen Widersprüche zeitweilig zurück und machten anderen Konflikten Platz. Sie verschwanden jedoch nie ganz von der Bildfläche. Da die Handelsverträge nur als Kompromiß zwischen unversöhnlichen Gegensätzen denkbar waren und sich demzufolge immer einflußreiche Interessentengruppen benachteiligt fühlten, bargen sie schon den Keim neuer Auseinandersetzungen in sich. Um die Jahrhundertwende, im Zusammenhang mit dem industriellen Aufschwung in Rußland und dem Erstarken des Imperialismus in Deutschland, häuften sich derartige Differenzen. Obwohl es in der Regel nur um weniger bedeutende wirtschaftliche Beträge ging und sie nur selten Eingang in die diplomatische Korrespondenz der Botschafter fanden, ist die Kenntnis dieser handelspolitischen Friktionen von erheblichem Wert. Sie nahmen, wenn auch auf Teilgebieten, oft schon Auseinandersetzungen vorweg, die im direkten Vorfeld der Handelsvertragsabschlüsse mit größerer Intensität und in größerem Zusammenhang ausgetragen wurden. Berücksichtigt man sie nicht, dann sind Verhaltensweisen in größeren Konflikten nicht zu verstehen.

Ferner traten diese oftmals aus relativ geringfügigen Anlässen auftretenden handelspolitischen Gegensätze mit außenpolitischen Problemen in Wechselwirkung. Der Verlauf der handelspolitischen Streitigkeiten Ende des 19./Anfang des 20. Jahrhunderts bewies, daß die verantwortlichen Politiker in Rußland wie in Deutschland diese Reibungsfläche für die Durchsetzung übergeordneter Ambitionen wie im Falle der ins Auge gefaßten umstrittenen Bosporus-Eroberung 1896 durch Rußland oder der Kiaotschou-Affaire, in die Deutschland 1897 verstrickt war, zu nutzen wußten. Entsprechend der jeweiligen Interessenlage wurden sie abgewiegelt, um politische Ziele nicht zu gefährden, oder hochgespielt, um für einen politischen Dienst wirtschaftliche Vorteile zu erzwingen. Archivquellen und neuere Aktenveröffentlichungen belegen diesen Zusammenhang.[19] Ein Automatismus zwi-

19 Vgl. Wulff, D.: Der „kleine" Zollkrieg. Zu den Hintergründen und dem Verlauf der deutsch-russischen Zollkonferenz (November 1896 bis Fe-

schen industrialisierungsbedingten ökonomischen Widersprüchen und der Verschlechterung der russisch-deutschen Beziehungen hat also nicht bestanden, was freilich nicht heißen kann, die Bedeutung der wirtschaftlichen Faktoren als sekundär abzuqualifizieren. Notwendig ist, bei der Analyse der russisch-deutschen Beziehungen, d.h. auch bei etwaigen Gesamtdarstellungen zu diesem Thema, die Frage nach den jeweils bestimmenden Widersprüchen stets von neuem zu stellen. Unzulässig ist hier jede finale Geschichtsbetrachtung, so wenn aus der Entwicklung beispielsweise der ökonomischen Beziehungen um die Jahrhundertwende a priori Rückschlüsse auf ihre Bedeutung für den Kriegsausbruch gezogen werden. Auch in diesem Fall ist kritisch zu prüfen, ob Max Sering recht hatte, als er „Handelsneid und wirtschaftliche Eifersucht . . . zu den mächtigsten Motiven der auswärtigen Politik" erklärte.[20]

bruar 1897). In: Jahrbuch für Geschichte, 29 (1984); Der deutsche Botschafter in Konstantinopel, Marschall, beschrieb an seinen Amtskollegen in Wien, Eulenburg, diesen Zusammenhang in Bezug auf die Okkupation von Kiaotschou treffend so: „. . . man kann nicht ‚Weltpolitik' in dem maßvollen und verständigen Sinne, wie Seine Majestät sie plant, treiben und eine Handelspolitik inaugurieren, die den Absatz der eigenen Produkte im Ausland hindert, ja unmöglich macht." Röhl, J.C.G., Hg: Philipp Eulenburgs politische Korrespondenz, III. Boppard 1983, 1883.

20 Sering, M.: Die Handelspolitik der Großstaaten und die Kriegsflotte. In: Schmoller, G., Sering, M., Wagner, A., Hg: Handels- und Machtpolitik. Reden und Aufsätze im Auftrage der „Freien Vereinigung für Flottenvorträge", 2. Stuttgart 1900, 34.

Michael Schippan

Zu einigen Problemen einer „Geschichte der deutsch-russischen Beziehungen im 18. Jahrhundert“

Die vielfältigen außenpolitisch-diplomatischen, dynastischen, wirtschaftlichen und kulturell-wissenschaftlichen Beziehungen zwischen Rußland und deutschen Territorien im 18. Jahrhundert zu einer komplexen „Geschichte der deutsch-russischen Beziehungen im 18. Jahrhundert“ zusammenzuführen, gehört nach wie vor zu den Aufgaben der Historiker. Seit den fünfziger Jahren waren in der DDR zahlreiche Einzelstudien zu den deutsch-russischen Wissenschafts- und Kulturbeziehungen, Sammelbände[1] sowie Quelleneditionen, wie die Materialien der Forschungsreise D. G. Messerschmidts durch Sibirien 1720–1727[2] und der Briefwechsel L. Eulers im Rahmen der Beziehungen zwischen der Berliner und der St. Petersburger Akademie der Wissenschaften[3], vorgelegt worden. P. Hoffmann, C. Grau, E. Don-

1 Vgl. Die deutsch-russische Begegnung und Leonhard Euler. Berlin 1958; E. W. v. Tschirnhaus und die Frühaufklärung in Mittel- und Osteuropa. Berlin 1960; Lomonosov – Schlözer – Pallas. Deutsch-russische Wissenschaftsbeziehungen im 18. Jahrhundert. Berlin 1962; Ost und West in der Geschichte des Denkens und der kulturellen Beziehungen. Berlin 1966; Russisch-deutsche Beziehungen von der Kiever Rus' bis zur Oktoberrevolution. Berlin 1976; Wegbereiter der deutsch-slawischen Wechselseitigkeit. Berlin 1983 (= Quellen und Studien zur Geschichte Osteuropas, 1, 7, 12, 15, 19, 26).

2 Winter, E., Jarosch G., Hg: D. G. Messerschmidt, Forschungsreise durch Sibirien 1720–1727, 1–5. Berlin 1962 – 1977 (= Quellen und Studien zur Geschichte Osteuropas, 8).

3 Winter, E. u.a., Hg: Die Berliner und die Petersburger Akademie der Wissenschaften im Briefwechsel Leonhard Eulers, 1–3. Berlin 1959–1976 (= Quellen und Studien zur Geschichte Osteuropas, 4).

nert, U. Lehmann, H. Grasshoff, U. Grabosch[4] und andere Autoren bereiteten in ihren Überblicksdarstellungen und Habilitationsschriften Quellenmaterial auf, faßten den Forschungsstand zusammen und trafen Verallgemeinerungen, die für weitere Untersuchungen und schließlich für eine zusammenfassende Darstellung wichtig sind. Annähernde Vollständigkeit bei der Zusammenfassung der zeitgenössischen Nachrichten unter literaturgeschichtlichen Gesichtspunkten erreichte der 1983 verstorbene H. Grasshoff in seinem Buch „Russische Literatur in Deutschland im Zeitalter der Aufklärung" (1973)[5]. Diese Monographie ist in der Forschung nicht immer ausreichend beachtet worden.

Zu dem bis heute zusammengesetzten „Mosaik" der Beziehungsgeschichte können sicher nur wenige Bausteine hinzugefügt werden, die das Bild wesentlich verändern würden. In der noch zu erstellenden „Geschichte der russisch-deutschen Beziehungen im 18. Jahrhundert" kann es also nicht darum gehen, eine Fülle neu erschlossenen Quellenmaterials auszubreiten. Es glücken nur wenige „Neufunde". Verstecktes Material findet sich unter anderem in regionalgeschichtlichen Publikationen. Es ist an der Zeit, eine Gesamtschau auf die deutsch-russischen Beziehungen im 18. Jahrhundert vorzunehmen und dafür die vielen Einzelarbeiten zu sichten und auszuwerten, die in den ehemaligen beiden deutschen Staaten, in Rußland und in der Sowjetunion sowie in anderen Ländern entstanden sind.

Die von Peter Hoffmann und dem Verfasser geplante Synthese will den Forschungsstand vorstellen und zu weiteren Studien anregen. Die

4 Hoffmann, P.: Rußland im Zeitalter des Absolutismus. Berlin 1988; Grau, C.: Petrinische kulturpolitische Bestrebungen und ihr Einfluß auf die Gestaltung der deutsch-russischen wissenschaftlichen Beziehungen des 18. Jahrhunderts. Phil. Habilitationsschrift. Berlin 1966 (Ms.); Donnert, E.: Rußland im Zeitalter der Aufklärung. Leipzig 1983; Lehmann, U.: Das klassische Weimar und Rußland. Phil. Habilitationsschrift. Berlin 1969 (Ms.); Grasshoff, H.: Russische Literatur in Deutschland im Zeitalter der Aufklärung. Die Propagierung russischer Literatur im 18.Jahrhundert durch deutsche Schriftsteller und Publizisten. Berlin 1973; Grabosch, U.: Studien zur deutschen Rußlandkunde im 18.Jahrhundert. Halle/S. 1985.

5 Vgl. Anm. 4; Pohrt, H.: Bibliographie der Veröffentlichungen von Helmut Grasshoff (1956-1983). In: Literaturbeziehungen im 18. Jahrhundert. Studien und Quellen zur deutsch-russischen und russisch-westeuropäischen Kommunikation. Berlin 1986, 402–417.

jahrzehntelangen Forschungen Hoffmanns haben bereits ihren Niederschlag in der Monographie „Rußland im Zeitalter des Absolutismus" (Berlin 1988) und in zahlreichen Aufsätzen gefunden. Inzwischen gelangte er vor allem durch das Studium der Akten des St. Petersburger Hafenzolls zu neuen Erkenntnissen.[6] Der Autor dieses Beitrages, der sich mit der Tätigkeit ausländischer, vor allem deutscher Verwaltungsfachleute in der russischen Zentraladministration befaßte, stellte Kurzbiographien von etwa 120 ausländischen Kollegienbeamten im ersten Drittel des 18. Jahrhunderts zusammen, die Aufschlüsse über den deutschen Anteil an der Herausbildung des Beamtentums im Zarenreich gewähren.[7] Auch für andere Bereiche gelang es, neues Quellenmaterial zu gewinnen.

So fand sich in der Handschriftenabteilung der Sächsischen Landesbibliothek Dresden ein anonymes Manuskript, das von späterer Hand die Titelbezeichnung „Tagebuch zur russischen Geschichte 1682–1717" erhielt.[8] Diese mehr als 210 Blatt umfassende Handschrift stellt eine Materialsammlung für eine geschichtliche Darstellung der Regierungszeit Zar Peters I. dar, die mitten in der Schilderung von Ereignissen des Jahres 1717 abbricht. Bestechend ist die Fähigkeit des mit der Diplomatie des ausgehenden 17. und beginnenden 18. Jahrhunderts bestens vertrauten Autors, die Begebenheiten in Rußland in einen Bezug zu gleichzeitig in anderen europäischen Ländern stattfindenden Ereignissen zu setzen. Bevorzugt werden außer Rußland und Sachsen-Polen (in dessen Diensten der Autor offenbar stand) die Länder der Habsburger Monarchie und das Osmanische Reich behandelt, doch finden sich auch Verweise auf Geschehnisse in Frankreich, in England und am Vatikan. Das in der Mitte des 19. Jahrhunderts aus dem Staatsarchiv Dresden in die Handschriftensammlung gelangte Manuskript

6 Vgl. den Beitrag von P. Hoffmann in diesem Band.

7 Vgl. Schippan, M.: Absolutistische Zentralbehörden und Adelsbürokratie. Zur Geschichte der Kollegien in Rußland im ersten Drittel des 18. Jahrhunderts. Phil. Diss. Berlin 1986 (Ms.).

8 „Tagebuch zur russischen Geschichte 1682–1717".In: Sächsische Landesbibliothek Dresden, Handschriftenabteilung Msc. 126. Das Manuskript erhielt vom Autor die Überschrift: „Summarien oder Marginalien einer Beschreibung; worinnen die glückliche Regierung und glorieuse Thaten Sr. Groß-Czarisch. Maytt.: Petri Magni . . ." (es folgt ein ausführliches Inhaltsverzeichnis) „kürtzlich enthalten".

läßt erkennen, was man in Sachsen in den zwanziger Jahren des 18. Jahrhunderts, der vermutlichen Entstehungszeit der unvollendeten Handschrift, über Rußland wußte. Die Schreibweise mancher Eigennamen läßt vermuten, daß sie der unbekannte Autor nur vom Hörensagen her kannte. Weitere Nachforschungen nach der Autorschaft des Manuskripts stehen aus.[9]

Dieses Beispiel läßt erkennen, daß Neufunde an Orten möglich sind, wo die bisherige Forschung kaum Material zur deutschen Rußlandkunde im 18.Jh. vermutete. In der Handschriftensammlung der Sächsischen Landesbibliothek, der man im Unterschied zum Staatsarchiv (dem früheren Sächsischen Landeshauptarchiv) kaum Beachtung bei der Untersuchung der deutsch-russischen Beziehungen geschenkt hat, befinden sich außer dem „Tagebuch“ noch zwei archivalische Einheiten, die sich auf Rußland beziehen: eine Sammlung mit Schriften über den russischen Kaisertitel (1722)[10] sowie ein Bericht über den russisch-türkischen Krieg von 1736–1739, den der Gelehrte G. F. W. Juncker im Gefolge des zarischen Feldmarschalls B. Ch. v. Münnich miterlebte. Auch gibt es Buchpublikationen aus dem 18. Jahrhundert, die bisher noch nicht analysiert worden sind, die aber für eine Untersuchung der Beziehungsgeschichte wichtig sein können. So suchte der Wittenberger Professor Martin Hassen (1675–1750), der Zar Peter den

9 So war Graf Friedrich Vitzthum von Eckstädt (1675–1726) mehrfach als Gesandter des polnischen Königs August II. in Rußland und kannte Zar Peter I. persönlich gut. Das „Tagebuch“ ist nicht von Vitzthums eigener Hand geschrieben worden, doch könnte eine Person aus seiner Suite der Autor gewesen sein. Das „Tagebuch“ gibt nicht die subjektiven Eindrücke eines zeitgenössischen Beobachters wieder, sondern Material über Ereignisse als Grundlage für eine historische Darstellung, z.T. in Stichworten. Auch der Historiker Christian Schöttgen (1687-1751), Rektor der Dresdener Kreuzschule und Autor des Buches „Originum Russicarum sectio I–V“ (Dresden 1729–1731), der sich nachweislich mit „zeitgeschichtlichen“ Studien beschäftigte, könnte für die Autorenschaft in Frage kommen, wenn auch hier die Handschrift nicht mit der des „Tagebuchs“ übereinstimmt. Bis jetzt ist noch viel zu wenig über das Personal im sächsisch-polnischen diplomatischen Dienst und die Dresdener Historiographie zur Zeit Augusts II. bekannt.

10 „Der von Ihrer Czaarischen Majt. praetendirte Kayser-Titul“.In: Sächsische Landesbibliothek, Msc. 124. Es lohnte sich ein Vergleich zu den zeitgenössischen gedruckten Kaisertitel-Schriften.

Großen selbst während dessen Durchreise durch die Lutherstadt 1712 kennengelernt hatte (wie er in der Vorrede zu seinem Buch erwähnt), die 1721 von Christian Wolff dargelegte Lehre vom gesellschaftlichen Leben der Menschen auf die russische Regierungsform anzuwenden.[11] Der Reformzar, ein Verbündeter des sächsisch-polnischen Herrscherhauses, erscheint in dem 1739 erschienenen Buch Hassens als ein von der Vernunft geleiteter Regent und als Prototyp eines „aufgeklärten“ Monarchen. Zahlreiche Dokumente im Anhang zu der Veröffentlichung verdienen die Aufmerksamkeit der Forschung.

Die geplante „Geschichte der deutsch-russischen Beziehungen im 18. Jahrhundert“ unterscheidet sich in ihrer Anlage von den entsprechenden Bänden des „Wuppertaler Projekts“ über „Russen und Rußland aus deutscher Sicht“[12] bzw. den später erschienenen Komplementärbänden „Deutsche und Deutschland aus russischer Sicht“. Zu den literarischen Zeugnissen über das Zarenreich, auf die in dem 1987 erschienenen Band eingegangen wird, ließen sich nur einige wenige Ergänzungen und Nachträge anführen. Den Autoren des von L. Kopelev geleiteten Projekts geht es um das Bild, das sich Vertreter eines Volks vom jeweils anderen machten, um das Entstehen von Fremd- und Feindbildern, um das Wirken von Deutschen in Rußland und die Aufenthalte von Russen in deutschen Territorien. Eine Synthese zur Geschichte der deutsch-russischen Beziehungen muß anstreben, die Nachrichten über diese Kontakte noch mehr zu den konkreten geschichtlichen Ereignissen des jeweiligen Zeitabschnitts in Beziehung zu setzen. Wenn die deutsch-russischen Beziehungen in einem

11 Wolff, Ch.: Vernünftige Gedanken von dem gesellschaftlichen Leben der Menschen zur Beförderung der Glückseligkeit des menschlichen Geschlechts. Halle 1721. Es sollte untersucht werden, wie sich Hassen auf die Staatstheorie von Wolff stützte. Vgl. Hassen, M.: Die wahre Staats-Klugheit in gewissen Staats-Grundsätzen. Leipzig 1739.

12 Russen und Rußland aus deutscher Sicht. 9.–17. Jahrhundert. Hg. M.Keller u. Mitarb. v. U. Dettbarn u. K.-H. Korn. München 1985; Keller, M.,Hg: Russen und Rußland aus deutscher Sicht. 18. Jahrhundert: Aufklärung. München 1987 (= West-Östliche Spiegelungen. Russen und Rußland aus deutscher Sicht und Deutsche und Deutschland aus russischer Sicht von den Anfängen bis zum 20. Jahrhundert. Wuppertaler Projekt zur Erforschung der Geschichte deutsch-russischer Fremdenbilder u. Ltg. v. L. Kopelew. A, 1,2).

intereuropäischen Beziehungsgeflecht betrachtet werden sollen, so wäre zu klären, warum in einem bestimmten Zeitraum gerade die Beziehungen zwischen deutschen und russischen Partnern bedeutsam waren, während sie in anderen Perioden gegenüber den Begegnungen mit Franzosen oder Italienern zurücktraten. Reflexionen über das Spezifische des deutsch-russischen Verhältnisses müssen die verschiedenen Ebenen und Bereiche der Beziehungsgeschichte erfassen. Das war den Autoren des „Wuppertaler Projekts" nicht im vollen Maße möglich. Den umfangreichen Bereich der Wirtschafts- und Handelsbeziehungen behandelten sie nicht, da dies nicht den Zielsetzungen der Darstellung entsprach.

Das folgende Beispiel soll verdeutlichen, daß es sich lohnt, Werke der deutschen Literatur des 18. Jahrhunderts noch einmal daraufhin zu überprüfen, ob sie Auskünfte über die deutsch-russischen Beziehungen geben können. 1770 bis 1773 erschien in Leipzig ein umfangreicher Roman aus der Feder des protestantischen Geistlichen und Schriftstellers Johann Timotheus Hermes (1738-1821): „Sophiens Reise von Memel nach Sachsen". Dieses etwa 3 700 Seiten umfassende Werk trug durch die sensible Zeichnung von Charakteren nichtadliger Helden (im Unterschied zu Ch. F. Gellerts „Schwedischer Gräfin" von 1748) zur Hebung bürgerlichen Selbstbewußtseins bei. Nun verweist zwar M. Keller in ihrer Studie „Literarische Würze: Russisches bei Gellert und Münchhausen" auf die Gestalt eines „gutmütigen Kosaken" in „Sophiens Reise. . ."[13] (Hermes fehlt im Namensregister des Bandes „Russen und Rußland aus deutscher Sicht. 18. Jahrhundert: Aufklärung"), doch findet der geheimnisvolle Auftrag eines der Hauptthelden des Romans, Hermann von Less^{+++}, keine Erwähnung. Dieser im Jahre 1761 etwa dreißigjährige junge Adlige deutscher Herkunft, der „in Wien, Paris, Jena und Helmstädt"[14] seine Ausbildung genoß, „Secretair bei dem ^{x}schen Agenten"[15], stand nämlich in russischen Diensten. Er betrachtete es als sein „Amt, im Reich (– d.h. dem Heiligen Römischen Reich – M. Sch.) Pflanzvölker für Astrahan, und

13 Vgl. Keller 496.

14 Hermes, J. T.: Sophiens Reise von Memel nach Sachsen, 1. Leipzig 1776, 47.

15 Ebenda 276f.

Sibirien zu werben“[16], das er unter Wahrung eines strengen Incognito ausübte. In einem Brief ließ ihn Hermes mitteilen, daß er drei Familien aus dem Bambergischen angetroffen habe, die „nicht zerrüttete Glücksumstände“ nach Rußland geführt hätten, „sondern eine reine Gottesfurcht, und Sehnsucht nach freiem Gottesdienst“.

„Ists nicht äusserst befremdend“, schreibt H. von Less+++, „daß die Kaiserin beinah die einzige unter den gekrönten Häuptern ist, die die Vortheile der Gewissensfreiheit ihrem Lande, und durch diese, soviel tausend fromme Einwohner ihm schenkt?“[17]

Schließlich teilt der durchweg mit sympathischen Zügen ausgestattete Beauftragte noch mit: „Ich bekomme von allen meinen Werbeplätzen die erwünschtesten Nachrichten. . .“[18]

Hier handelt es sich um eine frühe literarische Gestaltung eines Themas, das in der Entstehungszeit des Romans offenbar die Gemüter in Deutschland erregte: Nach der Veröffentlichung des Werbemanifests der Zarin Katharina II. im Jahre 1763 zogen bis 1767 etwa 27 000 Aussiedler aus verschiedenen deutschen Territorien (vor allem aus Hessen, Württemberg, dem Rheinland, aus der Pfalz) in die neugegründeten Wolgakolonien.[19] Hermes läßt seinen Helden schon 1761 agieren, als Katharina noch gar nicht zur Macht gelangt war. Sein Hermann von Less+++ ist ein edler Mensch, während die russischen Werbekommissare in Wirklichkeit eigentlich in einem schlechten Ruf standen. Der Theologe Hermes vermerkte als Auswanderungsmotiv das Streben nach Religionsfreiheit – in der Historiographie ist indes die Ansicht verbreitet, daß vor allem die wirtschaftliche Notlage nach dem Siebenjährigen Krieg den Massenexodus von 1764 bewirkte. Schließlich verwundert es, daß der Schriftsteller, der immerhin nach einem Aufenthalt in Berlin Lehrer an der Ritterakademie in Brandenburg war,[20] ein Loblied auf die Toleranzpolitik der russischen Kaiserin anstimmt und die des Preußenkönigs Friedrich II. an der Stelle nicht erwähnt.

16 Ebenda 2 – /504.
17 Ebenda.
18 Ebenda.
19 Vgl. Stumpp, K.: Die Auswanderung aus Deutschland nach Rußland in den Jahren 1763 bis 1862. Tübingen 1972, 20.
20 Vgl. Aufklärung. Erläuterungen zur deutschen Literatur. Berlin 1977, 635.

Die Massenauswanderung zehntausender deutscher Siedler in den sechziger Jahren des 18.Jahrhundert ist ein wichtiger Teil jener Migrationsbewegungen in Europa gewesen, die in einer beziehungsgeschichtlichen Darstellung berücksichtigt werden müssen. Über die Ansiedlung von Deutschen in Rußland gibt es eine kaum noch zu überschauende Literatur,[21] doch wurden nur wenige vergleichende Betrachtungen angestellt, etwa zwischen der Rußlandmigration und der Auswanderung deutscher Siedler nach Nordamerika oder nach Ungarn im 18. Jahrhundert.[22] Es wäre zu klären, warum viele der Auswanderer die völlig ungewisse Zukunft in einem fremden Land der Teilnahme an der Binnenkolonisation in der Mark Brandenburg, im Netze- oder Warthegau unter Friedrich II. vorzogen. Diese Menschen vertrauten den Versprechungen, mit denen die russischen Werbekommissare nicht geizten und vor denen die deutschen Regierungen in vielen Edikten warnten. Ist den Ausreisewilligen nicht bekannt geworden, welche günstigen rechtlichen Bedingungen in den Ländern des Preußenkönigs oder in Kursachsen[23] nach dem Siebenjährigen Krieg für Ansiedler geboten wurden? Gab es Vorbehalte gegenüber einer Ansiedlung in deutschen Territorien? Hat doch jene Abenteuerlust, jenes Streben nach dem Kennenlernen fremder Länder, von dem in mehreren Darstellungen der Geschichte der Wolgadeutschen[24] die Rede ist, eine Rolle gespielt? Die erhalten gebliebenen Aufzeichnungen von Teilnehmern an der ersten Siedlerwelle[25] können zur Beantwortung derartiger Fragen sicher einiges beitragen.

21 Vgl. Bonwetsch, F.: Geschichte der deutschen Kolonien an der Wolga. Stuttgart 1919; Beratz, G.: Die deutschen Kolonien an der unteren Wolga in ihrer Entstehung und ersten Entwicklung. Berlin 1923; Stumpp, K.: Das Schrifttum über das Deutschtum im Ausland. Stuttgart 1980.

22 Vgl. Häberle, D.: Auswanderung und Koloniegründungen der Pfälzer im 18. Jahrhundert. Kaiserslautern 1909; Schünemann, K.: Österreichs Bevölkerungspolitik unter Maria Theresia, 1. Berlin 1935.

23 Vgl. Schlechte, H.,Hg: Die Staatsreform in Kursachsen 1762–1763. Quellen zum Kursächsischen Rétablissement nach dem Siebenjährigen Kriege. Berlin 1958, 301, 344ff.

24 Vgl. Beratz 30.

25 Vgl. Der russische Colonist, oder Christian Gottlob Zuege's Leben in Rußland. 1,2. Zeitz, Naumburg 1802; neue Ausg.: Bremen 1988.

Für die Darstellung der Geschichte der deutsch-russischen Beziehungen im 18. Jahrhundert ist es nötig, sowohl Prozesse zu verfolgen, in die Tausende von Menschen einbezogen waren, wie die erwähnten Kolonisationszüge oder die Aufenthalte russischer Truppen in deutschen Territorien (1706, 1711–1717, 1735, 1747, 1757–1761, 1799), als auch Begegnungen zwischen einzelnen Persönlichkeiten, bekannten wie weniger bekannten, und Gruppen von Menschen nachzugehen.

In den Forschungen zur Geschichte der deutsch-russischen Beziehungen, die in der DDR in den siebziger und achtziger Jahren angestellt wurden, versuchten viele Autoren, ein auf die Wissenschafts- und Kulturbeziehungen beschränktes Herangehen zu überwinden. Bereiche der Beziehungsgeschichte, wie die Wirtschafts- und Handelsbeziehungen und das Militärwesen, wurden in die Betrachtung einbezogen. Doch reichten diese Ansätze noch nicht aus. Es mußten Wege gefunden werden, um zu einer komplexen Sicht auf die deutsch-russischen Beziehungen zu gelangen. Es kam besonders darauf an, diese Beziehungen nicht isoliert, sondern in europäischen Zusammenhängen zu untersuchen. Der Herausbildung politischer Gruppierungen in Europa und der Einbeziehung des Zarenreiches sowie deutscher Territorien in diese Mächtekonstellation ist dabei große Beachtung zu schenken. Die Darstellung des Wirkens bestimmter historischer Persönlichkeiten, die mit mehreren Bereichen der Beziehungsgeschichte verbunden waren, sowie von Regionen sowohl in Rußland als auch in der zerklüfteten Staatenlandschaft des Heiligen Römischen Reiches kann dazu beitragen, der angestrebten Komplexität näherzukommen.

In Rußland sind die beiden Hauptstädte Moskau und St. Petersburg bevorzugt zu untersuchen, sodann zentralrussische Provinzstädte, die riesige sibirische Region, an deren Erschließung deutsche Gelehrte maßgeblich mitwirkten, das Uralgebiet, die Ukraine und die 1710 eroberten baltischen Provinzen. Anstelle Moskaus zog das 1703 gegründete St. Petersburg immer mehr die ausländischen Diplomaten, die Kaufleute, Künstler und Handwerker an. Etwa gleichzeitig mit dem Aufblühen der neuen Hauptstadt des Zarenreiches vollzog sich in dem 1701 zum Königreich erhobenen Preußen eine Verlagerung des Zentrums der außenpolitischen Aktivitäten von Königsberg nach Berlin, wo eine ständige russische Gesandtschaft eingerichtet wurde.

Im 18. Jahrhundert verbanden dynastische Ehen nunmehr wieder – wie im Mittelalter – Angehörige des russischen Zarenhauses mit solchen aus verschiedenen deutschen Fürstenhäusern (Mecklenburg-Schwerin, Braunschweig-Wolfenbüttel, Braunschweig-Bevern, Holstein, Hessen-Darmstadt, Baden, Württemberg u.a.). In einem Brief an K. A. Böttiger umriß A. L. Schlözer den Inhalt der Vorrede zu seinem „Handbuch der Geschichte des Kaisertums Rußland“ folgendermaßen:

„1. im 18. Saeculo sei in Rußland das 11. und 12. wiedergekommen – eine Menge Wechselheiraten mit fremden Höfen; 2. diese würden allerhand Folgen haben, unter anderen 3. schärfere Attention auf russische Literatur, zu deren Beförderung 4. ich eile, meinen Deutschen das erste erträgliche Kompendium russischer Geschichte vorzulegen.“[26]

Zwar hatte M. Lindemann versucht, einen Überblick über die dynastischen Ehen von Angehörigen des russischen Fürstenhauses mit deutschen Fürsten im 18. und 19. Jahrhundert zu geben,[27] doch wurden die weiterreichenden Folgen dieser Heiraten, die Schlözer im Auge hatte, noch nicht umfassend dargestellt. Die Hochzeiten deutscher und russischer Fürstlichkeiten wurden von einer Flut von Gelegenheitsschriften begleitet, in denen auf die historischen Ursprünge derartiger verwandtschaftlicher Beziehungen aufmerksam gemacht werden sollte. In jüngster Zeit beschäftigte sich B. Scholz (Universität Hamburg) mit den Zusammenhängen zwischen dem Entstehen solcher Schriften über den Ursprung des russischen Herrscherhauses und frühe Verwandtschaftsbeziehungen mit den „normannistischen“ Konzepten, die dann von deutschen Gelehrten an der 1724/25 gegründeten St. Petersburger Akademie der Wissenschaften vertreten wurden. Es lohnt sich, den Ursprüngen der „Berufungslegenden“, die im 18. Jahrhundert in einer ganzen Reihe europäischer Länder zur Erklärung der Herausbildung einer eigenen Staatlichkeit herangezogen wurden, historisch vergleichend nachzugehen.[28]

Eine weitere Schwierigkeit besteht darin, den geographischen Rahmen des Raumes abzustecken, in dem die deutschen Partner anzutref-

26 Winter, E., Hg: August Ludwig von Schlözer und Rußland. Berlin 1961, 148 – /312.

27 Lindemann, M.: Die Heiraten der Romanows und der deutschen Fürstenhäuser im 18. und 19. Jahrhundert und ihre Bedeutung in der Bündnispolitik der Großmächte. Berlin, Bonn 1935.

28 Vgl. Scholz, B.: Der Normannenstreit in der Rußland-Geschichtsschreibung des 18. Jh.: Entstehung, Entwicklung, politische Bedeutung (Phil. Diss. Hamburg i. Vorber.).

fen waren, die zu Russen in Kontakt traten. Das Heilige Römische Reich war in zehn Reichskreise gegliedert, die im 18. Jahrhundert durchaus noch ein beachtliches Eigenleben entfalteten, wie W. Dotzauer 1989 in seiner Monographie über die Reichskreise nachwies.[29] In Wien residierte der Kaiser des Heiligen Römischen Reiches, in Regensburg der Reichstag mit dem Kurfürstenkollegium, dem Reichsfürstenrat und dem Reichsstädtekollegium. In Wien und zeitweilig auch in Regensburg verfolgten russische Gesandte die Angelegenheiten des Reiches. Zwei der Reichskreise wurden für die Geschichte der deutsch-russischen Beziehungen besonders bedeutsam: Im Obersächsischen Reichskreis hatte der Kurfürst von Sachsen die Direktion inne. Da von 1697 bis 1763 die Kurfürsten von Sachsen zugleich die polnische Königskrone besaßen und aus machtpolitischen Erwägungen den katholischen Glauben angenommen hatten, obwohl Kursachsen traditionell dem „Corpus Evangelicorum“ im Reich vorstand, und sich Reibungen mit dem Königreich Preußen ergaben, dessen brandenburgischer Teil ebenfalls zum Obersächsischen Reichskreis gehörte, war im nördlichen Raum des Reiches ein latentes Spannungsverhältnis gegeben. Der Obersächsische Reichskreis ist als einziger noch nicht monographisch oder auch nur in Aufsätzen untersucht worden.[30] In seinem Bereich lagen Berlin mit der Preußischen Akademie der Wissenschaften und das mitteldeutsche Universitätsviereck mit Halle, Leipzig, Wittenberg und Jena, dessen Rußlandbeziehungen besonders gut erforscht worden sind.[31]

29 Dotzauer, W.: Die deutschen Reichskreise in der Verfassung des Alten Reiches und ihr Eigenleben (1500-1806). Darmstadt 1989.

30 Der Autor arbeitet an einer solchen Darstellung über den Obersächsischen Reichskreis.

31 Vgl. Winter, E.: Halle als Ausgangspunkt der deutschen Rußlandkunde im 18. Jahrhundert. Berlin 1953; Mühlpfordt, G.: Petersburg und Halle. Begegnungen im Zeichen der Aufklärung. In: Jahrbuch für Geschichte der sozialistischen Länder Europas, 25/2 (1982); ders.: Petersburg und Leipzig – zwei engverbundene Zentren der Aufklärung. In: Russisch-deutsche Beziehungen von der Kiever Rus’ bis zur Oktoberrevolution. Berlin 1976; Lehmann, U.: Der Gottschedkreis und Rußland. Deutsch-russische Literaturbeziehungen im Zeichen der Aufklärung. Berlin 1966; Feyl, O.: Beiträge zur Geschichte der slawischen Verbindungen und internationalen Kontakte der Universität Jena. Jena 1960, u.a.

Im Niedersächsischen Reichskreis, bei dem zeitweilig auch russische Gesandte akkreditiert waren, lagen die Territorien welfischer Fürsten. Der Kurfürst von Hannover hatte erst 1692 die neunte Kurwürde erhalten und war seit 1714 zugleich König von England. Der Leningrader Historiker A. S. Myl'nikov versuchte mit Hilfe der von ihm so genannten „Regional- und Systemanalyse" die kulturellen Leistungen im Gebiet Braunschweig, Wolfenbüttel, Helmstedt und Göttingen, die Frühgeschichte der Slawistik und der Rußlandkunde vor dem Hintergrund der dynastischen Beziehungen zwischen der russischen Zarenfamilie und dem Welfenhause zu erfassen.[32] Aufschlüsse über die holsteinischen Rußlandbeziehungen bietet neuerdings der Katalog der Osteuropa-Bestände der Eutiner Landesbibliothek.[33] Gegenüber den protestantischen nord- und mitteldeutschen Territorien, von denen noch die Handelsstädte Hamburg und Lübeck gesondert genannt werden sollten, treten bis zur zweiten Hälfte des 18. Jahrhunderts die katholischen süddeutschen Territorien als Zentren deutsch-russischer Beziehungen noch zurück.

Die folgende, wenig bekannte Episode aus der Zeit des Nordischen Krieges 1700–1721 soll zeigen, wie eng die Reichsgeschichte mit der der intereuropäischen Beziehungen verflochten war. Vor dem Frieden von Nystad, der 1721 die mehr als zwei Jahrzehnte währende Auseinandersetzung zwischen Rußland und Schweden um die Vorherrschaft im Ostseeraum beenden sollte, warb der Landgraf Karl von Hessen-Kassel (1654–1730) bei den Markgrafen von Baden, Ansbach und Bayreuth sowie beim Herzog von Württemberg um die Stellung bewaffneter Kontingente zur Vertreibung der Russen aus den ehemals schwedischen Provinzen Livland und Estland. Sein Sohn Friedrich (1676–1751) hatte nämlich seit 1719 den schwedischen Thron inne, und Karl glaubte, auf diese Weise ihm zu Hilfe kommen zu können. Weshalb zeigten nun die genannten süddeutschen Fürsten Verständnis für dieses Anliegen des hessischen Landgrafen? Der Schwedenkönig war seit dem Westfälischen Frieden von 1648 zugleich ein Glied des

32 Myl'nikov, A. S.: Braunschweig-Wolfenbüttel als Kulturzentrum und die Anfänge der deutschen Slawistik. Versuch einer System- und Regionalanalyse. In: Literaturbeziehungen im 18. Jahrhundert. Berlin 1986.

33 Die Osteuropa-Bestände der Eutiner Landesbibliothek. Hg. P. Nitsche u. Mitarb. v. S. Stender. Heide 1989.

Heiligen Römischen Reiches und besaß im „Corpus Evangelicorum“ einen großen Einfluß. Er konnte in den Religionsstreit eingreifen, der 1719 im Zusammenhang mit Rekatholisierungsmaßnahmen in der Pfalz entstanden war. August der Starke, dessen ebenfalls zur katholischen Kirche übergetretener Sohn Friedrich August 1719 gerade mit der Kaisertochter Maria Josepha getraut worden war, konnte und wollte den bedrängten Protestanten natürlich nicht zur Hilfe kommen. Freilich kam es nicht zu dem Einsatz der Fürstentruppen gegen die Russen Peters I. Der Zar behielt die Provinzen und diktierte dem geschwächten Schweden die Friedensbedingungen.[34]

In der DDR waren die deutsch-russischen bzw. deutsch-slawischen Wechselbeziehungen – um zu einem weiteren konzeptionellen Problem bei der Erarbeitung der Monographie zu kommen – ungleich besser erforscht worden als die Beziehungen deutscher Territorien zu anderen europäischen Ländern. Eine Ausnahme stellt vielleicht das Buch von G. Meinert über die Handelsbeziehungen zwischen Sachsen und Italien von 1740 bis 1814 dar.[35]

Wenn die intereuropäischen Beziehungen im geistigen Bereich im 18. Jahrhundert betrachtet werden sollen, so sind freilich die Arbeiten des Romanisten W. Krauss (1900–1976) und seiner Schüler über die Aufklärung bei den romanischen Völkern zu berücksichtigen.[36]

Allein vom Umfang her nahmen die Forschungen zu den deutsch-russischen Beziehungen in der Historiographie der DDR eine Sonderstellung ein. Zu dieser Disproportion kamen noch ein gewisser Provinzialismus, eine bevorzugte Behandlung von Gebieten, die auf dem Territorium der DDR lagen (was infolge der stark eingeschränkten Reisemöglichkeiten vielleicht noch am ehesten verständlich sein mag), besonders in den achtziger Jahren eine „Preußenlastigkeit“ hin-

34 Vgl. Philippi, H.: Landgraf Karl von Hessen-Kassel. Ein deutscher Fürst der Barockzeit. Marburg 1976, 484ff.

35 Meinert, G.: Handelsbeziehungen zwischen Sachsen und Italien 1740–1814. Eine Quellenveröffentlichung. Weimar 1971.

36 W. Krauss. Das wissenschaftliche Werk. Hg. i. Auftrag der Akademie der Wissenschaften der DDR v. W. Bahner, M. Naumann, H. Scheel. Berlin und Weimar (es erschienen: Naumann, M., Hg: Literaturtheorie, Philosophie und Politik. 1987; Geißler, R., Hg: Aufklärung II: Frankreich. 1987). 1991 erscheint der Band 5 der Ausgabe der Werke von W. Krauss mit Arbeiten über die Aufklärung.

sichtlich der regionalen Konzentration der Forschungen sowie eine besondere Betonung der als „progressiv" angesehenen Traditionen der Beziehungsgeschichte. Es hat Versuche gegeben, die durch die bis 1990 existierenden Grenzen verstärkt hervorgerufenen Einschränkungen des Gesichtsfeldes zu überwinden. Zu nennen wären hier Studien von C. Grau über Nürnberg als Zentrum von Mathematikern, Geographen, Kartographen und Mechanikern mit Rußlandbeziehungen sowie über das Elsaß als Heimat von J. D. Schumacher und G. F. Parrot.[37] In einer modernen beziehungsgeschichtlichen Untersuchung dürfen natürlich die welfischen Territorien, Holstein, Hamburg und Lübeck, Nürnberg, Bayern, Baden und Württemberg mit Tübingen (Stichworte: Bilfinger, Gmelin) nicht unterbelichtet bleiben. Auch heute polnische Städte mit deutscher patrizischer Ober- und Gelehrtenschicht, wie Danzig, Thorn und Elbing, sowie böhmische und mährische Zentren sollten nicht fehlen. Eine Geschichte der deutsch-russischen Beziehungen schließt den Raum des heutigen Österreich ebenso ein wie die deutschsprachige Schweiz, aus der solche Gelehrte wie L. Euler und Angehörige der Familie Bernoulli kamen.

Die bevorzugte Untersuchung der „progressiven Traditionen" der Beziehungsgeschichte, die in der DDR in einem positiven Grundtenor erschienen, führte dazu, daß bestimmte Erscheinungen nicht in das öffentlich wirksame Geschichtsbild gelangten. So wurde zwar eine mecklenburgische Chronik zitiert, wonach sich die russischen Soldaten während des Nordischen Krieges gesittet betragen und ihren Popen gehorcht hätten. Sie konnten sogar die Namen der von Slaven gegründeten Siedlungen deuten.[38]

Dies alles mag sich tatsächlich so zugetragen haben. Doch wurde kaum etwas über die Drangsale berichtet, die sich die damals so

37 Vgl. Grau, C.: Petrinische kulturpolitische Bestrebungen; ders.: Wissenschaftsorganisation im Umfeld der Französischen Revolution. Russisch-deutsch-französische Kontakte im Wirken von G. F. Parrot und G. Cuvier. In: Jahrbuch für Geschichte der sozialistischen Länder Europas, 33 (1989).

38 Vgl. Raab, H.: Die Anfänge der slawistischen Studien im deutschen Ostseeraum unter besonderer Berücksichtigung von Mecklenburg und Vorpommern. In: Wissenschaftliche Zeitschrift der Ernst-Moritz-Arndt-Universität Greifswald. Festjahrgang zur 500-Jahrfeier. Gesellschafts- und sprachwissenschaftliche Reihe, 4/5 (1955/56), 366f.

genannten „Moskowiter" gegenüber der Bevölkerung zuschulden kommen ließen.[39] Die Russen hausten in Mecklenburg, in Vorpommern zeitweise ebenso wie die berüchtigten Dänen oder die Sachsen des Feldmarschalls J. H. v. Flemming. Der Berliner Bäckermeister Johann Friedrich Heyde gab in seiner handschriftlichen Chronik 1758 wieder, was ihm zu Ohren kam: Die Russen hätten „sowohl in Pommern, sowohl in der Neu Mark sowie voriges Jahr in Litauen erbärmlich gewütet und die Menschen erbärmlich umb gebracht die Frauens Perschonens geschändet und alsdenn umb gebracht, Prediger in Stroh ein gebunden mit Teer bestrichen und alsdenn mit Feuer angezündet, der andren Mißhandlungen zu geschweigen desgleichen man von den ärgsten Barbaren nie erhöret hat."[40] Gerade in Kriegszeiten war das Bild von den Russen als „Barbaren" in Deutschland weit verbreitet, wie auch in den „West-Östlichen Spiegelungen" gezeigt wird.

Aus einem Schuldgefühl wegen der von Deutschland im 20. Jahrhundert entfesselten Aggressionen und der Untaten deutscher Besatzer im zweiten Weltkrieg heraus (die Ausmaße stalinistischer Verfolgungen waren den wenigsten bekannt) wurde in vielen Publikationen in der DDR nicht eingestanden, daß die russische Zarenarmee in bestimmten historischen Perioden ein Instrument expansionistischer Außenpolitik war oder daß mit den baltischen Provinzen im Nordischen Krieg keinesfalls nur „angestammte russische Lande" wiedererlangt wurden.

Die „Revelations of the diplomatic History of the 18th century" von Karl Marx, die mit dem Abdruck seltener Dokumente einen wertvollen Beitrag zur Geschichte der russischen Außenpolitik im 18. Jahrhundert darstellen, konnten in der DDR nicht erscheinen, obwohl man sich doch darauf berief, das Erbe von Marx und Engels angetreten zu haben. Die entwickelten staatlichen Beziehungen zwischen der Sowjetunion und der DDR sowie zahlreiche, zum Teil bis heute bestehende Freundschaften und Arbeitskontakte mit sowjetischen Histo-

39 Vgl. Prochnow, G.: Aus der Zeit des Moskowiterkrieges vor 200 Jahren. Zur Erinnerung an die Schicksale Vorpommerns im nordischen Kriege. Greifswald 1913.

40 Schultz, H., Hg: Der Roggenpreis und die Kriege des großen Königs. Chronik und Rezeptsammlung des Berliner Bäckermeisters Johann Friedrich Heyde 1740 bis 1786. Berlin 1988, 67.

rikern veranlaßten viele von uns, nach den historischen Wurzeln dieser Freundschaft zu suchen. Dieses Motiv führte sicher zur Aufdeckung zahlreicher Traditionen der Beziehungsgeschichte. Doch ordnete man sich in der DDR zu sehr jenen Apologeten des russischen Großmacht-Denkens unter, die eine Kritik am russischen Expansionismus nicht zuließen. In dem Bestreben, Theorien von einem „West-Ost-Gefälle" in der kulturellen Entwicklung entgegentreten zu müssen, wurden in der DDR-Historiographie oft die tatsächlich bestehenden Niveauunterschiede zwischen deutschen Territorien einerseits und dem Zarenreich andererseits nivelliert. Hierzu trug auch die vorwiegend ideengeschichtliche Ausrichtung der gedruckten Arbeiten E. Winters bei.

Methodisch beispielhaft für die nachfolgenden Historikergenerationen waren sicher E. Winters gesamteuropäische Überblicke und seine Studien über die Frühformen geistiger Strömungen – des Frühhumanismus, der Frühaufklärung, des Frühliberalismus.[41] Doch darf eine solche Konzentration der Aufmerksamkeit auf die „Keime des Neuen" nicht dazu verleiten, die übermächtigen Erscheinungen der strukturellen Rückständigkeit in Osteuropa zu übersehen.

Zunächst war in vergleichenden Betrachtungen – etwa zwischen Preußen, Österreich und Rußland – vor allem von den Gemeinsamkeiten in der Entwicklung ausgegangen worden. In Rußland herrschten, wie in Ostelbien insgesamt, leibeigenschaftliche Verhältnisse. Der Absolutismus war im Zarenreich wie in den meisten deutschen Territorien die vorherrschende Staats- und Regierungsform. Gegenüber solchen entwickelten Ländern, wie England und den Niederlanden, erschienen Rußland, Österreich und Preußen als rückständige Agrarstaaten.

In ihrem Aufsatz „Tendenzen, Probleme und Aufgaben beziehungsgeschichtlicher Forschungen" hatten P. Hoffmann und W. Küttler betont, daß eine Beziehungsgeschichte sowohl die Erforschung der direkten Beziehungen politischer, wirtschaftlicher und kultureller Art in ihrer ganzen Vielfalt als auch den Vergleich, das komparative Inbeziehungsetzen der Entwicklung von Ländern, Staaten und Völkern zum

41 Vgl. Winter, E.: Frühhumanismus. Berlin 1964; ders.: Frühaufklärung. Berlin 1966; ders.: Frühliberalismus in der Donaumonarchie. Berlin 1968.

Gegenstand habe.[42] Dieser Vergleich kann kein Selbstzweck sein, er kann auch nicht das Ziel einer „Geschichte der deutsch-russischen Beziehungen“ bedeuten. Doch sind Vergleiche des jeweiligen Entwicklungsniveaus in Rußland und in den behandelten deutschen Territorien nötig, um zu einer richtigen Einordnung der Tatsachen, Ereignisse und Personen zu gelangen.

Als eine künftige Forschungsaufgabe zeichnet sich eine Typisierung der Varianten leibeigenschaftlicher Verhältnisse in den östlichen Ländern Europas ab – in Rußland, in Polen, in Schlesien, in Böhmen, Mähren, Ungarn oder in den Donaufürstentümern. Bei allen Gemeinsamkeiten weisen die jeweiligen Ausprägungsformen leibeigenschaftlicher Verhältnisse beträchtliche Unterschiede auf. Charakteristisch für Rußland waren die wirklich „flächendeckende“ Dorfgemeindeordnung oder die Ausmaße des Verkaufs unfreier Bauern ohne Land.

Auch im staatlichen Bereich lassen sich Besonderheiten aufdecken. In Rußland zählen dazu die jahrhundertealten ungebrochenen Traditionen zarischer Autokratie, das Fehlen zentraler oder regionaler Ständevertretungskörperschaften bis zur Einrichtung entsprechender Institutionen „per Ukaz“ unter Katharina II., das Fehlen städtischer Rechte und Privilegien, die weitgehende Eingliederung der kirchlichen Organisation in die staatliche Verwaltung, die beherrschende Stellung des militärischen Sektors auch in Bereichen, die in anderen Ländern längst zum „zivilen Sektor“ gehörten. In Rußland nahmen dienende oder pensionierte Militärs Beamtenstellen ein, für die es in Preußen, Österreich oder Sachsen längst eine Schicht von Justiz-, Finanz- und Verwaltungsbeamten gab, von denen ein beachtlicher Teil eine Universitätsausbildung hinter sich hatte. Der Einsatz von Offizieren sowie von Ausländern, zu einem großen Teil Deutschen, wirkte so kompensierend für das Fehlen einer ausgebildeten russischen Zivilbeamtenschaft. Die Folgen dieser Dominanz des Militärischen liegen – auch mit Blick auf die heutigen Schwierigkeiten in der Sowjetunion – auf der Hand.

Abschließend sei noch ein Feld für künftige Forschungen genannt, dessen Bearbeitung durch die Beobachtung angeregt wurde, daß im

42 Hoffmann, P., Küttler, W.: Tendenzen, Probleme und Aufgaben beziehungsgeschichtlicher Forschungen. Dargestellt am Beispiel der deutsch-russischen Beziehungen des 17. und 18. Jh. In: Jahrbuch für Geschichte der sozialistischen Länder Europas, 28 (1984) 35.

18. Jahrhundert mehrfach Versuche scheiterten, deutsche Juristen bei der Erarbeitung eines neuen Rechtssystems in Rußland zu verwenden.[43] P. Koschaker meinte in seinem vielfach aufgelegten Buch „Europa und das römische Recht“, daß Rußland nicht zum Rezeptionsgebiet des römischen weltlichen Rechts gezählt werden könne.[44] Hingegen wurde in den meisten deutschen Territorien römisches Recht rezipiert und mit den örtlichen, traditionell geltenden Rechtsnormen in einem Jahrhunderte währenden Prozeß synthetisiert. Der Preußenkönig Friedrich II. empfahl in seiner Schrift über die deutsche Literatur aus dem Jahre 1780 den „Herren Professoren des Rechts“ das Studium der aus dem römischen Recht abgeleiteten zivilrechtlichen Bestimmungen, die der „Sicherung von Eigentum, Erbschaften, Mitgiften, Pflichtteilen, Verkaufs- und Kaufverträgen“[45] dienten. Die fehlende bzw. historisch verspätete Rezeption des römischen Zivilrechts mußte fatale Folgen für die Entwicklung des Wirtschafts- und Warenverkehrs im Zarenreich haben. Ein Vergleich der Rechtsordnung in Rußland, die im Uloženie von 1649 und in anderen Gesetzesdokumenten kodifiziert war und eine durch örtliche Gewohnheitsrechte modifizierte Anwendung fand, und der Rechtssysteme in den anderen europäischen Staaten, die vom römischen Recht beeinflußt wurden, ist eine notwendige Forschungsaufgabe.

In der geplanten Monographie „Geschichte der deutsch-russischen Beziehungen“ wird der Begriff der „Beziehungen“ mit mehreren Ebenen der Begegnungen zwischen Angehörigen beider Völker (Kontakte zwischen Personen, Gruppen) in Verbindung gebracht. Dabei geht es um die Klärung der Interessen der beteiligten Staaten im Rahmen europäischer Konstellationen, in Konflikt-, Kriegs- und Krisensitua-

43 Vgl. Latkin, V. N.: Zakonodatel’nye kommissii v Rossii v XVIII stoletii, SPb 1887; Man’kov, A. G.: Proekt Uloženija Rossijskogo gosudarstva 1720-1725 gg. In: Problemy feodal’noj Rossii. Leningrad 1971.

44 Koschaker, P.: Europa und das römische Recht. München, Berlin 1947, 132; über die Vermittlung des römischen Rechts durch Byzanz: Härtel, G., Polay, E.: Römisches Recht und Römische Rechtsgeschichte. Weimar 1987, 131.

45 Friedrich II.: Über die deutsche Literatur, die Mängel, die man ihr vorwerfen kann, welches ihre Ursachen sind und mit welchen Mitteln man sie beheben kann. In: Mittenzwei, I., Hg: Friedrich II. Schriften und Briefe. Leipzig 1985, 387.

tionen. Besondere Aufmerksamkeit wird historischen Entscheidungssituationen geschenkt. Im 18. Jahrhundert waren Knotenpunkte in den Beziehungen zwischen Rußland und deutschen Territorien in den Jahren 1700 (Ausbruch des Nordischen Krieges), 1709 (russischer Sieg bei Poltava), 1721 (Frieden von Nystad), 1762 („Mirakel des Hauses Brandenburg“) und 1779 (Frieden von Teschen) zu verzeichnen (auch andere Jahre könnten in die Debatte gebracht werden). Die Beziehungen zwischen Rußland und den größeren deutschen Staaten (Preußen, Österreich, Sachsen) zeitigten Wirkungen auf andere europäische Staaten. Dies wird am Beispiel der Teilungen Polens besonders augenscheinlich. Die Beziehungsgeschichte kann so als Beitrag zu einer „Strukturgeschichte der europäischen Mächtepolitik“[46] verstanden werden.

46 Zernack, K.: Preußen – Deutschland – Polen. In: Fischer, W., Müller, M. G., Hg: Aufsätze zur Geschichte der deutsch-polnischen Beziehungen. Berlin 1991, 262.

Klaus Zernack

„Negative Polenpolitik“ und deutsch-russische Beziehungen

Der Fragestellung dieser Tagung kommt eine besondere forschungsgeschichtliche Bedeutung zu. Denn in der zurückliegenden Periode der Osteuropahistorie in Deutschland, d.h. seit dem Beginn der sechziger Jahre, war ein solches politikgeschichtliches Thema wie das unseres Kolloquiums nicht eben hoch im Kurs, weder im Westen noch im Osten Deutschlands. Eine Handvoll unter uns ist indessen immer dafür eingetreten, die mächtepolitischen Grundbedingungen der neueren osteuropäischen Geschichte nicht aus dem Auge zu verlieren.

Mir ging es bei diesen Bemühungen um dreierlei:

1. Methodisch gesehen kam es auf ein Konzept an, das man am ehesten als „strukturelle Politikgeschichte“ bezeichnen könnte.

2. Im Bezug auf die Periodisierung der osteuropäischen Geschichte ging es um die genauere Abgrenzung eines spezifisch modernen Zeitalters, das vom Beginn des 18. Jahrhunderts bis an die Schwelle unserer Tage reicht. Mit dieser Periodisierung verbunden ist

3. eine dafür angemessene, strukturell-politikgeschichtliche Begriffsbildung. In dieser Hinsicht sollte man von einem Zeitalter der Großen Mächte sprechen, in welchem deren osteuropäische Repräsentanten, d.h. Rußland, Österreich und Preußen-Deutschland, eine besondere Interaktionsstruktur, ein System „negativer Polenpolitik“, ausbildeten.

Die historische Sache selbst aber hat Ranke am besten historiographisch auf den Begriff gebracht, und zwar in dem berühmten Essay „Die Großen Mächte“ von 1833.[1] Seit dem großen Nordischen Krieg,

1 Ranke, L.: Die Großen Mächte. In: Leopold v. Ranke: Historische Meisterwerke, 17–18. Wien, Hamburg, Zürich 1928, 464f.

also seit Anfang des 18. Jahrhunderts, so sagt er, „fing Rußland an, in dem Norden Gesetze zu geben.“ Das alte Steuerungssystem für den ganzen Kontinent, wie es Frankreich und Schweden erst kurz zuvor, 1648, errichtet hatten, war damit aus den Angeln gehoben. „Und so war der Norden unter eine ganze andere Herrschaft geraten als die mittelbare von Frankreich; eine große Nation trat dort in eine neue, eine eigentlich europäische Entwicklung ein.“ Diesem Urteil lag Rankes ständiges Nachdenken über die Strukturen der europäischen Mächtepolitik zu Grunde. Darin spielte Rußland, wie der Essay von 1833 eindrucksvoll zeigt, eine zentrale Rolle. Auch in den „Neun Büchern preußischer Geschichte“ von 1847 ging es Ranke nochmals darum, die Machtwirkung Rußlands seit der Wende zum 18. Jahrhundert als eine der Bedingungen freizulegen, die den Aufstieg Preußens ermöglicht haben. Aber wie immer bei Ranke spielt dabei das polnische Beziehungsfeld zwischen Rußland und Deutschland eine marginale Rolle. So kommt zwar die mächtepolitische Systematik, in der Rußlands und Preußens Großmachtbildung stehen, gut zum Vorschein. Was aber nicht erkennbar wird, sind ihre beziehungsgeschichtlichen Folgen.

Karl Marx setzte hier auf andere Weise an, und zwar in den Manuskripten über die polnische Frage, die er 1864 niederschrieb.[2] Wo Ranke das historische Recht der Großen Mächte in ihrer Kraft zur Überwindung der Revolution begründet sah, argumentierte Marx mit dem Recht der Geschichte. Sein Thema waren eher die Kosten, die dieses System der Großen Mächte mit seiner Unterdrückung der gesellschaftlichen Modernisierung der Nationen einforderte. An Marx als einen Kritiker der erst in unseren Tage zu Ende gehenden Epochen der Großen Mächte ist heute nachdrücklich zu erinnern. In dieser Beziehung ist sogar an ihn anzuknüpfen. Und zwar nicht nur, weil dieser Marx in der marxistischen Forschung wenig Beachtung gefunden hat, sondern auch, weil die Frage nach den devastierenden Wirkungen der Mächtegeschichte für die betroffenen Völker überhaupt bald wieder versandete. Zwar gedieh die Strukturgeschichte des Mächtesystems in den skizzenhaften Entwürfen Ludwig Dehios[3] und zuletzt

2 Conze, W., Hertz-Eichenrode, D., Hg: Karl Marx, Manuskripte über die polnische Frage. Amsterdam 1961.

3 Dehio, L.: Gleichgewicht oder Hegemonie. Betrachtungen über ein Grundproblem der neueren Staatengeschichte. Krefeld 1948; ders.: Deutschland und die Weltpolitik im 20. Jahrhundert. München 1955.

noch in Paul Kennedys[4] großem Buch zu beachtlichen Interpretationsleistungen. Sie scheuten sich auch nicht vor scharfer Kritik der affirmativen Traditionen. Aber eine Verknüpfung der strukturellen Politikgeschichte mit den Problemen der Völkerbeziehungen kam auch hier nicht in den Blick. Die Ansätze, die in jüngster Zeit erst gerade in dem Kreis der deutsch-polnischen Schulbuchkommission vorgetragen werden, geraten mitunter immer noch, wie erst jüngst wieder deutlich wurde,[5] unter den Verdacht der unrealistischen Verkennung vermeintlich eherner Gesetze der Politik der Großen Mächte. Es kommt aber weniger darauf an, diese Geschichte der Großen Mächte in ihrer Gesetzlichkeit zu bestätigen, als vielmehr darauf, sie in ihrer epochalen Wirkung historisch-kritisch zu analysieren. Darum muß es einer modernen Beschäftigung mit der Geschichte des Staatensystems, d.h. struktureller Politikgeschichte, gehen.

Was heißt es, daß Rußland in dem großen Krieg von 1700-1721 anfing, „in dem Norden Gesetze zu geben“? Der Krieg um die Vormachtstellung an der Ostsee, also um die Revision von Schwedens Dominium maris baltici, verwandelte die europäischen Mächteverhältnisse von Grund auf. Rußland trat hier an die Stelle der alten Vormächte des 16. und 17. Jahrhunderts, Polen und Schweden, und bildete ein für lange Zeit dominantes System seiner Vorherrschaft in Nordosteuropa und Ostmitteleuropa aus. Dabei gelang wirkungsvoller noch als die Ausübung einer gewissen Kontrolle über die schwedische Verfassung die Eingliederung der Republik Polen in Rußlands Hegemonialsphäre. Während die westlichen Nachbarn Polens, Preußen und Österreich, in den Sog der russischen Politik gerieten, erwies sich Frankreich, die führende Kontinentalmacht im Westen, schon bald nach dem Ende des Großen Krieges als der Antipode von Rußlands Herrschaftssystem. Paris war bemüht, das „russische Vorfeld“ durch eine von Frankreich gesteuerte Barriere de l'Est zu konterkarieren. So hatte die Ablösung der Ordnung von 1617/1648 durch den großen Szenenwechsel im Norden ein östliches Teilsystem

4 Kennedy, P.: Aufstieg und Fall der Großen Mächte. Ökonomischer Wandel und militärischer Konflikt von 1500-2000. Frankfurt/M. 1989.

5 Schöllgen, G.: Sicherheit durch Expansion? Die außenpolitischen Lageanalysen der Hohenzollern im 17. und 18. Jahrhundert im Lichte des Kontinuitätsproblems der preußischen und deutschen Geschichte. In: Historisches Jahrbuch, 104 (1984) 22–45, hier: 43f.

russischer Hegemonie ausgebildet. Dessen Sicherungsbedürfnisse hielten die europäische Politik in Spannung. Ich möchte es das System von Nystad auf der Basis negativer Polenpolitik nennen.[6]

Schon Johann Gottfried Herder hatte unter dem Eindruck der Teilungen in dem Slavenkapitel der „Ideen zur Philosophie der Geschichte der Menschheit“ eine europäische Grundstruktur in dem Gegensatz zwischen den imperialen Herrschaftsnationen und den zur Befreiung drängenden, unterdrückten Völkern festgestellt. In dem Konflikt von Absolutismus und republikanischer Libertät schwelte dieser alte Gegensatz verfassungsideologisch bis weit in die moderne Epoche. Auch der moderne Funktionswandel des Nationalismus fußt im Grunde auf den Prämissen dieses alten Gegensatzes. Auf dem Weg des europäischen Nationalismus von links nach rechts (W. Conze) vermochten die Nationsgesellschaften Ostmitteleuropas, vor allem die Polen und die Tschechen, die vormärzliche Substanz ihres Nationalismus als Befreiungsideologie zu wahren, während die Eliten der Teilungsmächte ihren großrussischen bzw. preußisch-deutschen Imperial-Nationalismus ausbildeten. Dieser festigte sich in Preußen-Deutschland nach 1848 und in Rußland nach 1864 beträchtlich. Aber der Erfolg der Imperien, ihre Herrschaftsbereiche gegen den Emanzipationswillen der Völker abzusichern, war nur ein scheinbarer, zumindest temporärer. Immerhin ermöglichte er eine Art Nationalstaat von Preußen aus. Doch die Bismarcksche Doppelstrategie hatte ihren Preis: Polen mußte geteilt bleiben, damit Deutschland von einem ungeteilten Preußen aus vereinigt und Rußlands Bündnispartnerschaft bewahrt werden konnte. Die Potenzierung der „negativen Polenpolitik“ in der Folge der Reichsgründung hat auf diese Weise tiefe Spuren in den politischen Mentalitäten der Deutschen und der Polen hinterlassen.

So griff mit der preußischen Reichsbildung und ihren Sicherungsbedürfnissen die Verhärtung des imperialen Herrschaftssystems in der östlichen Hälfte Europas um sich, und letztlich war es allein die lange Negativitätstradition, die sich in Preußen und Rußland gegenüber den Völkern Ostmitteleuropas einspielte, wie die Krisen und Wandlungen der deutsch-russischen Beziehungen auch noch im 20. Jahrhundert zu

6 Zernack, K.: Preußen – Deutschland – Polen. In: Fischer, W., Müller, M. G., Hg: Aufsätze zur Geschichte der deutsch-polnischen Beziehungen. Berlin 1991.

überdauern vermochte. Ich betone diese subversive Tradition der Großen Mächte – lange über ihren Niedergang als Imperialstaaten hinaus. Erst in den siebziger Jahren, in der Folge der Ostpolitik, die die große Koalition und die Regierung Brandt/Scheel eingeleitet hatten, begann diese Tradition wirklich an Kraft zu verlieren. Aber immer wieder zeigte sie ihre Nachwirkungen, wenn sich Publizisten oder Politiker in der Bundesrepublik auf Gedankenspiele mit abstrakten Rechtspositionen im Sinn von Reichskontinuität einließen. Da auch die sowjetische Einflußnahme auf die inneren Verhältnisse in Ostmitteleuropa im Geist der Breznev-Doktrin bis an die Schwelle unserer Tage anhielt, blieb hier die Furcht vor einem Wiedererwachen des Geistes der Heiligen Allianz virulent.

Das Jahr 1989 aber vermochte in dieser Beziehung Änderungen in Gang zu bringen. Darin liegt sein epochemachender Charakter. Zum ersten Mal seit 1709 eröffnet sich die Aussicht, daß Polens Freiheit sich nicht mehr als Funktion preußisch-deutscher oder russischer (sowjetischer) Hegemonialbestrebungen versteht. Es ist deutlich, daß die durch Rußlands und Preußens Machtgebot bewirkte Spaltung Europas in einen zur Emanzipation drängenden Westen und einen hegemonial unterdrückten Osten zu Ende geht. Zum ersten Mal seit dem Aufgang der „Großen Mächte" sind die Polen (und mit ihnen die Nationen des östlichen Mitteleuropa) frei in ihren Entscheidungen. Die Vision Wilsons von 1918 und Churchills von 1946, daß die Freiheit der Völker nicht von der Größe und Macht ihrer nationalen Staaten abhängig sein darf, scheint sich zu erfüllen.

Die Ereignisse der letzten Jahre haben es zutage gebracht, was sich seit der Mitte der achtziger Jahre andeutete: Die Kategorien der Mächtepolitik sind andere geworden. Paul Kennedy hat in der historischen Analyse der neuzeitlichen Geschichte der Großen Mächte deren jeweilige Abstiegsphasen aus den gewaltigen Rüstungsanstrengungen über viele Generationen hinweg erklärt. In einem gleichsam politologischen Parallelgedanken zeigt Michael Howard, wie der Wegfall der Erstinstanzlichkeit rüstungspolitischer Kategorien die internationale Politik verändert. Kategorien anderer Art, wie Rücksichten auf nationale und gesellschaftliche Emanzipationsbedürfnisse, Freiheit des Verkehrs und der Bildungschancen, der Zusammenhang von Ökonomie und Ökologie, schließlich der Weg in die eine Welt des 3. Jahrtausends, drängen nach vorn. In solchem Wandel ist Rußland/die Sowjetunion erstmals seit der ersten Perestrojka unter Peter dem Großen auf den Zusammenklang mit dem übrigen Europa und nicht auf die herausgehobene Weltmachtposition am Rande Europas angewiesen. Auch Deutschland kann in der Entstehung einer deutschen föderativen Republik zwischen Rhein und Oder nicht mehr an reale Reichskontinuität anknüpfen. Diese sich zum Ziel gesetzt zu haben, war der Irrtum westdeutscher Politik bis 1970, sie in Frage gestellt zu haben, die vielleicht einzige nennenswerte Leistung der DDR.

So geht die Epoche zu Ende, in der Rußland, auch in Gestalt der Sowjetunion, in der Lage war, im Norden, d.h. in der Osthälfte Europas, Gesetze zu geben. Wie gefährdet auch augenblicklich die Perestrojka in ihren europäischen Konsequenzen, d.h. in bezug auf den Weg zur Freiheit der Völker der Sowjetunion, noch sein mag, eines ist ganz sicher: das unaufhaltsame Verlangen der Völker nach Selbstbestimmung ist wieder an die Spitze der Tagesordnung getreten, der Völkerfrühling von 1848 und auch der von 1919 in ihrer guten Ideensubstanz klingen herüber.[7]

Wir sehen als Fazit: Marxens Urteil über 1848 und die Folgen, wonach die Totengräber der Revolution zugleich ihre Vollender gewesen seien, ist zu revidieren. Die Vollendung der europäischen Revolutionen beginnt erst 1989.

7 Dahrendorf, R.: Betrachtungen über die Revolution in Europa in einem Brief, der an einen Herrn in Warschau gerichtet ist. Stuttgart 1990; sowie die Mehrzahl der Beiträge in 1 (1990) der Zeitschrift Transit, das dem Thema Osteuropa – Übergänge zur Demokratie? gewidmet ist.

Rüdiger Horn

Das amerikanisch-russische Verhältnis: 1780–1917

Mit der Begründung der Unabhängigkeit der USA hörte Amerika auf, ein politisches Anhängsel Europas zu sein. Was bis dahin die begriffliche Trennung von „Alter" und „Neuer Welt" bezeichnet hatte und sich in der Hoheit von Kolonialmächten abspielte, geriet fortan auf die Ebene staatlicher Beziehungen, internationaler Zusammenhänge und kontinentaler Wechselseitigkeiten von Politik, Diplomatie, Wirtschaft, Handel und Kultur.

In bewußter außenpolitischer Distanz zu Europa, nahmen die Vereinigten Staaten ihren Platz im „Konzert der Mächte" ein, wobei sie sich nicht nur deutlich von der traditionellen Machtpolitik der europäischen Monarchien abgrenzten, sondern zugleich gegenüber dem alten Kontinent dauernder Kriege, Interventionen und Ränke eine separate, eigenständige und unabhängige Interessensphäre beanspruchten. Für die Selbstbehauptung der amerikanischen Republik war es dabei von Anfang an unverzichtbar, sich die Rivalitäten und Gegensätzlichkeiten der europäischen Staaten zunutze zu machen. George Washington bestimmte in seiner Abschiedsbotschaft 1796 das allgemeine Leitmotiv amerikanischer Außenpolitik, das für lange Zeit Gültigkeit behielt: „Das große Gesetz für unser Verhalten fremden Nationen gegenüber ist, während wir unsere Handelsbeziehungen ausdehnen, mit ihnen so wenig politische Verbindungen wie möglich zu haben. So weit wir bereits Verbindungen eingegangen sind, müssen wir ihnen mit unverbrüchlicher Treue nachkommen. Da aber laßt uns Halt machen. Europa hat eine Reihe wesentlicher Interessen, die für uns gar keine oder eine sehr geringe Bedeutung haben. Daher muß es häufig in Verwicklungen geraten, deren Ursachen unseren Interessen wesentlich fremd sind. Es kann für uns deshalb nicht klug sein, uns durch künstliche

Bande in die üblichen Wechselfälle seiner Politik oder in die üblichen Verbindungen und Zusammenstöße seiner Freundschaften und Feindschaften zu verwickeln. Unsere gesonderte und abgetrennte Lage fordert von uns und macht uns auch fähig, einen eigenen Weg zu gehen."[1] Keine andere Großmacht ist den Amerikanern auf diesem, später als isolationistisch bezeichneten Weg so frühzeitig, weitgehend und beständig entgegengekommen wie Rußland.

Die Geschichte der amerikanisch-russischen Beziehungen vom Ende des 18. Jahrhunderts bis zum ersten Weltkrieg war ungetrübt, vergleicht man sie mit der endlosen Kette von Verwicklungen, Rivalitäten und kriegerischen Auseinandersetzungen, die die europäische Staatenwelt in dieser Zeit prägten. Obgleich die politische, soziale, wirtschaftliche und kulturelle Verschiedenheit beider Länder kaum größer sein konnte und Abgründe zwischen dem demokratischen System in der amerikanischen Republik und der Tyrannei des russischen Zarentums lagen, blieb ihr Verhältnis von ernsthaften Konflikten und militärischen Zusammenstößen stets verschont. Mehr noch, seit der Gründung der Vereinigten Staaten entwickelte sich zwischen Rußland und Amerika eine historische Affinität, die auf ihre Art beispiellos war. Nicht nur, daß beide Seiten, trotz unverhohlener Ablehnung des jeweils anderen politischen Regimes, bis zum Ende des 19. Jahrhunderts weitgehend einvernehmlich miteinander verkehrten, zwischen Russen und Amerikanern entstand auch ein wechselseitiges Verhältnis von Respekt und Wertschätzung, das jenseits von Politik und Diplomatie lag und seither alle Wandlungen und Belastungen in den bilateralen Beziehungen überdauert hat.

Es ist dennoch erstaunlich, den wechselseitigen Rhythmus zu verfolgen, mit dem beide Staaten nach dem Beginn der Sowjetperiode 1917 mit dieser Erbschaft ihrer Beziehungsgeschichte verfuhren. In Abhängigkeit vom Barometerstand im amerikanisch-sowjetischen Verhältnis lösten sich sieben Jahrzehnte lang auch die historischen Begründungen für die politische und kommerzielle Zusammenarbeit einerseits oder die andauernde Unvereinbarkeit andererseits ab. Solange die Beziehungen beider Mächte gespannt, gestört, belastet waren, ordnete sich auch ihre vorangegangene relativ konfliktfreie Bezie-

1 Commager, H. S., Ed: George Washington. Farewell Address, 17. 9. 1796. In: Living Ideas in America. New York 1951, 655.

hungsgeschichte jedweder Ideologie unter, die die staatliche und gesellschaftliche Gegensätzlichkeit zu rechtfertigen suchte. Feindbild und Geschichtsbild lagen in diesem Fall dicht beieinander und verstellten beiderseits den Blick in die Vergangenheit, der dann vornehmlich allem Trennenden galt. Wenn die Wogen eines rigorosen Antikapitalismus und Antikommunismus aufeinanderstießen, war kaum oder nur sehr wenig Raum für nachbarliche Reminiszenzen; die einstige Eintracht erhielt bestenfalls das Vorzeichen historischer Beiläufigkeit, und sofern es Historiker gab, die den gefahrvollen Zustand amerikanisch-sowjetischer Konfrontation im Kalten Krieg der Beziehungsgeschichte des 18. oder 19. Jahrhunderts entgegenhielten, mußte diese auf sie wie „eine wirklichkeitsnahe Romanze“[2] wirken, die mit der Realität nichts mehr gemein hatte.

In Zeiten amerikanisch-sowjetischer Zusammenarbeit, Verständigung und Entspannung war die Rückbesinnung auf das historische Auskommen von Russen und Amerikanern stets eine Art Bindemittel, das die Tradition der Freundschaft und des Einvernehmens wachrief und dabei zuweilen bis an den Rand warmherziger Verklärung heranreichte. Dies läßt sich vor allem für den Zeitraum der Aufnahme diplomatischer Beziehungen 1933 und während der Gemeinsamkeit der Anti-Hitler-Koalition, am deutlichsten wohl in der Entspannungsphase der frühen 70er Jahre und abermals zum Beginn der Regentschaft Gorbačevs nachweisen. Mitten im 2. Weltkrieg erschien die Kooperation von Russen und Amerikanern in den USA als „Wiederbelebung ihrer historischen Freundschaft“, galt die Konferenz von Teheran als „Bestätigung der Vergangenheit“[3]. Zur selben Zeit wurden Historiker und Schulbuchautoren in der Sowjetunion aufgefordert, zu ergründen, „warum die Völker der freiheitsliebenden, demokratischen Länder, insbesondere Englands und der Vereinigten Staaten, jetzt zusammen mit der UdSSR gegen die Hitlerbarbarei kämpfen“; spezielle Aufmerksamkeit, so eine Instruktion 1943, sollte der „amerikanischen Verfassung 1787-1789“ und der „unerschöpflichen Interessengemein-

2 Williams, W. A.: American-Russian Relations, 1781–1947. New York 1952, 3.

3 Dulles, F. R.: The Road to Teheran. The Story of Russia and America, 1781–1943. Princeton 1944, 8.

schaft"[4] zwischen Amerika und Rußland in den vergangenen anderthalb Jahrhunderten gewidmet werden. Nixon und Breženev vereinbarten 1973 ein bilaterales Wissenschaftsprojekt, das zu einer bis dahin einmaligen Dokumentensammlung über die Frühgeschichte der amerikanisch-russischen Beziehungen von 1765 bis 1815 führte.[5] Gemeinsamer Vorsatz war dabei die Bewußtmachung der historischen Erfahrung einer friedlichen Nachbarschaft, die sich lange Zeit auf die beiderseitige Fähigkeit der Überbrückung von Gegensätzen und den bevorzugten Weg des Interessenausgleichs gründete. „Historia est magistra vitae" war das Motto der ersten Gesamtdarstellung über „Rußland und die Vereinigten Staaten", die 1979 von zwei sowjetischen Historikern in den USA herausgegeben wurde und den Geist friedlicher Koexistenz bis auf das 18. Jahrhundert zurückführte.[6] Daß beide Staaten ein historisches Band gemeinsamer Friedfertigkeit verknüpft, darauf kamen bei ihren Begegnungen Roosevelt und Litvinov 1933 ebenso zu sprechen wie Reagan und Gorbačev bei ihrem Treffen 1987.[7]

4 Counts, G. S.: Soviet Version of American History. In: The Public Opinion Quarterly 10 (1946) 3 – /322.

5 Vgl. Rossija i SŠA: stanovlenie otnošenij. 1765–1815. Moskau 1980; The United States and Russia: The Beginnings of Relations, 1765–1815. Washington 1980; s. dazu auch: Žitomirski, W., Kuzmin, W.: Zu Nutz und Frommen der ganzen Welt. In: Neue Zeit. Wochenschrift für Politik 22 (1981) 27ff.

6 Sivachev, N. V., Yakovlev, N. N.: Russia and the United States. Chicago, London 1979, XI.

7 Franklin D. Roosevelt zitierte anläßlich der Herstellung dipomatischer Beziehungen zwischen der Sowjetunion und den USA aus einem Brief seines Amtsvorgängers Thomas Jefferson von 1809: „Rußland und die Vereinigten Staaten sind dem Charakter und der Gewohnheit nach im Grunde genommen friedlich; ein gemeinsames Interesse an den Rechten friedfertiger Nationen läßt uns gemeinsame Sache bei ihrer Aufrechterhaltung machen." In diesem Geiste, so FDR, stimme er mit Litvinov überein, daß durch die Normalisierung des bilateralen Verhältnisses „die Aussichten des Friedens in der ganzen Welt gestärkt werden". F. D. Roosevelt. Rede in Savannah, Georgia, 18. 11. 1933. In: The Public Papers and Addresses of Franklin D. Roosevelt, II: The Year of Crisis 1933. New York 1938, 492. Beim Gipfeltreffen in Washington im Dezember 1987 erinnerte Präsident Ronald Reagan daran, daß „der gemeinsame Traum vom Frieden" beide Völker eng „aneinander bindet". Außenminister Shultz empfing M. Gorbačev im State Department am 9. 12. 1987 mit den Worten: „Benjamin Franklin, der Vater

Neue amerikanische Veröffentlichungen stellten heraus, daß die Oktoberrevolution, trotz ihres erklärten Bruchs mit der Vergangenheit, „viele Elemente in den Beziehungen beider Staaten tatsächlich nicht unterbrach"[8]. Sie griffen damit auf eine traditionelle Sichtweise der amerikanisch-russischen Beziehungen zurück, die den eigentlichen Bruch im Verhältnis beider Staaten auf den Zeitraum zwischen 1895 und 1912 verlegt und diesen als „ersten Akt im russisch-amerikanischen Drama"[9] beurteilte.

Es gibt mehrere Gründe, nach der Spezifik des amerikanisch-russischen Verhältnisses im 18. und 19. Jahrhundert zu fragen. Dazu gehört zunächst die Gemeinsamkeit einer freilich sehr unterschiedlich motivierten Gegnerschaft zu England, die beide Mächte Ende des 18. Jahrhunderts eng aneinander brachte und die dann zum konstitutiven Element ihrer Beziehungen im 19. Jahrhundert wurde. Rußland und Amerika betrachteten Großbritannien „als ihren tatsächlichen oder potentiellen Rivalen und die Freundschaft zwischen ihnen wandelte sich in dem Maße, wie die Rivalität mit England wuchs oder abnahm".[10] Die Beziehungsgeschichte beider Staaten in der ersten Hälfte des 20. Jahrhunderts wird verständlicher, wenn man erkennt, mit welchem vergleichbaren Effekt die Rolle eines Katalysators im amerikanisch-russischen Verhältnis von Großbritannien auf Japan und Deutschland überging.

der amerikanischen Diplomatie, der im Briefwechsel mit Katharina der Großen stand . . . wäre fasziniert, würde er heute unter uns weilen . . . Die beste Möglichkeit für den Umgang miteinander ist die, wie sie Ben Franklin vorgeschlagen haben könnte: Seid realistisch, pragmatisch und sachlich beim Bemühen um die Lösung konkreter Probleme . . . Franklin und sein Zeitgenosse Lomonossow waren bereit, den Weg in die Zukunft zu gehen. Das sollten auch wir tun." Gipfeldiplomatie. Ausgewählte Dokumente und Chronik zu den sowjetisch-amerikanischen Verhandlungen und Gipfeltreffen Januar 1985-Juni 1988, II: Dezember 1987-Juni 1988. Berlin 1989, 221, 225.

8 Allen, R. V.: Russia Looks at America. The View to 1917. Washington 1988, 275.

9 Tompkins, P.: American-Russian Relations in the Far East. New York 1949, 15; vgl. Williams 4.

10 Zabriskie, E. H.: American-Russian Rivalry in the Far East. A Study in Diplomacy and Power Politics 1895–1914. Philadelphia 1946, 1.

Mit seiner Deklaration bewaffneter Neutralität gegenüber dem amerikanischen Unabhängigkeitskrieg mit England durchbrach Rußland 1780 die Schranken eines Prinzips, das es selbst verkörperte und das es an sich in eine Reihe mit England stellte: Statt für die Monarchie und gegen die Republik fiel in Petersburg eine Entscheidung, die die Schwächung der britischen Weltmachtposition bezweckte und Amerikas Unabhängigkeit dabei als realen Machtfaktor berechnete. Fern von jeder Sympathie für die amerikanische Revolution und die demokratische Republik, schlug Katharina II. die britische Bitte aus, 20 000 russische Soldaten gegen die Rebellion Nordamerikas zu schicken. Es erübrigt sich zu erläutern, wie sehr Rußlands Neutralität und seine europäische Vorreiterrolle bei der Verteidigung des Grundsatzes freier Schiffahrt für neutrale Staaten in Kriegszeiten die staatliche Selbstbehauptung der Amerikaner in damals kritischer Lage begünstigte und welchen positiven Nachhall die russische Entscheidung in den USA fand. Die amerikanisch-russische Interessenübereinstimmung war naheliegend: Rußlands wirtschaftliche Entwicklung hing wesentlich von freien Handelsverbindungen sowohl mit dem kriegführenden wie neutralen Ausland ab und für die ökonomische und politische Unabhängigkeit der Vereinigten Staaten war die Freiheit der Meere ein existentielles Anliegen.

Mit ebensolcher Genauigkeit und Voraussicht, wie Rußland den politischen und diplomatischen Stellenwert seiner Verbindungen mit den USA als Gegengewicht zu England im internationalen Konzert der Mächte taxierte[11], erkannten Amerikas Gründerväter die einmalige Gunst der Situation, „daß die freundlichen Neigungen so einer Macht (wie Rußland – R.H.) von Nutzen sein können für die Vereinigten Staaten“[12]. Die Idee, britische Weltmacht durch Begünstigung der USA einzudämmen, beschränkte sich nicht auf Rußland allein. Bei der französischen Abtretung Louisianas 1803 folgte Napoleon demselben Gedanken: „Um die Völker von der Handelstyrannei Englands zu befreien . . . muß man ihm ein Gegengewicht in einer Seemacht schaffen, die seine Rivalin wird: Das sind die Vereinigten Staaten. Die

11 Vgl. The United States and Russia, 267f.

12 Thomas Jefferson, Message to the Senate of the United States, 24.2.1809. In: Richardson, J. D., Ed: A Compilation of the Messages And Papers of the Presidents, 1789–1908, I. New York 1909, 461.

Aspiration der Engländer ist, über alle Reichtümer der Erde zu verfügen. Ich werde der ganzen Welt nützlich sein, wenn ich jene hindere, Amerika zu beherrschen. Indem ich Louisiana cediere, befestige ich für immer die Macht der Vereinigten Staaten und gebe England einen Rivalen, der früher oder später seinen Hochmut dämpfen wird."[13] Die Rückwirkungen der europäischen Ereignisse – Frankreichs Expansion und der Napoleonischen Kriege, der französischen Kontinentalsperre und der britischen Gegenblockade – beschleunigten die amerikanisch-russische Annäherung, die 1809 zur Herstellung offizieller diplomatischer Beziehungen führte und ihren markantesten Ausdruck in der Korrespondenz zwischen Thomas Jefferson und Aleksandr I. fand.

„Freundschaft", „Verständigung" und „guter Wille" gehörten fortan zu den gebräuchlichsten Vokabeln, wenn Russen und Amerikaner in öffentlichen Erklärungen oder diplomatischen Noten ihre bilateralen Beziehungen im 19. Jahrhundert charakterisierten. „Unsere Neigung zu den Vereinigten Staaten ist hartnäckig", meinte Graf Rumjancev 1810 gegenüber John Quincy Adams, „eindringlicher als sie sich vorstellen können".[14] Und Jefferson hob zur gleichen Zeit hervor: „Rußland ist der uns gegenüber an Freundlichkeit aufrichtigste Staat von allen existierenden; seine Dienste werden wir auch in Zukunft nutzen und wir müssen vor allem um seine Gunst besorgt sein".[15] Mit Rußland, so betonte fast gleichlautend Präsident Jackson 1831, „ist unsere politische Verbindung von der freundlichsten und die kommerzielle von der liberalsten Art".[16] In der Praxis bestätigte sich die gegenseitig und zielgerichtet betriebene Begünstigung zum Vorteil beider Mächte. Ihr lag eine ebenso nüchterne wie pragmatische Beurteilung dessen zugrunde, was man sich zutrauen oder zumuten konnte. Sofern die politischen Erwartungen der einen über die Möglichkeiten der anderen

13 Nach einer Mitteilung Talleyrands, zit. bei: Sartorius von Waltershausen, A.: Die Entstehung der Weltwirtschaft. Geschichte des zwischenstaatlichen Wirtschaftslebens vom letzten Viertel des achtzehnten Jahrhunderts bis 1914. Jena 1931, 155.

14 Zit. bei: Williams 3.

15 The United States and Russia, 478f.

16 Andrew Jackson. Third Annual Message to the Congress of the United States, 6.12.1831. In: Richardson, J. D., Ed: A Compilation of the Messages And Papers of the Presidents, II. New York 1909, 551.

Seite hinausgingen, war die Grenze der Verständigung rasch erreicht. Den von Rußland z.B. angeregten Beitritt der USA zur Heiligen Allianz wiesen die Amerikaner als allzu durchsichtiges Manöver weit zurück. Außenminister Adams würdigte zwar 1819 die Idee der Friedenssicherung, machte aber deutlich, daß „das politische System der Vereinigten Staaten im wesentlichen außereuropäisch ist" und sein Land im Interesse der Unabhängigkeit „alle Verwicklungen in das europäische System"[17] ablehne.

Bei militärischen Konflikten einer Seite mit dritten Staaten bezogen Rußland und Amerika abwechselnde Neutralität oder boten sich gegenseitig für wohlwollende Vermittlerdienste an.

Die erste Zwangslage im amerikanisch-russischen Verhältnis, die durch die antinapoleonische Koalition Rußlands mit England und die gleichzeitige britische Kriegführung gegen die USA (1812–1814) entstand, löste sich durch das Vermittlungsangebot des Zaren, das die Amerikaner mit Genugtuung sofort akzeptierten und die Engländer unter Druck setzte, in direkte Friedensverhandlungen mit den Vereinigten Staaten, einzutreten, die dann zum Frieden von Gent am 8. 8. 1814 führten.

Der Krimkrieg 1853–1856 stellte das Verhältnis beider Staaten „auf die Probe"[18]. Die USA erklärten ihre Neutralität und Bereitschaft, zwischen den Konfliktparteien zu vermitteln, wobei an der prorussischen – und das war gleichbedeutend mit antibritischen – Ausrichtung der amerikanischen Haltung kein Zweifel aufkam. Das latente Mißtrauen gegenüber den Interventions- und Ausbreitungsabsichten Großbritanniens in Lateinamerika und seinen beanspruchten Sonderrechten im Norden des Kontinents, so stellte US-Außenminister Marcy vor dem Hintergrund dieser Ereignisse fest, tendiere dazu, „uns zu russifizieren"[19]. Im amerikanischen Bürgerkrieg 1861–1865 erwiderte Rußland die Sympathie und das Wohlwollen der USA und ging z.T. darüber hinaus. Im Gegensatz zu Großbritannien und Frankreich erklärte sich für das Zarenreich der Außenminister Gorčakov offen für „die

17 Zit. bei: Dulles 40.

18 Golder, F. A.: Russian-American Relations during the Crimean War. In: The American Historical Review, 31 (1926) 462.

19 Zit.: Ebenda, 464.

Aufrechterhaltung der Union, als eine ungeteilte Nation"[20]. Britische und französische Einmischungsversuche in den Bürgerkrieg, die zugunsten der Südstaaten gingen und auf eine mögliche Teilung des Landes hinausliefen, wurden russischerseits mit Entschiedenheit abgelehnt, ein Verhalten, für das es im Fall des russischen Bürgerkrieges 1918–1920 auf amerikanischer Seite bemerkenswerte Parallelen gab. Alle anglo-französischen Vorstellungen, die Südstaaten diplomatisch anzuerkennen, wies Rußland zurück. Die amerikanisch-russische Verständigung erlangte unter diesen Bedingungen ihren Höhepunkt. In dem Maße, wie Rußland die ungebrochene Tradition freundschaftlicher Verbundenheit mit den Vereinigten Staaten beschwor und sein Vorgehen mit der Notwendigkeit rechtfertigte, die USA als unverzichtbaren Faktor im internationalen Kräftegleichgewicht zu erhalten, werteten auch die USA ihre politischen Verbindungen zum Zarenreich auf. Außenminister Seward erklärte, daß in Bezug auf Rußland die amerikanische Position unzweideutig wäre: „Ihm gehört unsere Freundschaft, im Vorzug gegenüber jeder anderen europäischen Macht, und zwar deshalb, weil es uns überläßt, unsere Angelegenheiten nach eigenem Gutdünken zu gestalten."[21] Wie ernst die USA dieses Bekenntnis nahmen, offenbarte ihre schroffe Weigerung, sich an gemeinsamen öffentlichen Protesten Englands und Frankreichs gegen die zaristische Unterdrückung der polnischen Rebellion 1863 zu beteiligen.

Faszinierte Zeitgenossen leiteten aus Amerikas und Rußlands offenkundiger Neigung zueinander im 19. Jahrhundert nicht nur die Hoffnung ab, daß das amerikanisch-russische Einvernehmen zum „Vorbild" der gesamten Staatenwelt werden könnte. Im gedeihlichen Klima der Verständigung von Russen und Amerikanern entstand auch die geniale Vision einer bipolaren Weltentwicklung, in deren Mittelpunkt das Russische Reich und die amerikanische Republik erschienen. Es war nicht allein die paradigmatische Verschiedenheit ihrer sozialen und politischen Entwicklungswege, sondern ebenso die Gleichartigkeit der kontinentalen Ausdehnung, des gewaltigen natürlichen Reichtums, der Größe und Vielfalt der Bevölkerung – kurz, des Entwicklungspotentials – beider Länder, die der Prophezeiung Alexis

20 Zit. bei: Dulles 55.
21 Ebenda, 57.

de Toquevilles das Gepräge geben. „Es gibt heute auf der Erde", schrieb er 1835, „zwei große Völker, die – von verschiedenen Punkten ausgehend – zum selben Ziel vorzurücken scheinen: die Russen und die Angloamerikaner. Beide sind im Verborgenen groß geworden; und während die Aufmerksamkeit der Menschen anderswo gefesselt war, sind die plötzlich in die vorderste Reihe der Nationen getreten, und die Welt hat fast zur gleichen Stunde wie ihre Geburt ihre Größe vernommen. Alle anderen Völker scheinen etwa die Grenzen erreicht zu haben, die ihnen von der Natur gezogen sind, und scheinen diese nur noch bewahren zu sollen. Rußland aber und Amerika wachsen . . . sie allein schreiten leicht und rasch aus in einer Bahn, deren Ziel das Auge noch nicht zu erkennen vermag. Der Amerikaner kämpft gegen die Hindernisse, die die Natur ihm bietet; der Russe liegt im Kampf mit den Menschen. Jener ringt mit Wüste und Barbarei, dieser mit der vollbewaffneten Zivilisation: Daher erobert der Amerikaner mit dem Pflug, der Russe mit dem Schwert des Soldaten. Sein Ziel zu erreichen, baut der Amerikaner auf das private Interesse und läßt die Kraft und die Vernunft des Einzelnen wirken, ohne sie zu dirigieren. Der Russe drängt gewissermaßen die ganze Macht der Gesellschaft in einem Menschen zusammen. Freiheit ist dem einen der Antrieb, Knechtschaft dem anderen. Ihr Ausgangspunkt ist verschieden, verschieden ist ihr Weg; und doch, nach einem geheimen Plan der Vorsehung scheint jeder von ihnen berufen, dereinst die Geschicke der halben Erde zu lenken."[22] Seither läßt sich mit wechselnden politischen Vorzeichen sowohl auf amerikanischer wie auf russisch/sowjetischer Seite eine ausgeprägte Tradition des historischen Vergleichens beider Länder nachweisen.

Im Unterschied zur amerikanisch-russischen Interessenübereinstimmung auf der politisch-diplomatischen Ebene hielten sich die Wechselseitigkeiten im Wirtschaftsleben, Handel, der Kultur und Kommunikation beider Staaten von Anfang an begrenzt. Trotz entsprechender Verträge von 1824 und 1832 blieb das Handelsvolumen zwischen Rußland und den Vereinigten Staaten immer nur bescheiden und weit hinter den jeweiligen kommerziellen Verbindungen mit Großbritannien zurück. Zugleich war es von Anfang an typisch, daß der

22 Tocqueville, A. de: Über die Demokratie in Amerika. Stuttgart 1985, 215f.

Amerikahandel für Rußland wesentlich größere Bedeutung hatte als umgekehrt die Rußlandgeschäfte für Amerika.[23]

Daß die Vereinigten Staaten und Rußland ihren bilateralen Beziehungen vor allem im Kontext des internationalen Mächtespiels Bedeutung beimaßen, resultierte nicht zuletzt aus der regionalen Distanz zwischen beiden Staaten und – zumindest bis zum Ende des 19. Jahrhunderts – auch aus der räumlichen Trennung ihrer bevorzugten außenpolitischen Handlungsgebiete und Wirtschaftsregionen. Beverly C. Sanders, ein im Rußlandgeschäft führender amerikanischer Unternehmer, beschrieb diese Situation 1854 mit den Worten: „Rußland will nichts, was Amerika sein Eigen nennt oder zu besitzen wünscht; und Amerika begehrt nichts, was Rußland hat oder zu erwerben wünscht; daher können beide Nationen an die Erfüllung ihres jeweiligen Schicksals gehen ohne die geringste Eifersucht für ihre Prosperität und Größe zu hegen."[24]

Die USA hielt sich strikt von jeder politischen und militärischen Verwicklung in die europäischen Angelegenheiten fern. Ihr nationales Interesse konzentrierte sich auf die Erschließung und Integration der westlichen Territorien und beschränkte sich auf die Rolle bzw. die Privilegien einer regionalen Vormacht in der Neuen Welt. Mit der Verkündung der Monroe-Doktrin 1823 erteilten sie allen Interventions- und Rekolonialisierungsabsichten der europäischen Groß-

23 Rußland bezog zwischen 1791 und 1860 nur 1,8 Prozent aller amerikanischen Exporte, Großbritannien annähernd 34 Prozent und Frankreich rund 13 Prozent; bei den US-Importen lagen die Anteile der drei Staaten bei 1,7, 42 und 16 Prozent. Die Ausfuhren des Zarenreichs gingen etwa zur selben Zeit zu 45 Prozent nach Großbritannien und zu 3,4 Prozent nach den USA; seine Einfuhren kamen zu 31 Prozent aus Großbritannien und zu 7,5 Prozent aus den Vereinigten Staaten; sowohl die russischen Export- als auch die Importgeschäfte mit den USA wiesen einen Abwärtstrend auf: bei Ausfuhren von rund 5 Prozent 1827 auf 1,3 Prozent 1859 und bei Einfuhren von 12,5 Prozent 1831 auf 5,5 Prozent 1859. Seybert, A., Ed: Statistical Annals of the United States of America: Founded on Official Documents. Philadelphia 1818, 132ff., 156, 255, 266ff.; Kirchner, W.: Studies in Russian-American Commerce, 1820–1860. Leiden 1975, 53f.

24 B. C. Sanders an Großfürst Konstantin, 15./27.7.1854, zit. bei: Saul, N. E.: Beverly C. Sanders and the Expansion of American Trade with Russia, 1853–1855. In: Maryland Historical Magazine, LXVII (1972) 164.

mächte, vor allem Großbritannien und Spanien[25], auf dem amerikanischen Kontinent eine Absage.

Rußlands kontinentales Eigeninteresse richtete sich dagegen auf die Erweiterung der europäischen und asiatischen Randzonen seines Imperiums. Anders als Großbritannien, das als mobile Überseemacht weitverzweigte koloniale Ansprüche geltend machte und dabei seine wirtschaftliche, kommerzielle und maritime Vormacht rigoros nutzte, erwies sich die träge und rückständige Landmacht Rußland nie als eine potentielle oder reale Gefahr für Amerika. So unterschiedlich ihre Ausgangslage war, darin waren sich das Russische Reich und die USA durchaus ähnlich: Der Horizont geographischer Ausdehnung beider Staatsgebiete lag im 19. Jahrhundert nicht in Übersee, sondern jeweils im Osten und im Westen beider Länder. Es war – so gesehen – abzuwarten, was passieren würde, wenn sich die Grenzen der beiderseitigen Interessenausbreitung berührten und überschnitten. Ahnungsvoll schrieb James Monroe 1816: der „einzige Umstand, der einen Interessenunterschied erwarten läßt zwischen den Vereinigten Staaten und Rußland, betrifft ihre jeweiligen Ansprüche im Gebiet des Pazifischen Ozeans".[26]

Bis dahin erschien Rußland im amerikanischen Blickwinkel als ein unbestreitbar friedfertiger Nachbar, denn in der Tat bestand zwischen beiden Ländern mehr als 100 Jahre kein geographisch fixierbares Feld kommerzieller Rivalität, ökonomischer Interessengegensätze oder territorialer Streitigkeiten. Das Problem der russischen Besiedlung Alaskas, das dazu hätte Anlaß geben können, lösten beide Staaten auf eine Weise, die man gewiß zu den ausgefallenen Vorgängen einer gegenseitigen Interessenbegradigung in der internationalen Beziehungsgeschichte des 19. Jahrhunderts rechnen kann. Rußland verkaufte 1867 die seit langer Zeit als ökonomisch wertlos beurteilte, ohnehin nur schwer erreichbare und wenig erschlossene Landmasse (einschl. der Alëuten) für den damals stattlichen Preis von 7,2 Millionen Dollar an die USA. Zum Vergleich: Frankreich hatte Louisiana, das wesentlich größer war und auf dessen Gebiet später elf amerikanische Bundes-

25 Vgl. Nichols, I. C.: The Russian Ukase and the Monroe Doctrine. A Reevaluation. In: Pacific Historical Review, XXXVI (1967) 13ff.

26 Hamilton, S. M., Hg: James Monroe. The Writings of James Monroe, V. New York 1901, 383.

staaten gebildet wurden, für nur 15 Millionen Dollar abgetreten.[27] Die Vorteile, die der nordwestlichen Erschließung der USA durch den Erwerb von Alaska entstanden, lagen auf der Hand. Die Schwächung der britischen Positionen in Nordamerika war evident und hat die Kaufbereitschaft der Amerikaner entscheidend bestimmt. Der langfristige strategische Gewinn für die USA war unter Zeitgenossen allerdings strittig und wurde nur von wenigen (vor allem von Seward) erkannt oder erahnt. Rußlands Entscheidung zum territorialen Verzicht auf Alaska[28] lagen nicht allein antibritische Motive zugrunde; etwa die Überlegung, nach dem zermürbenden Krimkrieg eine natürliche Pufferzone zwischen Sibirien und dem britisch beherrschten Kanada zu schaffen. Sie erklärt sich auch aus seiner damaligen ökonomischen und finanziellen Schwächeposition, der Einsicht, daß die nordwestlichen Territorien Amerikas früher oder später sowieso ein integrierter Teil der Vereinigten Staaten werden würden und schließlich dem Vorsatz, einen möglichen „Unruheherd" im Verhältnis zu den USA loszuwerden.[29]

Gegen Ende des 19. Jahrhunderts ließ das friedliche Einvernehmen zwischen Rußland und Amerika spürbar nach. Mit dem massenhaften Zustrom russischer Immigranten, die zwischen 1880 und 1914 annähernd 16 Prozent (rund 3,2 Millionen)[30] der gesamten europäischen Einwanderung nach Amerika ausmachten, erwachte auch die öffentliche Kritik in den USA an den despotischen Verhältnissen in Rußland. Sie nahm, befördert durch spektakuläre Publikationen wie George Kennans Reisebericht über Sibirien 1885[31], rasch an Schärfe zu. Vor allem die antisemitischen Pogrome (allein zwischen 1903 und 1906 waren es über 300)[32] und der amerikanisch-russische Streit um die

27 Vgl. Sartorius von Waltershausen 155, Anm. 1.
28 Siehe Miller, H.: Russian Opinion on the Cession of Alaska. In: The American Historical Review, 48 (1943) 521ff.
29 Golder, F. A.: The Purchase of Alaska. In: Ebenda, 25 (1920) 418.
30 Historical Statistics of the United States. Colonial Times to 1957. Washington 1960, 56f.
31 Vgl. Kennan, G.: Siberia and the Exile System, deutsch: . . . und der Zar ist weit. Sibirien 1885. Berlin 1975.
32 Knee, S. E.: The Diplomacy of Neutrality: Theodore Roosevelt and the Russian Pogroms of 1903–1906. In: Presidential Studies Quarterly, XIX (1989) 1 – /71.

sog. Paßfrage (sie betraf die Rechte nach Amerika ausgewanderter russischer Juden im Fall einer Rückkehr nach Rußland) führten an der Jahrhundertwende zu erheblichen Belastungen im bilateralen Verhältnis und veranlaßten die USA und Rußland zu wesentlicher Zurückhaltung. Das Hervortreten der inneren Zustände des Zarenreiches als Konfliktstoff im amerikanisch-russischen Verhältnis war ebenso neuartig wie das – etwa zeitgleiche – direkte Aufeinandertreffen außenpolitischer Gegensätze beider Staaten im Fernen Osten.

Fast parallel mit der forcierten Wirtschaftsexpansion der europäischen Großmächte (Rußland, England, Frankreich und Deutschland) und Japans in China, betraten die USA mit der Eroberung Hawaiis und der Philippinen (1898) sowie der Verkündung ihrer Open-Door-Notes (1899/1900) den fernöstlich-pazifischen Schauplatz internationaler Rivalität und machten Ansprüche geltend, die in dieser Form erstmals seit Bestehen des Landes weit außerhalb des amerikanischen Kontinents lagen. Während sich die russisch-japanische Rivalität um Gebietsgewinne und Sonderrechte im Fernen Osten seit Mitte der 90er Jahre mehr und mehr auf einen offenen militärischen Konflikt hinbewegte, gerieten die bisherigen machtpolitischen Koordinaten im amerikanisch-russischen Verhältnis vollständig durcheinander. Das antibritische Motiv, das das Gleichgewichtsdenken in beiden Staaten seit Ende des 18. Jahrhunderts geprägt hatte, verlor seine Wirkung. Eine neue internationale Mächtekonstellation zeichnete sich ab, wobei sich die USA, Großbritannien und Japan (letztere seit 1902 per Allianzvertrag verbündet) gegen den russischen Expansionismus in China stellten. Alle Bemühungen Rußlands, die traditionelle Freundschaft zu Amerika, so wie einst in Bezug auf die europäische, auch für die fernöstliche Kräftebalance zu nutzen, schlugen ebenso fehl wie die Versuche, die amerikanisch-britische Wiederannäherung zu verhindern. Die Offerten des Zarenreiches gegenüber den Ambitionen der USA im Pazifik waren eindeutig: Der Annexion von Hawaii wurde mit dem Argument zugestimmt, die Insel lieber als Teil der Vereinigten Staaten statt als „ein zweites Malta“[33] oder als Element japanischer Seemacht vor der eigenen Haustür zu sehen, wie Außenminister Murav'ev es ausdrückte. Der russischen Billigung der Okkupation der Philippinen lagen ähnliche Erwägungen zugrunde.

33 Zit. bei: Zabriskie 47.

Verkannt wurde dabei die eigentliche Zielrichtung der amerikanischen Open-Door-Notes. Hinter der Forderung nach „Offenen Türen" verbarg sich das Konzept der Wirtschaftsexpansion einer aufstrebenden Weltmacht, die die traditionelle Politik territorialer Teilung in abgeschlossene Einflußsphären ablehnte und selbst auf ein „informal empire" hinsteuerte. In dem Maße, wie Rußland seinen dominanten Einfluß in der Mandschurei – zu jener Zeit eine der lohnendsten Wirtschaftsregionen Ostasiens – ausbaute, sich über die US-Forderung nach „Offenen Türen", d.h. gleichen internationalen Handelschancen auf dem gesamten chinesischen Markt hinwegsetzte und stattdessen auf eine Zerstückelung Chinas hinwirkte, erhielt auch die amerikanische Politik eine antirussische Ausrichtung. Die USA erklärten zwar gleich zu Beginn des russisch-japanischen Krieges 1904/1905 ihre Neutralität, favorisierten aber Japan und setzten auf dessen Open-Door-Versprechungen. Die Erwartung war, wie T. Roosevelt es ausdrückte, daß „Japan unser Spiel spielt"[34]. Zur gleichen Zeit ging „eine Welle der Russophobie"[35] durch die Vereinigten Staaten, wie sie das Land bis dahin noch nicht erlebt hatte. Der Name Rußlands geriet zum Inbegriff von Rückschrittlichkeit, Repression und Aggressivität, während die Sympathie der öffentlichen Meinung mehrheitlich dem zu Modernität und technischem Fortschritt strebenden Japan gehörte.

Allerdings hielt sich das politische Mißtrauen gegenüber den fernöstlichen Rivalen Japan und Rußland auf offizieller Ebene in den USA annähernd die Waage. Die praktische amerikanische Politik war weitaus maßvoller als die antirussische Rhetorik Präsident Roosevelts; nicht zuletzt die Furcht vor einem denkbaren, unkontrollierten Massenexodus russischer Juden nach Amerika trug dazu bei.[36] Die USA folgten einem Gleichgewichtskonzept, das die russisch-japanischen Gegensätze zum eigenen Vorteil auszubalancieren suchte und eine Exklusivstellung Japans auf dem asiatischen Festland ebenso verhin-

34 Morison, E. E., Ed: The Letters of Theodore Roosevelt, IV. Cambridge 1951, 724.

35 Sivachev, Yakovlev 20.

36 Vgl. Knee 73f.; White, A. D.: Aus meinem Diplomatenleben. Leipzig o.J., 182f.

dern wollte, wie eine allzu weitreichende Schwächung Rußlands als Gegengewicht zu Japan im fernöstlichen Mächtespiel.[37] Die amerikanische Vermittlung beim Friedensvertrag von Portsmouth 1905 war auf beide Ziele abgestellt, verfehlte aber ihren eigentlichen Effekt, denn ein tatsächliches Gleichgewicht der Kräfte in der Region kam nicht zustande. Die weitgehenden territorialen und ökonomischen Zugeständnisse, zu denen sich das Russische Reich gezwungen sah, ebneten dem Aufstieg Japans zur dominanten Großmacht in Ostasien den Weg. Die USA sahen sich bald einem Rivalen gegenüber, der weitaus potenter als das Zarenreich war und dem nichts ferner lag, als Amerikas „Spiel zu spielen" und auf dessen Interessen Rücksicht zu nehmen. Rußlands unmittelbare Schwächung im Ergebnis des Krieges und des Vertrages von Portsmouth hielt sich – gemessen an den japanischen Forderungen – zwar in Grenzen, doch die nachfolgende regionale Verlagerung seines außenpolitischen Handlungsschwerpunktes vom Fernen Osten auf den Balkan hatte längerfristige Folgen. Japan nutzte die veränderte Konstellation, um Korea 1910 zu annektieren, 1915 China mit seinen berüchtigten „21 Forderungen" in die Knie zu zwingen und mit einer beispiellosen Expansion in der Mandschurei zu beginnen.

Mit der japanischen Machtentfaltung im Fernen Osten trat auch der amerikanisch-russische Gegensatz wieder in den Hintergrund. Dennoch war die Verschlechterung der bilateralen Beziehungen mehr als eine episodische Trübung. Das Verhältnis zwischen dem Zarenreich und den Vereinigten Staaten blieb bis zur russischen Februarrevolution 1917 ausgesprochen kühl und distanziert und war mit der verstrichenen Ära des 18. und 19. Jahrhunderts kaum noch zu vergleichen. Die amerikanische Aufkündigung des Handelsvertrages von 1832 im Jahre 1911 war dafür symptomatisch. Die frühere Eindeutigkeit in den Beziehungen wich einem ambivalenten Zustand, der beide Mächte in eine weite politische und ideologische Distanz brachte und sowohl in

37 Siehe Lekschas, J.: Theodore Roosevelt auf dem Weg nach Portsmouth. Ein Beitrag zur amerikanischen Fernostpolitik von der Jahrhundertwende bis zum Ende des russisch-japanischen Krieges. In: Zwischen Krieg und Frieden. Studien zur Außenpolitik der USA im 20. Jahrhundert. Jena 1990, 6ff.

Amerika als auch in Rußland umstritten war. Im Unterschied zur Politik – auch dies war neuartig für die amerikanisch-russischen Beziehungen – entwickelten sich die wirtschaftlichen und kommerziellen Verbindungen seit der Jahrhundertwende unbeschadet und im Vergleich mit vorangegangenen Jahrzehnten durchaus positiv. Obgleich sich das jährliche Handelsvolumen beider Staaten in der Vorkriegsdekade nahezu vervierfachte (1896 – 11 Mio Dollar, 1914 – 43 Mio Dollar), blieben die USA allerdings mit einem Anteil von 4 Prozent am gesamten russischen Export und Import weit hinter Deutschland (28,2 Prozent) und Großbritannien (18,9 Prozent) zurück.[38] Nur 5 Prozent aller Auslandsanlagen in Rußland entfielen vor dem Weltkrieg auf die USA.[39] Nach dem Kollaps der Zarenherrschaft, der nicht unwesentlich Amerikas Kriegseintritt Anfang April 1917 beschleunigte und eine Woge amerikanischer Begeisterung für Rußlands Schritt auf dem Weg zur Demokratie nach sich zog, begann im Oktober 1917 ein Kapitel amerikanisch-russischer Beziehungsgeschichte, das nicht nur den Regeln und schließlich der Gewohnheit eines neuartigen und latenten Systemkonflikts folgte, sondern in entscheidenden weltpolitischen Si-

38 USA-Handel mit Rußland 1894–1918: (in Mio Dollar)

	Importe von Rußland	Exporte nach Rußland	gesamt
1894	2,8	6,8	9,6
1895	3,6	5,9	9,5
1896	3,6	7,5	11,1
1910	13,8	19,5	33,3
1911	15,9	25,4	41,3
1912	28,3	27,3	55,6
1913	24,4	26,9	51,3
1914	14,5	27,9	42,4
1915	3,1	169,9	173,0
1916	8,6	470,5	479,1
1917	14,5	424,5	439,0
1918	10,7	17,3	28,0

Review of the World's Commerce. Introductory to Commercial Relations of the United States with Foreign Countries. Washington 1897, 224 – Angaben 1894–1896; Schuman, F. L.: American Policy toward Russia since 1917. A Study of Diplomatic History, International Law and Public Opinion. London 1929, 248 – Angaben 1910–1918.

tuationen auch der Tradition des Ausgleichs, der Balance-of-Power-Politik und guter Nachbarschaft zwischen beiden Staaten im eigenen wie im Interesse des Weltfriedens verbunden blieb.

Rußlands Außenhandel 1898 und 1913: (in Mio Rubel)

	Ausfuhr aus Rußland		Einfuhr nach Rußland		gesamt		Prozent des gesamten Handels	
	1898	1913	1898	1913	1898	1913	1898	1913
Deutschland	179,4	453,6	202,2	652,2	381,6	1105,8	28,2	38,2
Großbritannien	139,9	267,8	115,3	173,0	225,2	440,8	18,9	15,2
Frankreich	68,6	100,9	27,1	57,0	95,7	157,9	7,1	5,4
Holland	72,2	177,4	9,8	21,4	82,0	198,8	6,1	6,8
Österr.-Ungarn	42,4	–	23,9	–	66,3	–	4,9	–
Italien	54,6	73,8	10,2	16,8	64,8	73,8	4,8	3,1
USA	3,0	14,2	50,1	79,1	53,1	93,3	3,9	3,2
China	6,3	31,5	40,3	84,0	46,6	115,5	3,4	3,9
Persien	17,0	57,7	21,6	43,6	38,6	101,3	2,8	3,5

Kupczanko, G. I.: Rußland in Zahlen. Statistisches Sammelwerk. Leipzig 1902, 104; Statistisches Handbuch der Weltwirtschaft. Berlin 1936, 253.

39 Sivachev, Yakovlev 20.

Rudolf Hartmann

Zur Genesis des japanisch-russischen Territorialproblems im 19. Jahrhundert

Der seit Jahrzehnten währende Territorialstreit zwischen Japan und der UdSSR um die nationale Zugehörigkeit einiger Südkurilen (in Japan unter dem Schlagwort „hoppô ryôdô mondai", das „nördliche Territorialproblem" bekannt) ist dasjenige Problem, das wohl wie kein zweites das japanisch-sowjetische Verhältnis nach dem zweiten Weltkrieg bis in die Gegenwart hinein beschwerte und eine volle Normalisierung der Beziehungen verhinderte, einen Friedensvertrag zwischen beiden Staaten bis heute unmöglich machte. Es erwies und erweist sich als erstrangiges Hindernis für freundschaftliche und gutnachbarliche Beziehungen ebenso wie es die internationalen Beziehungen im Fernen Osten belastet. Konkret handelt es sich um den Anspruch auf vier Hokkaidô vorgelagerte Inseln, die seit 1945 von der UdSSR beansprucht und verwaltet werden, die aber Japan als „unveräußerliches japanisches Territorium" betrachtet und zurückfordert. Es sind dies die südlichen Inseln der Kurilenkette Etorofu und Kunashiri (russisch Iturup und Kunašir) sowie die kleineren Inselgruppen Habomai und Shikotan. Letztere wurden von den Japanern in der Vergangenheit stets als Bestandteil von Hokkaidô betrachtet und eigentlich nie den Kurilen zugezählt. Sie umfassen alles in allem ein Territorium von 4996 qkm oder ein doppelt so großes Gebiet wie Okinawa (2444 qkm).[1] Bis 1945 lebten hier ca. 17 000 Japaner, von einer

1 *Etorofu* ist die größte Vulkaninsel der Kurilen, ca. 200 km lang, zwischen 6 und 30 km breit und einer Gesamtgröße von 3139 qkm. Auf Befehl des Bakufu begab sich 1876 der Naturwissenschaftler Mogami Tokunai (1754–1836) nach Nordjapan, um das von den Ainu bewohnte Gebiet zu erforschen. Dabei gelangte er auch nach Etorofu und Urup. Danach forschte er mehrfach auf den Kurilen und Sachalin. 1798 wurde auf Etorofu durch ihn

russischen Besiedlung bis zu diesem Zeitpunkt sagt die Literatur nichts. Ein Teil der Einwohner flüchtete bei Kriegsende auf die japanischen Hauptinseln, die anderen wurden nach der Besetzung zunächst interniert und dann (zwischen 1947 und 1949) sämtlich zwangsweise ausgewiesen.[2] Heute lebt in diesem Gebiet kein einziger Japaner mehr. Alle Verhandlungen, die es in den 50er, 60er und 70er Jahren teilweise auf allerhöchster Ebene gab, konnten die Frage nicht lösen. Für die Sowjetunion bedeutete der Besitz dieser Inseln ökonomisch nichts, wie Chruščov es einmal offen bekannte[3], wohl aber war und ist er strategisch und vom Prestige her von Wert. Letzteres trifft sicher auch für Japan zu, doch zählen zusätzlich historische Traditionen, eine jahrhundertelange Zugehörigkeit sowie ökonomische Aspekte, bedenkt man allein, daß in der Vergangenheit hier einer der wichtigsten japanischen Fischfanggründe lag.

Wenden wir uns der Geschichte zu.

Die Anfänge der japanisch-russischen Beziehungen reichen bis ans Ende des 18. Jahrhunderts zurück und sind somit nur wenig älter als 200 Jahre. Das erscheint erstaunlich insofern, als Beziehungen mit den anderen ostasiatischen Nachbarn China und Korea bereits seit der Zeitenwende recht rege gepflegt worden waren, und es findet seine Begründung wohl vor allem darin, daß der Ferne Osten Rußlands kaum besiedelt und nicht erschlossen war. Die Herstellung der Kontakte erfolgte dann auch auf Initiative Rußlands und ist engstens verknüpft mit dessen Expansion nach Ostasien, als es im Verlauf des 18. Jahrhunderts bis an den Stillen Ozean vordrang. 1792 kam der russische Gouverneur von Irkutsk, Adam Kirilovič Laksman, im Auf-

und den Hatamoto Kintô Jûzô (1771–1829) die Markierung „Dai Nihon Etorofu“ aufgestellt und damit die offizielle Besitznahme angezeigt.
Kunashiri, südlich von Etorofu gelegen, ist 110 km lang, 8 bis 16 km breit und hat eine Größe von 1500 qkm. Sie wurde 1786 von Mogami entdeckt.
Habomai ist eine sich über 95 km Länge erstreckende Inselgruppe, der Halbinsel Nemuro in Nordost-Hokkaidô vorgelagert, 101,6 qkm.
Shikotan ist eine etwa 75 km von der Halbinsel Nemuro entfernte Insel, 255 qkm groß. Habomai und Shikotan unterstanden bis 1945 verwaltungsmäßig unmittelbar der Stadt Nemuro.

2 Vgl. Mendl, W.: The Soviet Union and Japan. In: Segal, G., Ed: The Soviet Union in East Asia. Predicaments of power. London 1983, 65.

3 Vgl. Interview von N.S. Chruščov gegenüber der japanischen Tageszeitung „Asahi Shimbun“, 19.6.1957.

trage von Katharina II. und 1804 Nikolaj Rezanov im Auftrage des Zaren Aleksandr, um Japan zur Öffnung seiner Häfen für den Handel zu veranlassen. Japan verfolgte aber seit 1637 eine Politik des Sakoku, der totalen Abschließung des Landes von der Außenwelt. Es sah seine überkommene Politik und damit seine innere und äußere Sicherheit in hohem Grade gefährdet und lehnte beide Male entschieden ab.[4]

Von Anbeginn kennzeichneten die Beziehungen Japans zu Rußland zwei Besonderheiten. Die erste war eine allgemeine Bedrohungsangst. Rußland war nicht nur die erste westliche Macht, die Japan drängte, seine nationale Politik zu ändern und seine Häfen zu öffnen. Es war zudem die auch geographisch nächstgelegene westliche Macht und wurde als „mächtiger Feind am nördlichen Tor“ (kitamon no kyôgeki) bezeichnet. Die Strafexpeditionen, die sowohl Laksman als auch Rezanov als Vergeltungsmaßnahmen für die Abweisung ihrer Ersuchen nach Handelskonzessionen gegen japanische Siedlungen auf den Kurilen und Sachalin durchführten[5], mußten dieses Gefühl noch verstärken. Und tatsächlich bewirkten sie ein Edikt des Bakufu, der Zentralregierung in Edo, dem heutigen Tôkyô, das die konsequente Vertreibung russischer Schiffe, falls sich solche japanischen Ufern nähern sollten, bestimmte.[6] Die zweite Besonderheit wurzelte in den von Anbeginn existierenden Differenzen in der Territorialfrage, oder anders gesagt: Es waren ungeklärte Grenzfragen im Norden Japans,

4 Zu Laksmans und Rezanovs Mission vgl.: Morinosuke Kajima: Geschichte der japanischen Außenbeziehungen, I.: Hammitzsch, H., Hg: Von der Landesöffnung bis zur Meiji-Restauration. Wiesbaden 1976, 83ff.

5 Ebenda, 88f. Wagner, W.: Japans Außenpolitik in der frühen Meiji-Zeit (1868–1894). Die ideologische und politische Grundlegung des japanischen Führungsanspruchs in Ostasien. Stuttgart 1990, 40; Lenson, G. A.: The Russian push toward Japan: Russo-Japanese relations 1697–1875. Princeton 1959, 167ff.

6 In ihm hieß es: „Wenn in Zukunft, an welcher Küste auch immer, ein russisches Schiff entdeckt wird, soll es unnachsichtig vertrieben werden; wenn es sich nähert, sollen (die Mitglieder der Besatzung) festgenommen oder getötet werden. Falls es sich offensichtlich um ein durch Schiffbruch gestrandetes Schiff handelt und auch Mitglieder der Mannschaft verletzt sind, kann man es dort bleiben lassen und (den Verletzten) medizinische Behandlung angedeihen lassen.“ Morinosuke Kajima, 89.

auf Sachalin ebenso wie auf den Kurilen, die mit dem Vordringen der Russen entstanden waren und nun geklärt werden mußten.

Was Sachalin angeht, so war dieses im Jahre 1604 vom Bakufu zusammen mit dem heutigen Hokkaidô als Gebiet Ezo dem Daimyo von Matsumae als Lehen gegeben und noch im 17. Jahrhundert von dessen Leuten teilweise erforscht worden, ohne allerdings schon unter fester Kontrolle gestanden zu haben. Doch werden in einem Bericht an das Bakufu im Jahre 1700 bereits 22 japanische Orte in Sachalin aufgeführt.[7] Die recht umfangreiche seßhafte Präsenz der Japaner auf der Insel bestätigten auch Reiseberichte aus der Mitte des vorigen Jahrhunderts, die zwar von japanischen Ansiedlungen auf Sachalin, nicht aber von russischen sprechen.[8] Eine von Philipp Franz von Siebold in den zwanziger Jahren des vorigen Jahrhunderts illegal nach japanischen Unterlagen verfertigte Japankarte bezeichnete Sachalin als „Kita Jezo“ oder „Nord-Jezo“[9], wobei „Jezo“ (oder „Ezo“) die alte Bezeichnung für Hokkaidô ist und folglich eine unmittelbare Zusammengehörigkeit zwischen Sachalin und Hokkaidô aus japanischer Sicht bestand. Näher erkundet und in Besitz genommen wurden ab Ende des 18. Jahrhunderts auch die südlichen Kurilen.[10]

Zu ersten klärenden Gesprächen zwischen Vertretern beider Staaten in der Grenzfrage (und über die Gestaltung der bilateralen Beziehun-

7 Ebenda, 84.

8 siehe: Die Expedition in die Seen von China, Japan und Ochotsk unter Commando von Commodore Calm. Ringgold und Commodore John Rodgers, im Auftrage der Regierung der Vereinigten Staaten, unternommen in den Jahren 1853 bis 1856, unter Zuziehung der officiellen Autoritäten und Quellen. Deutsche Originalausgabe von Wilhelm H., 1–3. Leipzig 1858–1859, bes. 2, – /216f. und 3, – /214ff. Es werden die Russen zu diesem Zeitpunkt überhaupt nicht erwähnt, dafür aber die Chinesen. So ist die Rede von „doppelter Herrschaft“ auf der Insel, „indem die Japanesen die südliche Hälfte in ihrem Besitze haben, während die nördliche Hälfte den Chinesen gehorcht“. 2, – /216.

9 Philipp Franz von Siebolds Karte vom Japanischen Reiche. Siehe Anhang in: Die Anfänge der Erschließung Japans im Spiegel der zeitgenössischen Publizistik. Untersucht auf Grund der Veröffentlichungen der Kölnischen Zeitung von Dr. Georg Kerst. Hamburg 1953.

10 Vgl. Anmerkung 1.

gen generell) kam es unmittelbar nach der von den Amerikanern 1853/54 erzwungenen Öffnung Japans zur Außenwelt. 1852 wurde der Generaladjutant des Zaren, Vizeadmiral Jefim Vasilevič Putjatin, zum Oberbefehlshaber der Ostasienflotte und zum Gesandten für Japan berufen, um, parallel zu den bekanntgewordenen Absichten der USA, neuerlich den Versuch einer Öffnung Japans zu starten.[11] Im Gegensatz zu dem amerikanischen Commodore Perry respektierte er die japanischen Verordnungen und fuhr zunächst nach Nagasaki, dem einzigen für Ausländer überhaupt zugänglichen Hafen, während sich Perry direkt in die Bucht von Edo begab und dort seine Macht demonstrierte. Beide waren nahezu gleichzeitig in Japan.

In den Verhandlungen mit den Vertretern des Bakufu, die sich von 1853 bis 1855 hinzogen, übergab Putjatin einen Brief des russischen Ministerpräsidenten Nesselrode, worin auch die Frage der Grenzen zwischen beiden Ländern aufgeworfen wurde, was besagt, daß die Initiative hierzu von Rußland ausging. Es sei notwendig, so wird in dem Schreiben vermerkt, „gegenseitige Zusammenkünfte und Beratungen" durchzuführen „und nach wechselseitigen Gesprächen klar" zu bestimmen, „welche Insel Ihres Landes Ihre äußerste nördliche Grenze und welche Insel unseres Landes unsere äußerste südliche Grenze bilden und wessen Gebiet die südliche Küste von Sachalin sein soll".[12]

Japans damalige erste Antwort blieb bis heute seine unveränderte Auffasung hinsichtlich der Kurilen und besagte, „daß die Insel Etorofu (d.h. die nördlichste der heute umstrittenen Südkurilen) von alters her zu unserem Territorium gehört".[13] Hinsichtlich Sachalins wurde der durchaus kompromißbereite Vorschlag gemacht, Grenzen zu ziehen, „nachdem die Zugehörigkeit der einzelnen Orte überprüft" worden wäre.[14] Im Ergebnis der Verhandlungen kam es schließlich im Februar 1855 zum „Vertrag über Frieden und Freundschaft zwischen Japan und Rußland", bekannt als Vertrag von Shimoda nach dem Ort seiner Unterzeichnung. Artikel II dieses Vertrages betrifft die erzielte Grenzregelung und sagt aus:

11 Morinosuke Kajima 90.
12 Ebenda, 92.
13 Ebenda, 97.
14 Ebenda.

„Künftig wird die Grenze zwischen den Staaten Japan und Rußland zwischen den Inseln Etorofu und Uruppu verlaufen. Die gesamte Insel Etorofu gehört zu Japan; die gesamte Insel Uruppu und die nördlich davon gelegenen Kurilen-Inseln gehören zu Rußland. Die Insel Sachalin verbleibt, wie bisher, ungeteilt zwischen den Staaten Japan und Rußland.“[15]

Damit wurde im ersten russisch-japanischen Vertrag überhaupt die Zugehörigkeit dieser heute umstrittenen Kurilen-Inseln zu Japan voll akzeptiert und hinsichtlich Sachalin ein beiderseitiges Besitzrecht anerkannt, ohne schon zu einer Klärung zu gelangen, wem welcher Teil gehört. Weitere Verhandlungen waren unabdingbar, zumal die unklare Lage eine Immigration russischer Siedler auch im von den Japanern besiedelten Süden der Insel begünstigte und damit Streitigkeiten vorprogrammierte.

Die nächsten Beratungen fanden 1859 in Japan statt. Von russischer Seite wurden sie durch Murav'ev, den Gouverneur von Ostsibirien, geführt. Während der Gespräche schlug Japan vor, die Grenzlinie auf dem 50. Breitengrad festzulegen, die Insel damit de facto halbierend. Murav'ev lehnte ab, und auch Gespräche einer japanischen Delegation 1863 in St. Petersburg verliefen ohne Ergebnis. Die japanische Seite hatte erneut den 50. Breitengrad als Grenzlinie vorgeschlagen, dabei geltend machend, daß diese Linie „international von Geographen öffentlich anerkannt“ worden sei. Von russischer Seite wurde dagegengehalten, daß die Erklärungen der Geographen und die Karten politischer Natur seien und für eine Klärung der Sachlage nicht ausreichten.[16] 1867 reisten erneut Vertreter des Bakufu in die russische Hauptstadt, wo es zur Unterzeichnung der „Sachalin-Statuten“ kam. Rußland schlug darin vor, ganz Sachalin unter russische Oberhoheit zu stellen. Das japanische Fischereiwesen auf der Insel solle in seiner Gesamtheit erhalten bleiben und Japan solle überdies als Ausgleich die Kurilen erhalten. Das Bakufu lehnte diesen Austausch ab. Interessant ist auch die Aussage des Artikels IV dieser Statuten, wonach in dem Falle, da keine Einigung erzielt werden könne (was auch eintrat), „die Insel Sachalin wie bisher als gemeinsames Gebiet beider

15 Ebenda, 101.

16 Kiyosawa Kiyoshi: Nihon gaikôshi, 1. Tôkyô 1942, 182.

Staaten zu erhalten" sei.[17] Letztlich blieb alles zunächst weiter wie es war.

1868 wurde das Bakufu in Japan gestürzt, es begann mit der Meiji ishin eine revolutionäre gesellschaftliche Umgestaltung des Landes. Für die neue Regierung war die Klärung des nördlichen Grenzproblems eines der wichtigsten, störte es doch nicht nur seine Sicherheit nach außen, sondern auch nach innen. So mußte es damit rechnen, daß sich geschlagene Samurai-Verbände des Bakufu nach dem Norden absetzten und Stützpunkte gegen das neue Regime schaffen könnten.[18] Welche Haltung Rußland dann einnehmen würde, war unklar. Auf Sachalin war in der zweiten Hälfte der sechziger Jahre ein massives Vordringen der Russen bis in die japanischen Siedlungsgebiete im Süden zu beobachten, und es kam dadurch zu zunehmenden Auseinandersetzungen zwischen beiden Völkerschaften. Angesichts dessen teilte sich die neue Regierung in zwei Lager. Die einen traten dafür ein, ein weiteres Vordringen der Russen gegebenfalls mit Waffengewalt zu verhindern, andere, die Japans schwächere Position deutlich genug erkannt hatten, waren für Verhandlungen.[19]

17 Morinosuke Kajima 112. Die Artikel im Einzelnen.
Artikel I: Die „Aniwa" genannte Meeresstraße, die natürliche Landesgrenze zwischen beiden Staaten, soll zur Grenzlinie beider Staaten werden; die gesamte Insel Sachalin soll russisches Territorium werden.
Artikel II: Das bis heute auf der vorgenannten Insel befindliche zu Japan gehörige Fischereiwesen wird auch in Zukunft in seiner Gesamtheit dort wie bisher bestehen können.
Artikel III: Die zu Rußland gehörige Insel Uruppu wird zusammen mit den in ihrer Nähe befindlichen kleineren Inseln Tilboi, Flattilboi und Proton Japan überlassen und insgesamt ohne Zweifel zum japanischen Territorium gehören.
Artikel IV: Falls die vorstehenden Artikel keine Zustimmung erhalten, sind, um die Insel Sachalin wie bisher als gemeinsames Gebiet beider Staaten zu erhalten und den Frieden unter den Völkern beider Staaten zu bewahren, folgende Artikel vorübergehend vereinbart: . . .

18 Es sei daran erinnert, daß Enomoto Takeaki (1836–1908), Admiral des Bakufu, mit mehreren Schiffen nach Hakodate im Norden geflohen war und sich dort festgesetzt hatte.

19 Hosotani Chihiro: Nichi-Ro – Nisso kankei no shiteki tenkai. In: „Kokusai Seiji", 2 (1965) 3.

Die Vernunft setzte sich durch und neuerliche Gespräche wurden geführt, zunächst 1872 zwischen dem japanischen Außenminister Soejima und dem russischen Gesandten Butsov, dann, ab August 1874, in Petersburg zwischen dem Vertreter der japanischen Regierung Enomoto und dem Leiter der Asienabteilung des russischen Außenministeriums, Stremauchov. Zu den ursprünglichen Intentionen der einzelnen Seiten gibt es in der japanischen Literatur unterschiedliche Aussagen. Einigkeit besteht darin, daß Japan zunächst die Absicht verfolgte, Rußland Sachalin abzukaufen, ähnlich wie das kurz zuvor die Vereinigten Staaten mit Alaska gemacht hatten, was Rußland aber ablehnte. Konträre Aussagen indes findet man darüber, wer den Vorschlag unterbreitet habe, Sachalin gegen die Kurilen auszutauschen. Während die einen meinen, dieser Vorschlag stamme von Japan und habe sich gegen den Willen der Russen durchgesetzt[20], sagen andere, Japan habe die Teilung der Insel Sachalin am 50. Breitengrad vorgeschlagen, die Russen aber den Austausch[21]. Daraus ließen sich dann entsprechend Schlußfolgerungen ziehen, wer eine flexible Politik betrieben, wer nachgegeben oder wer sich durchgesetzt habe. Wie dem auch immer sei: Nach mehrmonatigen kontroversen Verhandlungen wurde im Mai 1875 in Petersburg der „Austauschvertrag Sachalin-Kurilen" unterzeichnet.

Artikel 1 desselben besagte, daß Japan all seine Rechte auf Sachalin an Rußland abtritt und die Grenze zwischen beiden Staaten die La-Perouse-Straße sei. Artikel 2 beinhaltete, daß Rußland im Austausch für Sachalin zugunsten Japans auf alle Kurileninseln von Sumsu bis Urup – es werden 18 Inseln namentlich aufgezählt – verzichtet und die Grenze zwischen beiden Staaten die Meerenge zwischen dem Kap Lopatka im Süden der Halbinsel Kamtschatka und der Insel Sumsu

20 Kiyosawa Kiyoshi 185. Kiyosawa meint, Japans Vorschlag habe aus 4 Punkten bestanden. 1. Verzicht auf Sachalin; 2. Rußland überläßt als Entschädigung Japan die Kurilen ab der Insel Uruppu nördlich; 3. Entschädigung für die auf Sachalin von Japan gebauten Straßen und Brücken; 4. Anerkennung der Fischfangrechte für Japaner auf Sachalin. Während Stremauchov die Punkte 1, 3 und 4 sofort anerkannte, habe er sich entschieden gegen den 2. Punkt gewandt.

21 Hosotani Chihiro, S.3. Nach Hosotani habe die japanische Delegation zwei Linien verfolgt. 1. Die Grenzfestlegung am 50. Breitengrad oder 2. den Kauf Sachalins.

bildet.[22] Somit gehörten die Kurilen ab 1875 sämtlich vertraglich zu Japan und ganz Sachalin zu Rußland.

Die Fähigkeit beider Regierungen, mit der Grenzfrage das größte Streitproblem zwischen beiden Ländern im gegenseitigen Einvernehmen zu lösen, schuf die Voraussetzung dafür, daß danach das zwischenstaatliche Verhältnis in eine Phase des gegenseitigen Vertrauens und der Freundschaft eintrat, der wohl einzigen Phase dieser Art in der Geschichte ihrer Beziehungen vom ausgehenden 18. Jahrhundert bis in die Gegenwart. Diese Phase währte allerdings leider nur kurze Zeit, denn ab der neunziger Jahre kam es durch das Expansionsstreben beider Staaten zu zunehmenden Konfrontationen, die letztlich in den russisch-japanischen Krieg mündeten. Zwar gab es auch danach Zeiträume eines Miteinander, gekennzeichnet durch Zweckbündnisse und -abkommen[23], grundsätzlich aber blieb das bilaterale Verhältnis geprägt durch Mißtrauen und Argwohn bis hin zu offener Feindschaft. Beide Seiten trugen dafür zu unterschiedlichen Zeiten und in unterschiedlichem Grade Verantwortung. Besonders in den Jahren des Kalten Krieges nach 1945 zeichneten dafür auch ideologische Differenzen mitverantwortlich, doch ein steter Begleiter seit dem vorigen Jahrhundert war die Territorialfrage, die auch zwei Kriege, der russisch-japanische und der zweite Weltkrieg, nicht lösen konnten. Ohne Lösung derselben aber wird eine völlige Normalisierung der Beziehungen zwischen beiden Staaten oder gar ein freundschaftliches Verhältnis nicht möglich sein.

22 Nihon gaikôshi jiten. Tôkyô 1979, Anhang 3f.

23 So die russisch-japanischen Abkommen zwischen 1907 und 1916, die wesentlich der Absicherung des Einflusses beider Staaten in der Mandschurei gegenüber Dritten (besonders gegenüber den USA) dienten, oder aber der japanisch-sowjetische Neutralitätsvertrag von 1941.

Peter Hoffmann

Probleme der deutsch-russischen Wirtschafts- und Handelsbeziehungen des 18. Jahrhunderts

Im Gesamtkomplex internationaler Beziehungen kommt den Wirtschafts- und Handelsbeziehungen wesentliche Bedeutung zu. Das gilt auch für das 18. Jahrhundert. Der allgemeine Mangel an Forschungen und Publikationen zu dieser Thematik mit Bezug auf Rußland ist immer wieder beklagt worden. 1957 schrieb B.B.Kafengauz: „Die Erforschung des inneren Marktes und auch des Außenhandels im 18. Jahrhundert gehört zu den dringenden Aufgaben.“[1] 1984 schrieb ich in einem gemeinsam mit W. Küttler verfaßten Beitrag, daß die Wirtschaftsbeziehungen für diese Zeit „zu den bisher wenig erforschten beziehungsgeschichtlichen Problemen“ gehören.[2] Mit anderen Worten hat Walter Kirchner 1990 den gleichen Gedanken geäußert: „Sicher ist, daß wir, wenn wir nicht nur ganz allgemein von Ost-West-Beziehungen sprechen, über die ökonomischen Beziehungen zwischen Rußland und dem deutschen Reich auch noch im 18. Jh. bisher nur schlecht unterrichtet sind.“[3]

Diese Aussagen – es ließen sich weitere Beispiele finden – bestätigen sich in überraschender Weise, wenn man in Überblicksdarstellungen zur Geschichte und Wirtschaftsgeschichte schaut. Probleme der

1 Kafengauz, B. B.: Tamožennye knigi XVIII veka, In: Archeografičeskij ežegodnik za 1957 god. Moskau 1958, 127.

2 Hoffmann, P., Küttler, W.: Tendenzen, Probleme und Aufgaben beziehungsgeschichtlicher Forschungen, dargestellt am Beispiel der deutsch-russischen Beziehungen des 17. und 18. Jh. In: Jahrbuch für Geschichte der sozialistischen Länder Europas, 28 (1984) 36.

3 Kirchner, W.: Ein Beitrag zur deutsch-russischen Wirtschaftsgeschichte des 18 Jh.: Über die Zahlungsbilanz. In: Jahrbücher für Geschichte Osteuropas, 38 (1990) 3 – /356.

politischen sowie der Kultur- und Wissenschaftsbeziehungen werden in der Regel ausführlicher dargelegt, die ökonomischen Verbindungen werden – wenn überhaupt – nur kurz erwähnt. Handbücher zur Beziehungsgeschichte fehlen. In allgemeinen Darstellungen sowohl der russischen als auch der deutschen Geschichte des 18.Jahrhunderts werden Fragen der deutsch-russischen Wirtschaftsbeziehungen meist nicht einmal erwähnt. Im günstigsten Falle beschränken sich die Autoren auf einige globale Aussagen zu den Außenwirtschaftsbeziehungen allgemein, die meist auf den Außenhandel beschränkt bleiben.

Dazu einige Beispiele: Bezeichnend ist, daß in dem lange Zeit als Handbuch dienenden Werk von Ljaščenko zur Wirtschaftsgeschichte der UdSSR[4] die gewerblich-industrielle sowie die landwirtschaftliche Produktion als eigene Kapitel hervorgehoben sind, Fragen der Distribution wurden in sie eingeordnet. Daß eine solche schon von der Gliederung her betonte einseitige Sicht den Blick auf andere nicht unwesentliche Zusammenhänge verstellen mußte, wurde rasch klar. Schon in der als „Očerki“ deklarierten Darstellung zur russischen Geschichte – dem bis heute umfassendsten Handbuch zu dieser Thematik für die Zeit bis zum Ende des 18. Jahrhunderts – sind dem Handel eigene Unterkapitel gewidmet, in denen auf den Außenhandel ausführlicher als in anderen Überblicksdarstellungen eingegangen wird.[5] Der unterschiedliche Charakter im russischen West- und Osthandel ist deutlich herausgearbeitet, für den Westhandel wird die Sonderstellung Englands betont, andere Handelspartner sind jedoch kaum erwähnt. Im neuesten „Handbuch der russischen Geschichte“ werden in den Kapiteln „Die Wirtschaft“ (für die petrinische Zeit) sowie „Bevölkerung und Wirtschaft Rußlands in der Ära Katharinas II.“ dem Handel wenige Seiten gewidmet[6] , wobei der Außenhandel nur global

4 Vgl. Ljaščenko, P. I.: Istorija narodnogo chozjajstva SSSR, I, Moskau 1952, vgl. Sachregister S. 640 (Stichwort: vnešnjaja torgovlja).

5 Vgl. Očerki istorii SSSR, Period feodalizma: Rossija v pervoj četverti XVIII v. Preobrazovanija Petra I. Moskau 1954, 140 –152 (Vf: B. B. Kafengauz); Rossija vo vtoroj četverti XVIII v. Moskau 1957, 162–178 (Vf: E.I.Zaozerskaja); Rossija vo vtoroj polovine XVIII v. Moskau 1956, 119–151 (Vf: V.N. Jakovcevskij; Binnen- und Außenhandel werden komplex abgehandelt).

6 Handbuch der Geschichte Rußlands, 2/1. Stuttgart 1986, 327–329 (Vf: Julia Oswalt); 2/2, 1989, 657–663 (Vf: Bernd Knabe).

behandelt wird; die deutsch-russischen Wirtschaftsbeziehungen bleiben auch in den allgemein sehr instruktiven Literaturverweisen unberücksichtigt.

Die hier für die russische Seite herausgegriffenen Beispiele charakterisieren den in den eingangs zitierten Sätzen konstatierten derzeitigen Forschungsstand. Diese Sachlage besteht nicht zufällig, auch wenn die Gründe mehrschichtig sind. Die für Nationalgeschichten charakteristische Sicht läßt den internationalen Einbettungen meist nur geringen Raum. Für wirtschaftsgeschichtliche Fragestellungen kommen die Spezifik sowohl des auszuwertenden konkreten Quellenmaterials als auch die traditionell üblichen Methoden historischer Forschung allgemein hinzu. Für die Erforschung von Wirtschaftsbeziehungen, die, wie Kirchner erneut deutlich herausgearbeitet hat, nicht auf Handelsbeziehungen beschränkt werden dürfen, ergeben sich unterschiedliche, teilweise nur schwer zu lösende Probleme.

Als erstes ist auf die Materiallage zu verweisen, auf die Schwierigkeiten bei der Erfassung und Bearbeitung eines heterogenen, in der Regel weit verstreuten Materials. Zweitens ist die Wirtschaftsgeschichte mehr als andere historische Disziplinen auf statistische Angaben und ihre Verallgemeinerung angewiesen. Das ist aber ein Feld, das mit den üblichen Arbeitsmethoden des Historikers nicht zu erschließen ist. Und drittens liefern die Quellenangaben und die aus ihnen mit statistischen Methoden zu gewinnenden Aussagen gerade im wirtschaftlichen Bereich für das 18. Jahrhundert nur sehr unzuverlässige Ergebnisse. Auf Möglichkeiten und Grenzen solcher Daten hatten u.a. N.B. Mironov und Z. V. Stepanov schon 1975 hingewiesen. Im allgemeinen ist nur der Trend sicher zu ermitteln – und bei Außenhandelsstatistiken sind Differenzen zwischen unterschiedlichen Quellen zu gleichen Vorgängen von 167 Prozent schon als normal einzustufen.[7]

In der wirtschaftsgeschichtlichen Forschung stehen für das 18. Jahrhundert noch eindeutig die Handelsverbindungen im Vordergrund. Andere Aktivitäten – beispielsweise Kapital- und Techniktransfer – treten demgegenüber eindeutig in den Hintergrund oder werden nicht gesehen. Der Techniktransfer vollzog sich beispielsweise im 18. Jahr-

7 Vgl. Mironov, N. B., Stepanov, Z. V.: Istorik i matematika. Leningrad 1975, 30 (mit Berufung auf O. Morgenstern).

hundert noch überwiegend in Form der Abwerbung von Fachkräften. Eine Kosten- und Gewinnberechnung, wie sie für eine allgemeine Bilanzierung notwendig wäre, ist bei solchen Aktionen kaum möglich, obwohl einzelne Angaben durchaus bekannt sind. So kennen wir aus den vierziger Jahren des 18. Jahrhunderts die Forderungen eines Werbers, der sich anbot, Hugenotten zur Ansiedlung in Rußland zu gewinnen. Er forderte für die Reise ins Ausland einmalig 10 000 Rubel, dazu ein Jahresgehalt von 1200 Rubeln sowie 500 Červonnych,[8] also holländische Gulden, wie sie damals in Rußland halblegal nachgeprägt wurden.[9] Offensichtlich waren diese Forderungen überhöht, aber doch wohl nicht völlig phantastisch.

Die Problematik des Kapitaltransfers – überwiegend in Form von Krediten und Wechseln – erfordert ebenfalls noch eine eingehendere Untersuchung. Die große Bedeutung von Wechseln etwa bei Bezahlung russischer Käufe im Ausland ist bekannt. Wenn dabei für die achtziger Jahre des 18. Jahrhunderts für die Leipziger Messen alleine Schuldsummen in einer Höhe von 2 bis 3 Millionen Talern geschätzt wurden, dann zeugt das vom Umfang dieser Kreditgeschäfte.[10] Bekannt ist andererseits auch die Finanzierung der russischen Metallurgie und der Segelleinenweberei im 18. Jahrhundert durch englische Kaufleute – aber das sind nur besonders auffällige Beispiele.[11] Im außerkommerziellen Bereich kann auf die Petersburger Akademie verwiesen werden, die die Pensionen an ihre ausländischen Mitglieder durch meist auf Holland bezogene Wechsel auszahlen ließ.[12] Gegen Ende des 18. Jh. wurde der große Umfang solcher Kredit- und Wech-

8 Vgl. Archiv Knjazja Voroncova, 25. Moskau 1882, 207.

9 Vgl. Hoffmann, P.: Münzen und Münzbezeichnungen in Rußland und in der UdSSR. In: Numismatische Beiträge (1988) 2 – /66.

10 Vgl. Reinhold, J.: Polen/Litauen auf den Leipziger Messen des 18. Jahrhunderts. Weimar 1971, 103; Firsov, N. N.: Pravitel'stvo i obščestvo v ich otnošenijach k vnešnej torgovle Rossii v carstvovanie imperatricy Ekateriny II. Kasan 1902, 106, 116, 121f.u.a.

11 Vgl. Reading, D. K.: The Anglo-Russian Commercial Treaty of 1734. New Haven 1938, 48; Hoffmann, P.: Rußland im Zeitalter des Absolutismus. Berlin 1988, 241ff.

12 Vgl. die vielen Angaben in: Die Berliner und die Petersburger Akademie der Wissenschaften im Briefwechsel L. Eulers, 1–3 (= Quellen und Studien zur Geschichte Osteuropas III) Berlin 1959–1976.

seloperationen als ein wesentlicher Grund für das rasche Fallen des Rubels auf dem internationalen Kapitalmarkt angesehen.[13]

Die von der Forschung bisher zu den Handelsverbindungen zusammengetragenen Angaben sind überwiegend illustrativen Charakters. Es wurden unterschiedliche Quellen erschlossen,[14] doch die notwendige Verallgemeinerung und Einordnung in größere komplexe Zusammenhänge fehlt weitgehend; aber erst damit wird eine Bewertung der historischen Relevanz der untersuchten Vorgänge möglich. Was bedeutet es schon, wenn dieser oder jener Rostocker oder Hamburger Kaufmann in Petersburg Strömlinge oder Helles Bier[15] verkauft hat? Was besagt es, daß beispielsweise 1773 das Lübecker Handelshaus Herman Christophor Bock für 19 873 Rubel 35 Kopeken Waren in Petersburg importiert und für 8 754 Rubel 55 1/2 Kopeken exportiert hat?[16] Und das bei einem erfaßten Jahresumsatz von 7 816 608,15 Rub. für den Import und 8 608 014,99 Rub. für den Export.[17] Es handelt sich zwar um interessante Einzelbeispiele, die aber erst im Kontext der allgemeinen Entwicklung bewertet werden können. Diese Zahlenangaben wiederum sind zu relativieren, denn sie geben den Wert der zu verzollenden Waren an, der durchaus nicht dem realen Wert entsprechen mußte. Das gilt besonders für Waren, die nach Quantität – Gewicht (z.B. Zucker) oder Länge (z.B. Stoffe) – zu verzollen waren. Auch dazu ein Beispiel: In den Verhandlungen um den Österreichisch-russischen Zollvertrag 1785 versuchte die österrei-

13 Heller, K.: Die Geld- und Kreditpolitik des Russischen Reiches in der Zeit der Assignaten (1768–1839/43) (= Quellen und Studien zur Geschichte des östlichen Europa XIX). Wiesbaden 1983, 44ff.

14 Vgl. zu den preußisch-russischen Wirtschaftsbeziehungen: Schmoller, G.: Die russische Compagnie in Berlin 1724–1738. In: Umrisse und Untersuchungen zur Verfassungs-, Verwaltungs- und Wirtschaftsgeschichte besonders des preußischen Staates im 17. und 18. Jh.. Leipzig 1898, 489ff.; Rachel, H.: Die Handels-, Zoll- und Akzisepolitik Preußens 1740–1786 (= Acta Borussica. Denkmäler der preußischen Staatsverwaltung im 18. Jh., III/2). Berlin 1928.

15 Akten des Petersburger Hafenzolls: Central'nyj gosudarstvennyj istoričeskij archiv (CGIA), St. Petersburg, F.138, Op. 6, Nr. 2, Bl. 351 v; vgl. die Warenzusammenstellung Bl. 355 v–356.

16 Vnešnjaja torgovlja Rossii čerez Peterburgskij port vo vtoroj polovine XVIII – nacale XIX v. Moskau 1981, 82.

17 Ebenda, 90.

chische Seite von Rußland „Zollverminderung . . . um die Hälfte oder ein Viertel als offene oder durch niedrigere Schätzung der Waren als verschleierten Vorzugszoll“ zu erlangen.[18]

Die letztlich banale Feststellung, daß Handel stattfand, ist nur der erste Schritt. Schon eine zuverlässige bilaterale Handelsbilanz ist aus den Akten nicht zu erstellen. Es gibt zu viele Faktoren, die nicht mehr zu ermitteln sind. In den Zollakten wird beispielsweise kaum zwischen direkten Handelsbeziehungen und Transithandel unterschieden. Wenn in Archangelsk Apfelsinen aus Hamburg eingeführt wurden,[19] dann ist klar, daß sie dort nicht gewachsen waren. Die allgemein für Handelsstatistiken als Grundlage genommenen Angaben aus den Zollregistern vermitteln aber auch aus anderen Gründen kein zuverlässiges Bild: Nicht erfaßt sind beispielsweise Zollbefreiung und Schmuggel, die aber bei einer Gesamtbilanz berücksichtigt werden müssen.

Der Wert der zollfrei eingeführten Waren ist nur schwer abschätzbar: Während des Nordischen Krieges waren es beispielsweise Waffen,[20] während des ganzen 18. Jahrhunderts Baustoffe, vor allem Ziegel. In den Akten des Hafenzolls findet sich dementsprechend bei den Angaben über eingelaufene Schiffe häufig der Hinweis: „Ziegel als Ballast“.[21] Am 21. August 1749 wurden die Zollbediensteten ermahnt, darauf zu achten, daß unter den Ziegeln nicht Waren verborgen sind.[22] Nach dem Zolltarif von 1782 wurde – da man von russischer Seite daran interessiert war, die eigene Metallurgie zu fördern – die Ausfuhr von verarbeiteten Eisen und von hochwertigem Stahl vom Zoll befreit.[23]

Weiterhin ist hier auf den im eingangs zitierten Beitrag von Kirchner nicht erwähnten, in der zeitgenössischen Literatur des 18. Jahrhun-

18 Halm, H.: Habsburgischer Osthandel im 18. Jahrhundert. Österreich und Neurußland II: Donauhandel und -schiffahrt 1781–1787 (= Veröffentlichungen des Osteuropainstituts München 7) München 1954, 49.

19 Archiv Leningradskogo Otdelenija instituta istorii AN SSSR (Archiv LOII), F. 36, Op. I, Bl. 42 v.

20 Zacharov, V. N.: Postavki zapadnoevropejskimi kupcami oružija i voennogo snarjaženija v Rossiju v načale XVIII v. In: Problemy istorii SSSR, XII Moskau 1982.

21 Archiv LOII, F. 115, Nr. 429a, Bl. 2ff. u.a.

22 CGIA, F. 138, Op. 6, Nr. 23, Bl. 408f.

23 Archiv LOII, F. 36, Op. 1, Nr. 599, Bl. 130ff.

derts aber sehr hoch bewerteten Schmuggel als Bestandteil einer umfassenden Gesamtbilanz zu verweisen. Massengüter – Getreide, Holz, Eisen usw. – wurden fast ausschließlich auf dem gut kontrollierbaren Wasserweg transportiert. Aber es gab ja nicht nur Massengüter, sondern auch andere Waren, die aufgrund hoher Einfuhrzölle in Rußland mit beachtlichem Gewinn verkauft werden konnten – dazu gehörten im 18. Jahrhundert z.B. Nähnadeln, die ein beliebtes, weil leicht zu verbergendes Schmuggelgut bildeten.

Eine durchgehende Kontrolle der langen Landgrenzen des Russischen Reiches war kaum zu realisieren. Bis zur Aufhebung der Kontrollen im Binnenhandel 1753 – außerhalb des „Marktes" und damit außerhalb der Kontrollen der Zoll- und Akziseämter (Tamožni) durfte bis zu diesem Zeitpunkt nur Kleinhandel mit einem Handelswert bis zu 20 Kopeken betrieben werden – war beim Markthandel die Überprüfung der ordnungsgemäßen Verzollung immer möglich.[24] Nach dem Wegfall dieser Kontrollen änderte sich dieses Bild grundsätzlich. Die Akten des Kommerzkollegiums enthalten Stellungnahmen, daß Moskauer Kaufleute danach bis zu dreimal im Jahr nach Ostpreußen, Schlesien und in andere deutsche Gebiete fuhren, dort Waren kauften, die sie auf dem Landweg oder auf dem Seeweg über Riga unter Umgehung der russischen Zollkontrollen nach Moskau brachten und dort offen verkauften.[25] In den im Voroncov-Nachlaß erhaltenen „Überlegungen zur hiesigen Zollordnung" wird als weiteres Beispiel angeführt, daß ein Transport auf dem Landweg von Danzig nach Petersburg 100 Rubel kostete, zur See jedoch nur 2 Rubel. Und doch wird von manchen Kaufleuten der Landweg gewählt, um 1000 und mehr Rubel an Zoll zu sparen.[26] Und auch aus fremder Sicht läßt sich die Bedeutung des Schmuggels an den Grenzen Rußlands dokumentieren. Als 1782 der neue russische Zolltarif Einbußen für den preußischen Rußlandhandel brachte, erklärte Friedrich II. in seiner Kabinettsorder vom 27. November 1783: „Die neuen Tarife der Kaiserin

24 Vgl. Volkov, M. Ja.: Otmena vnutrennych tamožen v Rossii. In: Istorija SSSR (1957) 2 – /78ff.; ders., Tamožennaja reforma 1753–1757 gg. In: Istoričeskie zapiski 71 (1962) 134 ff.

25 Lodyzenskij, K.: Istorija russkogo tamožennogo tarifa, Petersburg 1886, 76.

26 Rassuždenie o zdešnem tamožennom porjadke, in: Archiv LOII, F. 36, Op. I, Nr. 546, Bl. 36.

von Rußland können wohl anfangs unserem Debit Schaden tun, bis die Kaufleute Mittel gefunden haben, ihren Contrehandel zu sichern; dann wird alles wieder seinen Lauf nehmen und uns nicht mehr schaden."[27]

Die staatlichen Stellen Rußlands gingen gegen den Schmuggel nie energisch vor. 1743 wurde durch Ukas angewiesen, daß von Ausländern, die beim Versuch des Schmuggels ertappt wurden, nur der doppelte Zoll zu erheben sei, Waren sollten nicht beschlagnahmt werden. Die Behörden begründeten das damit, daß der Handel der Ausländer nicht beeinträchtigt werden dürfe.[28] In der Praxis wurde, wie die Zollakten erkennen lassen, in dieser Weise auch gegenüber russischen Untertanen verfahren.

Die in Handbüchern für In- und Export angeführten Gesamtzahlen[29] sind also mit großer Vorsicht zu benutzen. Außerdem wird in der Literatur oft nicht exakt zitiert, so daß auch die überlieferten Zahlen immer wieder überprüft werden müssen. Auch dafür ein Beispiel: H.Storch gibt in seinem Historisch-statistischen Gemälde des Russischen Reiches Angaben über die „Ein- und Ausfuhr Rußlands für die Jahre 1742–1797". Aber diese Zahlen betreffen offensichtlich nur den Seehandel über die Ostsee – jedenfalls stimmen Storchs Zahlenangaben für das Jahr 1770[30] mit den im Voroncov-Nachlaß für den Handelsumsatz der baltischen Häfen in diesem Jahr erhaltenen Aufstellungen voll überein. Und selbst wenn die ermittelten Zahlen den tatsächlichen Warenverkehr wiedergeben, der den Zoll passiert hat, ist – wie bereits dargelegt – mit einer hohen Unsicherheitsrate zu rechnen. Derartige Statistiken können nicht mehr als den allgemeinen Trend widerspiegeln.

27 Rachel 512.

28 Druck des Gesetzes vom 23.3.1743: CGIA, F. 138. Op. 6. Nr. 18 (o. Pag.). Das Gesetz fehlt in Polnoe sobranie zakonov Rossijskoj Imperii (PSZ), Serie I. Petersburg 1831.

29 Vgl. die Tafeln bei Pokrovskij, S. A.: Vnešnjaja torgovlja i vnešnjaja politika Rossii. Moskau 1947.

30 Storch, H.: Historisch-statistisches Gemälde des Russischen Reichs, Supp. z. V., VI, VII. Leipzig 1803, Tab. 1 – /1 f. Zahlen identisch mit Archiv LOII, F. 115, Nr. 429 a, Blatt 27ff. Diese Zahlen hat Rubinštejn, N. L.: Vnešnjaja torgovlja Rossii i russkoe kupečestvo vo vtoroj polovine XVIII v. In: Istoričeskie zapiski 54 (1955) 344f. von Storch übernommen.

Bereitet schon das Aufstellen einer bilateralen Bilanz außerordentliche Schwierigkeiten, so potenzieren sich diese Probleme bei dem Versuch, die Wirtschaftsbeziehungen in ihrer Komplexität – über die bilateralen Beziehungen hinaus – zu analysieren. Die Handelsbeziehungen müssen in den Gesamtkomplex der bilateralen und multilateralen Gesamtbeziehungen für jeden der beiden Partner eingeordnet werden. Und das erfordert, beispielsweise für die Hansestädte einerseits den Anteil des Rußlandhandels an ihrem Gesamthandel ebenso zu definieren, wie den Anteil der hansischer Städte am Westhandel Rußlands. Erst eine solche Einbindung der Einzelangaben in das allgemeine Beziehungsgeflecht bietet Möglichkeiten einer wertenden Einschätzung. Hier können zu dieser Problematik nur Denkanstöße gegeben werden, die für die weitere Erforschung der Wirtschafts- und Handelsbeziehungen Anregungen vermitteln sollen.

Einige Bemerkungen zu den deutsch-russischen Handelsbeziehungen sollen das Gesagte illustrieren und erweitern. Im 18. Jahrhundert konzentrierte sich der Rußlandhandel der deutschen Staaten im wesentlichen auf drei Hauptwege.

Als erstes ist der weitaus am besten erforschte Seehandel zu nennen. Neben der Archangelsk-Route, die im 18. Jahrhundert rasch an Bedeutung verlor, waren das die alten hansischen Schiffahrtswege über die Ostsee, die nach dem Nordischen Krieg an Bedeutung gewannen. In verschiedenen speziellen Monographien ist diese Verbindung auch für das 17. bis 19. Jahrhundert untersucht worden.[31] Der Nordische Krieg 1700–1721 brachte zunächst eine Unterbrechung der Handelsbeziehungen der Hansestädte zu Rußland, da die Seewege weitgehend von schwedischen Schiffen kontrolliert wurden. Aber schon in der Endphase des Krieges begann ein neuer Aufschwung des Handelsverkehrs, wobei aber die deutschen Ostseehäfen, vor allem Lübeck und

31 Vgl. die leider ungedruckt gebliebene Dissertation von Menke,Chr. F.: Die wirtschaftlichen und politischen Beziehungen der Hansestädte zu Rußland im 18. und frühen 19. Jahrhundert, Phil. Diss. Göttingen 1959; Harder,E.: Seehandel zwischen Lübeck und Rußland im 18. Jh. In: Zeitschrift des Vereins für Lübecksche Geschichte und Altertumskunde, 41 (1961) 76ff.; Vgl. weiterhin: Nekrasov, G. A.: Vnešnjaja torgovlja Rossii čerez Revel'skij port v 1721–1756 gg. Leningrad 1984; Hoffmann, P.: Eine Fallstudie zum baltischen Ostseehandel In: Jb. f. Wirtschaftsgeschichte (1986) 2 – /194 ff.

Rostock, nur bedingt profitieren konnten. Sie mußten sich auf den Cabotagehandel beschränken, das lukrative Geschäft machten in Petersburg die Holländer und in der zweiten Hälfte des Jahrhunderts vor allem die Engländer. Das zeigen schon die leider nur bruchstückhaft erhaltenen Petersburger Hafenzollregister: Die Holländer und Engländer kamen mit großen Schiffen mit einer Ladekapazität von teilweise weit über 200 Last – die Eintragung eines Schiffes von 19 Last bedeutete fast ausnahmslos die Angabe von Rostock als Heimathafen. Die Relationen mag ein zufällig überliefertes Beispiel illustrieren. Für das Jahr 1726 haben sich in den Akten des Petersburger Hafenzolls Angaben über 189 Schiffe erhalten, die in diesem Jahr den Petersburger Hafen anliefen. Je 59 Schiffe kamen aus den Niederlanden und aus England, je 10 aus Dänemark und aus Lübeck, vier bis sechs Schiffe aus Danzig, Rostock, Hamburg und Stralsund.[32] Aber auch Größe und Zahl der Schiffe geben noch immer keinen richtigen Einblick in den realen Handelsumfang. So transportierten die großen englischen und niederländischen Schiffe überwiegend billige Massengüter, die kleineren Schiffe der Ostseeanrainer dagegen oft wertvolle Luxusartikel.

Die Bedeutung dieses Handels in den Gesamtbeziehungen der Hansestädte einerseits, Rußlands andererseits ist für die uns interessierende Zeit noch ungenügend erforscht. Zu den bisher nicht erörterten Fragen gehört beispielsweise auch die Übernahme von hansischen Handelspraktiken im russischen Seehandel sowohl in Archangelsk als auch – seit Beginn des 18. Jahrhunderts – in der neugegründeten Hafenstadt St. Petersburg.[33]

Vom Seehandel abzusetzen ist der Handel auf dem Landwege. Seit der Mitte des 18. Jahrhundert gewann der Handelsweg von Moskau aus durch Polen besonders nach Leipzig an Bedeutung, Die dortigen Messen entwickelten sich seit der Mitte des 18. Jahrhundert zu einem wichtigen Mittelpunkt deutsch-russischer Handelsbeziehungen. Außer den beeindruckenden von J. Reinhold aus sächsischen Archiven veröffentlichten Materialien über die Handelstätigkeit russischer Kauf-

32 CGIA, F. 138, op. 6, Nr. 3, Bl. 625.

33 Vgl. solche für die Hanse und die russischen Hafenstädte bisher nicht komparativ untersuchte Probleme wie Hafenordnung und Hafengebühren, Braaksystem usw.

leute in Leipzig[34] finden sich auch in sowjetischen Archiven Angaben, die die Bedeutung dieses Handels aus russischer Sicht bestätigen. In einer anonym überlieferten Schrift an den Präsidenten des Kommerzkollegiums A.R. Voroncov legte R.M. Cebrikov[35] seine Erfahrungen aus der Zeit dar, da er sich als Student an der Leipziger Universität als Dolmetscher für russische Kaufleute die für das Studium notwendigen Mittel verdient hatte. Von russischen Kaufleuten wird in Leipzig „unterschiedliches Pelzwerk, Wachs, Tee, Juchtenleder und Fischleim (nur diese Waren habe ich dort gesehen)“ verkauft. Gekauft wurden vor allem Kattun, Leinen und Baumwollgewebe, aber auch Luxusartikel und auf Bestellung komplette Porzellanservice. Beachtenswert ist auch die Angabe: „Nicht selten werden auch rote schwedische und schwarze amerikanische Füchse sowie Marder und Biber gekauft, was alles an die chinesische Grenze geschafft und dort mit nicht geringem Gewinn vertauscht wird.“ Ein großer Teil der Einkäufe werde durch vom internationalen Rubelkurs abhängige Wechsel nach Holland bezahlt.[36]

Von offiziellen russischen Stellen wurde der Leipziger Messehandel durchaus kritisch gesehen. So schrieb A.R. Voroncov am 19. Juni 1781 auf Anfrage an A.A. Bezborodko, Sekretär der Zarin Katharina II., daß der Zwischenhandel über mehrere Stationen die von Leipzig nach Rußland gelangenden Waren verteuere, sie seien in Rußland nur deshalb gewinnbringend abzusetzen, weil sie auf dem Landweg nicht ordnungsgemäß verzollt würden.[37]

Ein dritter Weg, der im 18. Jahrhundert erst erschlossen wurde, führte von der Ukraine über das Schwarze Meer entlang der Donau bis nach Süddeutschland. Er war vorerst noch von geringerer Bedeutung, da einerseits die mangelnde Finanzkraft der österreichischen und rus-

34 Vgl. Reinhold, J., Hillert, S., Hoffmann, P.: Das russische Konsulat in Leipzig im 18. Jh. In: Jb. f. Geschichte d. soz. Länder Europas 28 – /99ff.

35 Über Cebrikov und seine Autorschaft vgl. Hillert, S.: Historische Aspekte des Landesbildes UdSSR und ihre Bedeutung für Russischlehrer am Beispiel der Leipziger Rußlandbeziehungen in der zweiten Hälfte des 18. Jahrhunderts. Phil. Diss. Leipzig 1986, 88 (Ms). Kurze biographische Angaben zu Cebrikov: Vokrug Očakova (Dnevnik očevidca). In: Russkaja starina 1895, LXXXIV, September, 147 Anm.

36 Archiv LOII, F. 36, Op. 1, Nr. 546, Bl. 440ff.; vgl. Hillert, Hoffmann 105.

37 Archiv LOII, F. 36, Op. 1, Nr. 545, Bl. 227ff. (Konzept).

sischen Kaufleute, andererseits die Schwierigkeiten der Schiffahrt auf der Donau eine raschere Entwicklung verhinderten. Noch war es üblich, die Waren, die auch an der Donaumündung verkauft werden konnten, mit leichten Schiffen zu transportieren, da die „Bergfahrt" besonders im Bereich des Eisernen Tores nur bei hohem Wasserstand möglich war.[38]

Besondere Bedeutung besaß der erste gesamtrussische Zolltarif von 1724. Er beseitigte die alte Praxis der Zahlung „von der größeren Seite" im Außenhandel, wonach der bei der Einfuhr berechnete Zoll die zollfreie Ausfuhr von Waren im gleichen Wert einschloß. Nur wenn der Wert der ausgeführten Waren höher war, mußte Zoll nachgezahlt werden. Diese Praxis war möglich, weil in den Hafenstädten, besonders in Archangelsk, dann auch in Petersburg, die eingeführten Waren unter der Aufsicht des Zolls im Packhaus gestapelt werden mußten. Erst vor der Ausfahrt des Schiffes wurde dann ein „Gesamtzoll" erhoben, eine Praxis, die in der Blütezeit der Hanse in ihren Handelszentren allgemein üblich gewesen war, die sich aber – international – zu Beginn des 18. Jahrhunderts bereits überlebt hatte und die Zeitgenossen als exotisch empfanden. Marperger schreibt ausdrücklich, in russischen Häfen werde der Zoll „auf eine sonderbare Weise" erhoben.[39]

Für die Entwicklung der Handelsbeziehungen allgemein gilt es die Veränderungen in der russischen Zollgesetzgebung, in der Zollpraxis und in den Zolltarifen im 18. Jahrhundert zu beachten.[40]

Für die Weiterführung wirtschaftsgeschichichtlicher Beziehungsforschungen und deren Einordnung in den Gesamtkomplex der Beziehungsgeschichte müssen für das 18. Jahrhundert nicht nur neue Materialien erschlossen werden, vordringlich bedarf es der Durchsicht des zugänglichen Materials unter neuen Fragestellungen.

38 Halm: Habsburgischer Osthandel, 49, 125; vgl. zur Gesamtproblematik auch: ders.: Österreich und Neurußland. Donauschiffahrt und -handel nach Südosten 1718–1780. Breslau 1943.

39 Marperger, P. J.: Mosowitischer Kaufmann ... Lübeck 1705, 118 (Reprint: Leipzig 1976)

40 Die Zolltarife sind veröffentlicht: PSZ, kniga tarifov.

Dafür bietet der eingangs genannte Beitrag von Walter Kirchner trotz der auf die Gesamtbilanz eingeschränkten Sicht wesentliche Anregungen. Kirchner verweist auf viele Vorgänge und Faktoren, die diese Beziehungen in unterschiedlichem Maße beeinflußt haben, aber in der wissenschaftlichen Forschung bisher nicht oder nur ungenügend beachtet worden sind. Auch in meiner Monographie über Rußland im Zeitalter des Absolutismus[41] hatte ich mich bemüht, beziehungsgeschichtliche Vorgänge umfassender als allgemein üblich zu berücksichtigen und auch die Wirtschaftsbeziehungen unter diesem Aspekt einzubeziehen.

Die bei Kirchner angeführten Probleme der russischen Zahlungsbilanz sind in ihrer Bedeutung für die Wirtschaftsbeziehungen von sehr unterschiedlicher Wertigkeit. Er nennt drei große Komplexe:

An erster Stelle stehen die direkten Geldbeziehungen – dazu rechnet er Handel, auch Tauschhandel, der ja zur Bilanzierung auf Geldwert umgerechnet werden muß, dann das Währungssystem als solches, Verrechnungskurse, weiterhin das gesamte internationale Bank- und Kreditwesen einschließlich des Wechselgeschäftes, das sich nicht auf zweiseitige Beziehungen reduzieren ließ.

Als zweiten Komplex faßt Kirchner die sich aus der Politik ergebenden Transaktionen zusammen, also Ausgaben für Diplomatie und Krieg im weitesten Sinne. Die Gesandtschaften im fremden Land mußten finanziert werden, und dazu gehörten im 18. Jahrhundert durchaus neben den meist hohen Gehältern auch Geschenke, Bestechungsgelder usw. Dann hatten auch die Fürstenheiraten ihren Preis; große Werte wanderten dabei als Schmuck oder in bar in das andere Land, auch wenn, wie Kirchner sicherlich zu recht feststellt, nicht immer die in den Verträgen genannten Werte voll bezahlt worden sind. Für Kriegszeiten müssen Stationierungskosten, Kontributionen, Subsidien usw. in eine solche Bilanz einbezogen werden.

Drittens nennt Kirchner die sich aus den gesellschaftlichen Verhältnissen sowie Dienstleistungen ergebenden Zahlungen. An erster Stelle verweist er hinsichtlich Rußlands auf die Kosten für die Anwerbung ausländischer Fachkräfte, Wissenschaftler, Offiziere, Bauern usw.

41 Vgl. Hoffmann: Rußland im Zeitalter des Absolutismus; vgl. Sachregister Außenhandel, 297.

(einschließlich der Kosten für die Werber, Reisekosten usw.). Dazu gehörten die Kosten für Wissenschaft, Kunst und Kirche, soweit sie über die Landesgrenzen hinausgriffen. Welche gewaltigen Summen sind im 18. Jahrhundert für den Ankauf von Kunstsammlungen und Bibliotheken von Rußland in andere Länder geflossen! Andrerseits ist die wertvolle Rußlandsammlung des Barons v. Asch nach Deutschland gelangt.[42] Was hat die Ausbildung von Russen im Ausland, vor allem in Deutschland, gekostet?[43] Einzubeziehen sind die erheblichen Geldmittel, mit denen die evangelischen Kirchen in Rußland – in geringerem Maße auch die katholische – vom Ausland her unterstützt worden sind. Und dann gibt es viele kleinere Posten, die aber in ihrer Gesamtheit ebenfalls zu Buche schlagen. Jede Preisfrage der Petersburger Akademie oder der Petersburger Freien Ökonomischen Gesellschaft bedeutete – da die Preisträger fast ausschließlich Ausländer waren, den Transfer von Werten (meist in Form von Goldmedaillen) ins Ausland.

Ein weiteres Problem ist der Transfer von Mitteln und Sachwerten bei der Rückkehr zeitweilig in Rußland dienender Wissenschaftler, Offiziere, Beamten usw. oder dort arbeitender Kaufleute, Handwerker und Künstler. Hierher gehört auch die Ausfuhr von Erbgut. All das ging in der Regel zu Lasten Rußlands, da Russen nur in geringer Zahl und meist nur für begrenzte Zeit im Ausland wirkten.

Das von Kirchner entworfene Panorama zeigt aber auch, wie viele Fragen noch von der Forschung zu beantworten sind.

Die aufgeworfenen wirtschaftshistorischen Fragen zu analysieren und in den weiteren Forschungen entsprechend ihrer jeweiligen Bedeutung zu berücksichtigen, halte ich für eine beachtenswerte Aufgabe bei der Erstellung einer „Geschichte der deutsch-russischen Beziehungen".

42 Vgl. Buchholz, A.: Die Göttinger Rußlandsammlungen Georgs von Asch. Ein Museum der russischen Wissenschaftsgeschichte des 18. Jh. (= Osteuropastudien der Hochschulen des Landes Hessen 1/17), Gießen 1961.

43 Beispielsweise erhielt jeder der von Katharina II. 1767 nach Leipzig geschickten 12 Studenten, unter denen Radiščev war, anfangs jährlich 800 Rubel (Vgl. Sbornik russkogo istoričeskogo obščestva, 10. Petersburg 1872, 110).

Conrad Grau

Institutionen und Personen in Berlin und Petersburg in den deutsch-russischen Wissenschaftsbeziehungen[1]

Im Jahre 1860 erschien in Petersburg ein Buch mit Briefen von Christian Wolff (1679–1754), das im Untertitel als ein Beitrag zur Geschichte der Akademie der Wissenschaften in Petersburg ausgewiesen ist.[2] Der Herausgeber und Bearbeiter war der aus Deutschland stammende Historiker Ernst Eduard Kunik (1814–1899). Seit 1844 war er Akademiemitglied in Petersburg,[3] von 1859 bis zu seinem Tode leitete er die Slawische Abteilung der Petersburger Akademiebibliothek.[4] Die Publikation von 1860 war eine Festgabe anläßlich des 50jährigen Bestehens der Berliner Friedrich-Wilhelm-Universität, an der der Editor einst studiert hatte. Kunik ist es auch gewesen, der 1873 die Edition des bekannten Werkes von Vladimir Guerrier (1837–1919) über Gottfried Wilhelm Leibniz (1646–1716) und Rußland durch die Petersbur-

1 Der durch Belege ergänzte Beitrag basiert auf zwei thematisch verwandten und überarbeiteten Vorträgen, die der Autor am 15. Februar 1991 und am 23. April 1991 auf Veranstaltungen der Historischen Kommission/Forschungszentrum für Geschichte bzw. des Instituts für allgemeine Geschichte in Berlin gehalten hat.

2 Briefe von Christian Wolff aus den Jahren 1719–1753. Ein Beitrag zur Geschichte der Kaiserlichen Akademie der Wissenschaften zu St. Petersburg. Petersburg 1860.

3 Zu allen in der Folge genannten Mitgliedschaften in der Petersburger und in der Berliner Akademie vgl. Akademija nauk SSSR. Personal'nyj sostav, 1, 2. Moskau 1974; Hartkopf, W: Die Akademie der Wissenschaften der DDR. Ein Beitrag zu ihrer Geschichte. Biographischer Index. Berlin 1983.

4 Vgl. Istorija biblioteki Akademii nauk SSSR 1714–1964. Moskau/Leningrad 1964.

ger Akademie nachhaltig förderte.[5] Nachdem Kunik gestorben war, gab es nur noch ein aus Deutschland stammendes Ordentliches Akademiemitglied in Petersburg, den in Berlin geborenen Turkologen Wilhelm Radloff (1837–1918), dem 1884 diese Ehre in Rußland zuteil geworden war. Radloff wurde 1895 auch als Korrespondierendes Mitglied in die Preußische Akademie der Wissenschaften in Berlin und 1908 in den preußischen Orden Pour le Mérite für Wissenschaft und Künste aufgenommen.[6] Er schloß die 1725 beginnende Reihe von Ordentlichen Mitgliedern der Petersburger Akademie aus Deutschland ab. Mit den Namen Wolff, der seit 1711 der Berliner und seit 1725 der Petersburger Akademie als Mitglied angehörte, und Radloff ist zugleich der zeitliche Rahmen für diese Ausführungen abgesteckt, in denen allerdings nur einige ausgewählte Probleme behandelt werden können.

Über die Mitgliedschaft der Petersburger Akademie wurden 1913 von dem Ökonomen Ivan I. Janzul (1846–1914) statistische Berechnungen angestellt, die bisher wenig beachtet wurden.[7] Unter den 107 Ordentlichen Mitgliedern der Petersburger Akademie im 18. Jh. (ab 1725) zählte er 73 Ausländer, also 68,2 Prozent; von diesen waren 48 oder 65 Prozent Deutsche. Im 19. Jh. (bis 1908) veränderte sich das Verhältnis. Die Zahl der Akademiemitglieder betrug 189, von denen nur noch 50 oder 26,4 Prozent Ausländer waren. Doch dominierten auch unter diesen 50 mit 32 Mitgliedern oder 64 Prozent die Deutschen. Für den Gesamtzeitraum von 1725 bis 1908 betrug der Ausländeranteil mit 123 von 296 gleich 41,5 Prozent. Der der Deutschen belief sich entweder auf zwei Drittel (80 von 123), wenn man die Zahl der Ausländer zugrundelegt, oder auf etwa ein Viertel (80 von 296), wenn man die Gesamtzahl der Ordentlichen Akademiemitglieder als Bezugsgröße wählt.

5 Leibniz in seinen Beziehungen zu Rußland und Peter dem Großen. Petersburg/Leipzig 1873; vgl. Russko-germanskie naučnye svjazi meždu Akademiej nauk SSSR i Akademiej nauk GDR 1700–1974. Moskau 1975, 104.

6 Vgl. zu dieser und weiteren erwähnten Mitgliedschaften: Orden pour le mérite für Wissenschaften und Künste. Die Mitglieder des Ordens, 1, 2. Berlin 1975, 1978.

7 Janzul, I. I.: Nacional'nost' i prodolžitelnost' žizni (dolgoletie) našich akademikov. In: Izvestija Imp. Akademii nauk, (1913) 279–298.

Für die Korrespondierenden Mitglieder, unter denen der Anteil von Ausländern in allen Akademien in der Regel höher war, ergeben sich für denselben Zeitraum folgende Zahlen: 340 russische und 661 ausländische, insgesamt also 1001 Mitglieder wurden gewählt. Unter den 661 Ausländern dominierten wiederum die Deutschen mit 265 oder 40 Prozent, während die Franzosen als nächststärkste Gruppe mit 113 Gewählten immerhin noch 17,4 Prozent erreichten. Auf weitere Details muß hier verzichtet werden.

Für die chronologische Begrenzung dieser Ausführungen auf den Zeitraum vom Beginn des 18. bis zum Beginn des 19. Jh. bieten sich weitere Faktoren an. Am Anfang stehen die Akademiegründungen in Berlin 1700 und in Petersburg 1724/25.[8] Ihre Zeit als königliche und kaiserliche Institutionen endeten mit dem ersten Weltkrieg. Petersburg, 1703 gegründet, wurde 1712 russische Hauptstadt. Nach ihrem Namen – 1914 in Petrograd umbenannt – verlor diese Gründung Peters des Großen 1918 auch ihren Charakter als politisches Zentrum Rußlands. Berlin, 1709 durch den Zusammenschluß von fünf Städten entstanden, wurde als preußische Hauptstadt auch zu der des Deutschen Kaiserreiches, das 1918 sein Ende fand. Ich sehe also eine Reihe von Gründen dafür, den Blick auf die umschriebenen beiden Jahrhunderte zu konzentrieren. Durch die Gründung der beiden hauptstädtischen Universitäten am Beginn des 19. Jh. – 1809/10 in Berlin und 1804/19 in Petersburg[9] – wird dieser Zeitraum in ziemlich gleich lange Abschnitte unterteilt.

Allerdings wäre es verfehlt, wenn mit der Themenwahl der Eindruck erweckt würde, als hätte es nur von Berlin und Petersburg aus deutsch-russischen wissenschaftlichen Austausch gegeben, auch wenn Intensität und Kontinuität in diesen beiden Städten stark ausgeprägt waren.

8 Vgl. Harnack, A.: Geschichte der Königlich Preußischen Akademie der Wissenschaften zu Berlin, 1–3. Berlin 1900; Hartkopf, W.: Die Akademie der Wissenschaften der DDR. Ein Beitrag zu ihrer Geschichte. Berlin 1975; Komkov, G. D.; Levšin, B. V; Semenov, L. K.: Geschichte der Akademie der Wissenschaften der UdSSR. Hg. u. bearb. v. C. Grau. Berlin 1981.

9 Lenz, M.: Geschichte der Königlichen Friedrich-Wilhelm-Universität zu Berlin, 1–4. Halle/Saale 1910–1918; Humboldt-Universität. Überblick 1810–1985. Berlin 1985; Istorija Leningradskogo universiteta 1819–1969. Leningrad 1969.

Deshalb bedarf es wenigstens des Hinweises, daß sich vergleichbare bilaterale Verbindungslinien wissenschaftlicher Kommunikation von Berlin aus auch in zahlreiche andere Städte und Hauptstädte in Europa nachzeichnen ließen, wie es umgekehrt auch von Petersburg aus war. Die Entscheidung für Berlin und Petersburg ist in diesem Falle vor allem einer simplen Tatsache geschuldet: Mein wissenschaftliches Interesse gilt seit vielen Jahren gerade diesem Gegenstand.

Beziehungsgeschichtliche Untersuchungen sind legitime Arbeitsfelder der Geschichtswissenschaft. Die langjährige Beschäftigung mit dieser Problematik und die vielfältigen Ergebnisse, die Wissenschaftler vieler Länder auf diesem Gebiet erzielt haben, bestätigen vor allem zwei Faktoren: Bilaterale Beziehungsgeschichte als Hauptform derartiger Forschungsarbeiten muß gleichwohl stets als Bestandteil eines umfassenderen internationalen Beziehungsgeflechts erforscht und begriffen werden. Erst dann und wenn dabei zugleich das Wechselverhältnis von Politik, Wirtschaft und Kultur angemessen berücksichtigt wird, scheint es möglich zu sein, einen Beitrag zur Weltgeschichte zu leisten, indem diese nicht nur als ein Nebeneinander von Landes- und Staatengeschichte dargestellt wird, sondern als Entwicklungsprozeß der Menschheit. Von diesen Gesichtspunkten sollten sich auch alle Überlegungen leiten lassen, die über die deutsch-russischen Wissenschaftsbeziehungen oder in diesem Falle über die zwischen den beiden Städten Berlin und Petersburg angestellt werden.

Als Voraussetzungen für historische Forschungsarbeit gelten auch für diesen speziellen Gegenstand die Beherrschung des Handwerks, die Verfügbarkeit der Quellen und die Fähigkeit zur darstellerischen Bewältigung eines gewählten Themas. Welche Fragen jemand an die Geschichte stellt und wie er sie beantwortet – das freilich hängt nicht immer allein von individueller Entscheidung oder Befähigung ab. Erlebte deutsche Geschichtswissenschaft der letzten Jahrzehnte liefert dafür Beispiele genug. Die von Eduard Winter (1896–1982) und seinen Schülern, zu denen ich mich zähle, in der DDR vorgelegten Quelleneditionen, Studienbände und Monographien zur Geschichte der deutsch-russischen Wissenschaftsbeziehungen[10] haben ebenso wie

10 Die umfassendsten inhaltlichen und bibliographischen Informationen bieten: Ost und West in der Geschichte des Denkens und der kulturellen Beziehungen. Berlin 1966; Wegbereiter der deutsch-slawischen Wechsel-

andernorts von vielen Wissenschaftlern durchgeführte Untersuchungen zweifellos den Kenntnisstand auf diesem Gebiet außerordentlich erweitert. Insbesondere die reichhaltigen Bestände des Akademiearchivs in Leningrad konnten in verhältnismäßig breitem Maße erschlossen werden, wenngleich dort noch beträchtliche Schätze zu heben sind. So befinden sich in diesem Archiv beispielsweise die Nachlässe der genannten Kunik und Radloff mit jeweils rund 2500 und 500 Faszikeln.[11] Natürlich resultierte die beiderseitige Bereitschaft zur Kooperation auf wissenschaftshistorischem Gebiet in der DDR und in der UdSSR auch aus dem Interesse an historischer Legitimierung aktueller damaliger ostdeutsch-sowjetischer Beziehungen. Dieser Tatsache sollte man sich bewußt sein, wenn man Ergebnisse vorzustellen versucht, die die Erforschung der deutsch-russischen Wissenschaftsbeziehungen bisher erbracht hat, und wenn man weitere Forschungskomplexe ins Blickfeld zu rücken sich bemüht. Ich bin allerdings ziemlich sicher, daß der wissenschaftliche Ertrag bisheriger Arbeiten größer ist als die Nachteile einer politisch motivierten Instrumentalisierung dieser Ergebnisse, wie sie – auch von mir – versucht wurde.

In Berlin und in Petersburg standen im 18. Jh. die Akademien zweifellos im Zentrum des Wissenschaftsbetriebes. Ihre Arbeiten, ihre interdisziplinäre Ausrichtung und ihre Berufungspolitik hinsichtlich der tätigen, also der Ordentlichen, Mitglieder rückten sie wie die auch in anderen Ländern gegründeten Akademien in den Mittelpunkt geistiger Auseinandersetzungen. Da sie staatliche Einrichtungen waren, reflektierten sich in ihrem Wirken natürlicherweise wissenschaftspolitische Interessen des Staates. Das bedeutet in der Praxis, daß der Stellenwert beider Akademien auch durch das Wissenschaftsverständnis der

seitigkeit. Berlin 1983; Vgl. auch Grau, C.: Eduard Winter 1896 bis 1982. In: Wegbereiter der DDR-Geschichtswissenschaft. Biographien. Berlin 1989, 358–375; Mühlpfordt, G.: Eduard Winter (1896–1982). In: Slavjanovedenie i balkanistika v stranach zarubežnoj Evropy i SŠA. Moskau 1989, 113–119.

11 Ličnye archivnye fondy v gosudarstvennych chraniliščach SSSR, 1. Moskau 1962, 375 (Kunik) 2. Moskau 1963, 105 (Radloff); Archiv Akademii nauk SSSR. Obozrenie archivnych materialov. IV, Moskau/Leningrad 1959, 256ff. (Radloff).

Herrscher oder ihrer einflußreichen und maßgebenden Ratgeber bestimmt wurde.

Die Berliner Akademie durchlebte nach ihrer Gründung durch den Kurfürsten Friedrich III. von Brandenburg, der 1701 als Friedrich I. König in Preußen wurde, nach den Plänen von Leibniz im Jahre 1700 eine schwierige Anfangsphase; sie wurde erst 1710 offiziell eröffnet. Leibniz wirkte daran nur noch partiell mit. Unter dem Soldatenkönig Friedrich Wilhelm I., dessen gezielt auf die Praxis orientiertes Wissenschaftskonzept zuweilen ungerechterweise als wissenschaftsfeindlich bezeichnet wird, war es vor allem dem Mitbegründer Daniel Ernst Jablonski (1660–1741) und einem kleinen Kreis von Mitgliedern zu verdanken, wenn die Akademie überlebte. Dadurch war die Kontinuität gewahrt, als Friedrich der Große unmittelbar nach seinem Regierungsantritt 1740 die Reorganisation der Akademie einleitete. Diese konnte 1746 mit der Bestellung von Louis Moreau de Maupertuis (1698–1759) zum Präsidenten abgeschlossen werden. Korrespondierend mit seiner Rezeption der Grundgedanken der französischen Aufklärung gestaltete der König die Akademie entsprechend dem französischen Vorbild der Académie des Sciences und der anderen in Paris bestehenden Akademien. In den folgenden drei Jahrzehnten, zunächst bis 1759 unter der Präsidentschaft von Maupertuis, dann ab 1763 unter der direkten Leitung des Königs, gewann die Akademie eine herausragende Stellung im Gefüge der europäischen Akademien. Neben den Arbeiten ihrer bedeutenden Mitglieder verdankte sie das vor allem den von ihr gestellten Preisaufgaben, die in vielen Fällen aktuelle Probleme der Wissenschaftsentwicklung aufgriffen.[12]

Für die Akademie in Petersburg wirkte sich zunächst erschwerend aus, daß ihr spiritus rector, Peter der Große, unmittelbar nach dem Gründungsbeschluß bereits Anfang 1725 starb. Die Anfänge der Akademie sind überschattet durch die ungeregelte Thronfolge, den mehrmaligen Herrscherwechsel in nur 15 Jahren und die Auseinandersetzungen innerhalb der regierenden Schicht um das Erbe der petrinischen Reformen. Da es jedoch gelungen war, vor allem durch die

12 Vgl. Müller, H.-H.: Akademie und Wirtschaft im 18. Jh. Agrar-ökonomische Preisaufgaben und Preisschriften der Preußischen Akademie der Wissenschaften (Versuch, Tendenzen und Überblick). Berlin 1975.

Mitwirkung Christian Wolffs und des Leipziger Professors Johann Burkhard Mencke (1674–1732)[13], eine Gruppe von überwiegend leistungsfähigen Wissenschaftlern nach Petersburg zu berufen, konnte die junge Akademie verhältnismäßig schnell Ansehen erringen, zumal die Arbeitsmöglichkeiten für die Wissenschaftler recht günstig waren. Anläßlich der Übersiedlung von Leonhard Euler (1707–1783) nach Petersburg 1727 sprach Wolff beispielsweise von dem dortigen „Paradies der Gelehrten".[14] Die Beteiligung der Akademie an der zweiten Kamčatka-Expedition von 1733 bis 1743, die zugleich der geographisch-naturwissenschaftlichen Erschließung Sibiriens diente, unterstrich deren Existenzberechtigung, wie überhaupt der Anteil der Akademie an der Landeserkundung recht beachtlich war.[15]

Die Geschichte der Akademien in Preußen und Rußland kann hier natürlich nicht angemessen und ausgewogen dargestellt werden, obwohl gerade sie maßgeblich Träger der Wissenschaftsbeziehungen zwischen den beiden Städten, in denen sie wirkten, waren. Doch muß auf ein Faktum hingewiesen werden, das für diese Beziehungsgeschichte im 18. Jh. von gravierender Bedeutung war. Das Mitgliederpotential der Berliner Akademie konnte bei der Gründung bis auf ganz wenige Ausnahmen aus dem Gelehrtenstand der Stadt rekrutiert werden. Dabei bleibt allerdings unberücksichtigt, daß dessen Niveau insgesamt beträchtlich niedriger war als etwa in London oder Paris, wo 1662 und 1666 die damals bedeutendsten Akademien der Wissenschaften gegründet wurden.[16] Was in Berlin aber immerhin möglich war, war für Petersburg ausgeschlossen. Hier stellten für einen längeren Zeitraum ausländische, überwiegend deutsche oder deutschspra-

13 Grau, C.: Johann Burkhard Menckes Rußlandkontakte. In: Studien zur Geschichte der russischen Literatur des 18. Jh., IV. Berlin 1970, 245–261.

14 Chr. Wolff an L. Euler, Marburg, 20. April 1727. In: Die Berliner und die Petersburger Akademie der Wissenschaften im Briefwechsel Leonhard Eulers, 3. Berlin 1976, 376.

15 Vgl. z. B. Grekov, V. I.: Očerki iz istorii russkoj geografičeskich issledovanij v 1725–1765 gg. Moskau 1960, bes. den Abschnitt Putešestvie Akademičeskogo otrjada im Kap. über die 2. Kamčatka-Expedition 130–160.

16 Zur Akademiebewegung vgl. Grau, C: Berühmte Wissenschaftsakademien. Von ihrem Entstehen und ihrem weltweiten Erfolg. Leipzig, Thun, Frankfurt/Naub 1988.

chige, Wissenschaftler ganz oder teilweise die Mitglieder und die Mitarbeiter der Akademie. Das erste namhafte russische Mitglied war ab 1742 Michail Lomonosov (1711–1765), der seine abschließende Ausbildung in Deutschland genossen hatte und dessen Wirken insgesamt auch Bestandteil deutsch-russischer Wissenschaftsbeziehungen ist. Am Rande sei vermerkt, daß die erfolglosen Bemühungen um einen ausländischen Wissenschaftler für die erwähnte Kamčatka-Expedition 1736 den Anstoß für die Entsendung Lomonosovs zum Studium nach Deutschland gaben, wo er in Freiberg bei dem Bergrat Johann Friedrich Henckel (1679–1744)[17] und in Marburg bei Christian Wolff ausgebildet wurde. 1749 beteiligte sich Lomonosov erfolglos an der Lösung einer Preisaufgabe der Berliner Akademie.[18]

Trotz bedeutsamer Einzelforschungen, etwa für Frankfurt/Oder, Göttingen, Halle, Leipzig und Straßburg,[19] fehlt es für das 18. Jh. an einer umfassenden Darstellung über Studenten aus Rußland an deutschen Universitäten und höheren Bildungsstätten. Dieser wichtige Bereich der Beziehungsgeschichte, in den auch das voruniversitäre Berlin einbezogen war,[20] sollte ebenso wie der Anteil russischer Diplomaten an den deutsch-russischen Wissenschaftskontakten künftig syste-

17 Herrmann, W.: Bergrat Henckel. Ein Wegbereiter der Bergakademie. Berlin 1962.

18 Die Berliner und die Petersburger Akademie der Wissenschaften, 2. Berlin 1961, 117, 160f.

19 Vgl. z.B. Amburger, E.: Die russischen Studenten an deutschen Universitäten bis zum Ende des 18. Jh. In: Ders.: Beiträge zur Geschichte der deutsch-russischen kulturellen Beziehungen. Gießen 1961, 214–232; Feyl, O.; Die Viadrina und das östliche Europa. In: Die Oder-Universität Frankfurt. Beiträge zu ihrer Geschichte. Weimar 1983, 105–139; Mohrmann, H.: Studien über russisch-deutsche Begegnungen in der Wirtschaftswissenschaft (1750–1825). Berlin 1959 (Göttingen); August Ludwig von Schlözer und Rußland. Berlin 1961; Winter, E.: Halle als Ausgangspunkt der deutschen Rußlandkunde. Berlin 1953; Hoffmann, P.: Radiščev in Leipzig. In: Karl-Marx-Universität Leipzig 1409–1959, 1. Leipzig 1959, 193–207; Voss, J.: Universität, Geschichtswissenschaft und Diplomatie im Zeitalter der Aufklärung: Johann Daniel Schöpflin (1694–1771). München 1979 (für Straßburg).

20 Amburger, E.: Das Collegium medico-chirurgicum in Berlin als medizinische Lehrstätte für Osteuropa im 18. Jh. In: Ders.: Beiträge zur Geschichte der deutsch-russischen kulturellen Beziehungen. Gießen 1961, 233–251.

matisch untersucht werden. Was beispielsweise über das Wirken der in diesem Bereich tätigen A. G. Golovkin (1688–1760), A. D. Kantemir (1709–1744) und D. A. Golicyn (1734–1803) bisher bekannt ist,[21] verspricht weiterführende Ergebnisse bei der Berücksichtigung anderer Diplomaten. Zu erinnern ist hier etwa an den Absolventen deutscher Universitäten Hermann Karl von Keyserling (1696–1765), der mehr als dreißig Jahre als Vertreter Rußlands in Warschau, Dresden, Berlin und Wien und anderen Städten wirkte. Zuvor war er 1733/34 kurze Zeit Präsident der Petersburger Akademie der Wissenschaften und 1747 wurde er Auswärtiges Mitglied der Preußischen Akademie in Berlin.

Die Zahl deutscher oder deutschsprachiger Wissenschaftler unter den Mitgliedern der Petersburger Akademie – und teilweise auch unter den Professoren der im 18. und 19. Jh. gegründeten Universitäten Rußlands – war unverhältnismäßig hoch. Der russische Bedarf an ausgebildeten Fachleuten, der angemessen eigentlich erst seit dem 19. Jh. mit dem Ausbau eines modernen Bildungssystems befriedigt werden konnte, erklärt zwar die Tatsache der Berufungen aus dem Ausland, nicht aber die überwiegende Zahl der Berufungen von Deutschen. Generell ist festzuhalten, daß bis ins 18. Jh. das Wirken ausländischer Gelehrter an Akademien durchaus üblich war. Der Bremer Heinrich Oldenburg (ca. 1615–1677) war Sekretär der Royal Society in London. An der Académie des Sciences in Paris finden wir nicht nur die Italiener Giovanni Domenico Cassini (1625–1712) und Jacques Cassini (1677–1756), sondern auch den Niederländer Christiaan Huygens (1629–1695) und den Dänen Ole Roemer (1644–1710). Der Anteil von Franzosen – nach Preußen eingewanderter Hugenotten[22] oder direkt aus Frankreich berufener Wissenschaftler – unter den Mit-

21 Vgl. z.B. Kopelevič, Ju. Ch.: Osnovanie Peterburgskoj Akademii nauk. Leningrad 1977 (bes. A. G. Golovkin); Grasshoff, H.: A. D. Kantemir und Westeuropa. Ein russischer Schriftsteller des 18. Jh. und seine Beziehungen zur westeuropäischen Literatur und Kunst. Berlin 1966; Grau, C.: D. A. Golicyn und A. von Gallitzin. Wissenschaft und Literatur in deutsch-russischer Begegnung in den letzten Jahrzehnten des 18. Jh. In: Jahrbuch für Geschichte der sozialistischen Länder Europas, 28 (1984) 109–126.

22 Grau, C.: Die Berliner Akademie der Wissenschaften und die Hugenotten. In: Hugenotten in Berlin. Berlin 1988, 327–362.

gliedern der Berliner Akademie im 18. Jh. war beachtlich, wobei seit den vierziger Jahren die Vorliebe des Königs für französisches Denken zusätzlich eine Rolle spielte. In allen zuletzt genannten Fällen spielte im Unterschied zu Rußland der Mangel an einheimischen Wissenschaftlern jedoch nicht die entscheidende Rolle für die Berufung von Ausländern.

In Rußland hat sich ein Gelehrtenstand erst seit dem 18. Jh. herausbilden können. Zwei Wege boten sich an und wurden gegangen: Die Ausbildung von Russen durch Ausländer im Lande selbst und deren Studium im Ausland. Wenn in diesem Zusammenhang immer wieder deutsche Wissenschaftler genannt werden müssen, hatte das m.E. mehrere Ursachen. Als nicht gering veranschlagen sollte man die geographische Nähe und die Präsenz von Deutschen im Lande selbst, besonders in den während des Nordischen Krieges unter Peter dem Großen angegliederten baltischen Provinzen. Sie stellten im 18. und 19. Jh., wie bereits festgestellt, einen beträchtlichen Teil der Petersburger Akademiemitglieder deutscher Herkunft. Ab 1802 war die deutsche Universität Dorpat,[23] von der eine ganze Anzahl Petersburger Akademiemitglieder kamen, während des ganzen Jahrhunderts ein wichtiger Umschlagplatz deutsch-russischer Wissenschaftsbeziehungen. Ich erinnere beispielsweise an das von 1828 bis 1838 bestehende Dorpater Professoreninstitut zur Ausbildung von Dozenten für russische Universitäten. Für entscheidend halte ich jedoch, daß das deutsche höhere Bildungswesen, also vor allem die Universitäten einschließlich der deutschsprachigen Schweiz, aus hier nicht zu erörternden Gründen dasjenige in Europa war, das einen Intelligenzüberschuß produzierte, der ohne Nachteil für das Ausbildungsland die Abwanderung in andere Länder, darunter in starkem Maße nach Rußland, in größerer Zahl möglich machte und aus Existenzgründen für die Betroffenen zuweilen sogar erforderte. Insgesamt günstige materielle Bedingungen boten zielstrebigen Leuten zusätzliche Anreize für eine Übersiedlung nach Rußland. Es fällt auf, daß der überwiegende Teil deutscher Wissenschaftler, die in Rußland auf Grund beachtlicher Leistungen einflußreiche Stellungen erlangten, schon in jungen Jahren dorthin übergesiedelt war.

23 Siilivask, K., Ed.: History of Tartu University 1632–1982. Tallinn 1985, bes. 88ff.

Wenn man die wissenschaftlichen Kontakte zwischen Berlin und Petersburg im 18. Jh. erörtert, ist an erster Stelle auf den schon erwähnten Leonhard Euler hinzuweisen. Leonhard Euler wirkte von 1727 bis 1740 in Petersburg.[24] Seine Übersiedlung von dort nach Berlin war doppelt motiviert. Die Unzufriedenheit mit seiner Situation in Rußland ließ ihn das Angebot Friedrichs des Großen unmittelbar nach dessen Thronbesteigung zur Mitwirkung an der Umgestaltung der Berliner Akademie als besonders günstige Chance erkennen. Und in der Tat war das Berliner Vierteljahrhundert im Leben Eulers als Wissenschaftler außerordentlich ertragreich. Seine Rückkehr nach Rußland auf Veranlassung von Katharina II. im Jahre 1766, wo er bis zu seinem Tode 1783 wirkte, vollzog sich unter vergleichbaren Umständen wie seine Übersiedlung nach Berlin 1740. Den letzten Ausschlag gaben wiederum die Aussichten, die nach einem aufgeklärten Monarchen nun eine aufgeklärte Monarchin einem Wissenschaftler wie Euler bot. Die eingehende Analyse der Stellung Eulers in den geistigen und wissenschaftsorganisatorischen Auseinandersetzungen Berlins erweist, daß er als „biederer Schweizer“ – wie er sich gelegentlich bezeichnete – im Ringen um die Aufklärung in Berlin nicht der Partner des selbstbewußten Königs sein konnte, nachdem dieser nach dem Ende des Siebenjährigen Krieges die Leitung der Akademie selbst in die Hand genommen hatte. Für die Beziehungsgeschichte zwischen der Berliner und der Petersburger Akademie war es ein seltener Glücksfall, daß Euler während seiner Berliner Zeit seine Rußlandkontakte intensiv pflegte und auch danach als Vermittler zwischen Berlin und Petersburg wirkte und daß sein Sohn Johann Albrecht Euler (1734–1800) ab 1766 von Petersburg aus durch seine regelmäßige und langjährige Korrespondenz vor allem mit dem Berliner Akademiesekretar Jean Henry Samuel Formey (1711–1797) diese vermittelnde Tätigkeit fortsetzte. Leider ist dieser letztgenannte Briefwechsel, der sich in Berlin und Leningrad befindet, bisher im Unterschied zu dem von Leonhard Euler für die Beziehungsgeschichte nicht systematisch ausgewertet worden.

24 Vgl. z. B. Festakt und Wissenschaftliche Konferenz aus Anlaß des 200. Todestages von Leonhard Euler, Berlin 1985 (= Abhandlungen der Akademie der Wissenschaften der DDR, 1985. 1 N); Razvitie idej Leonarda Ejlera i sovremennaja nauka. Moskau 1988.

Die unter dem Titel „Die Berliner und die Petersburger Akademie der Wissenschaften im Briefwechsel Leonhard Eulers“ in drei Teilen veröffentlichte Korrespondenz läßt neben ihrem hohen Informationswert überzeugend die beiden Hauptformen erkennen, die die deutsch-russischen Kontakte bestimmten. Das waren einmal die Vermittlung geeigneter Wissenschaftler nach Rußland und – wenn auch in geringerem Maße – die wissenschaftliche Förderung junger Russen durch ihre Ausbildung in Berlin. Eine nach meiner Meinung noch wichtigere Rolle spielten jedoch zweitens die wechselseitigen Informationen über wissenschaftliche Arbeiten, und zwar nicht nur in den Akademien selbst. Viele zwischen Wissenschaftlern in Berlin und Petersburg gewechselte Briefe trugen nicht nur den Charakter privater Mitteilungen. Hinweise in den Briefen selbst und vor allem die Protokolle der Akademiesitzungen[25] weisen aus, daß mitgeteilte Nachrichten dem Kreis der Akademiemitglieder zugänglich gemacht wurden. In Einzelfällen wurden derartige Briefe als Nachrichten in Zeitschriften verwendet.

Überhaupt spielte das sich im 18. Jh. rasch entwickelnde Zeitschriftenwesen eine bisher nur partiell untersuchte bedeutende Rolle in den deutsch-russischen Wissenschaftskontakten, wie auch einige mit Berlin und Petersburg verbundene Journale zeigen. Analysen der „Bibliothèque Germanique“ und der „Nouvelle Bibliothèque Germanique“, die von 1720 bis 1759 erschienen und maßgeblich von Formey in Berlin redigiert wurden, haben ergeben, daß von den 25 000 Druckseiten dieser Zeitschriften etwa 1 000 der Berichterstattung über Rußland gewidmet waren.[26] Aus der zweiten Hälfte des 18. Jh. verfügen wir

25 Protokoly zasedanij konferencii Imp. Akademii nauka 1725 po 1803 goda, 1–4. Petersburg 1897, 1899, 1900, 1911; Winter, E., Ed.: Die Registres der Berliner Akademie der Wissenschaften 1746–1766. Berlin 1957 (entgegen der dort S. VII aufgestellten Behauptung, die Protokolle existierten nur für die Zeit Eulers in Berlin, ist unrichtig. Das Akademie-Archiv bewahrt die handschriftlichen Protokolle).

26 Kämmerer, J.: Zur Rezeption von Russica und Polonica in einer Gelehrten-Zeitschrift des 18. Jh.. In: Buch- und Verlagswesen im 18. und 19. Jh.. Beiträge zur Geschichte der Kommunikation in Mittel- und Osteuropa. Berlin 1977, 347–366; vgl. auch Wendland, F.: Zeitschriften der zweiten Hälfte des 18. Jh. in Deutschland und Rußland und ihre Bedeutung für die deutsch-russischen Wissenschaftsbeziehungen. In: Jahrbuch für Geschichte der sozialistischen Länder Europas, 28, 1984, 279ff.

über zwei fast zeitgleich erschienene Zeitschriften, die ebenfalls eingehender erforscht wurden. In Petersburg redigierte von 1772 bis 1789 Hartwig Ludwig Christian Bacmeister (1730–1806) die „Russische Bibliothek“[27] und in Berlin von 1773 bis 1787 Anton Friedrich Büsching (1724–1793) die „Wöchentlichen Nachrichten“.[28] Das Berliner Akademiemitglied Johann Bernoulli (1744–1807), dessen Reisebericht über seinen Aufenthalt in Petersburg 1778 ein wichtiges Dokument der hier behandelten Beziehungen ist, bemerkte über Bacmeisters „Bibliothek“, daß sie „überall . . . meist vollkommen die Stelle eines gelehrten Rußlands im Deutschen vertreten“ könnte.[29] Der vormalige Göttinger Professor Büsching hatte von 1761 bis 1765 in Petersburg gewirkt und war ab 1766 als Direktor des Berlinischen Gymnasiums zum Grauen Kloster einer der wichtigsten Vermittler deutsch-russischer Kulturkontakte. Als er nach dem Tode Friedrichs des Großen in die Akademie gewählt werden sollte, lehnte er das aus Altersgründen ab.

Die genannten drei Journale – die gewählte regionale Zuordnung dieser Ausführungen zwingt zum Verzicht auf die Erwähnung weiterer Zeitschriften aus anderen Orten – erweist die Dichte wissenschaftlicher Kommunikation und die Rolle der Hauptstädte Preußens und Rußlands auf diesem Gebiet. Leider verbieten sich im vorliegenden Zusammenhang detaillierte Hinweise auf die behandelten Themen und die beteiligten Personen. Auf jeden Fall wurde ein außerordentlich breites Spektrum von Problemen behandelt. Es wäre wünschenswert, daß solche Zeitschriften wie die seit 1765 von dem Berliner Buch-

27 Lauch, A.: Wissenschaft und kulturelle Beziehungen in der russischen Aufklärung. Zum Wirken H. L. Ch. Bacmeisters. Berlin 1969, bes. 86ff.

28 Hoffmann, P.: Anton Friedrich Büschings „Wöchentliche Nachrichten“ als Bibliographie der Rußlandliteratur der siebziger und achtziger Jahre des 18. Jh.. In: Ost und West, 312ff. Hoffmann bereitet die Veröffentlichung des Briefwechsels Büschings mit G. F. Müller zum Druck vor. Mühlpfordt, G.: Ein deutscher Rußlandkenner des 18. Jh.. In: Zeitschrift für Geschichtswissenschaft, Beiheft 1 (1954) 40–62.

29 Ramspott, U.: Johann Bernoullis „Reisen durch Brandenburg, Pommern, Preußen, Curland, Rußland und Pohlen, in den Jahren 1777 und 1778“. Ein Beitrag zur Erforschung der deutsch-russischen kulturellen Beziehungen im 18.Jahrhundert. In: Studien zur Geschichte der russischen Literatur des 18. Jh. IV. Berlin 1970, 439–453, Zit. S. 450

händler und Aufklärer Christoph Friedrich Nicolai (1733–1811) herausgegebene „Allgemeine Deutsche Bibliothek“ (ADB) und die von der Freien Ökonomischen Gesellschaft (FÖG),[30] die 1765 in Petersburg gegründet wurde, edierten Periodica in russischer und deutscher Sprache in Bezug auf ihre Funktion in den deutsch-russischen Wissenschaftskontakten untersucht würden. Stichproben erweisen, daß sich das bisher bekannte Bild dadurch nuancenreicher gestalten ließe. So hieß es 1781 in der ADB über das genannte Werk von Bernoulli: „Wir haben gerne die Nachrichten von einer so berühmten gelehrten Gesellschaft, als die Petersburgische ist, ausgezogen.“

Ebenso wie die FÖG in Petersburg wegen ihrer deutschen Mitglieder war die etwas jüngere „Berlinische Gesellschaft naturforschender Freunde“ von 1773 durch die Aufnahme von Wissenschaftlern aus Rußland bereits seit 1774 ein wichtiger Träger deutsch-russischer Beziehungen, die sich auch in den Veröffentlichungen der Gesellschaft widerspiegelten.[31] Als erste Mitglieder aus Rußland wurden 1774 Anton Güldenstaedt (1745–1781), Reinhold Berens (1745–1823) und Peter Simon Pallas (1741–1811)[32] aufgenommen. Alle drei waren Absolventen des Collegium Medico-Chirurgicum in Berlin, Pallas seit 1767 und Güldenstaedt seit 1769 auch Mitglieder der Petersburger Akademie der Wissenschaften. Durch ihre Forschungsreisen in Rußland, deren bedeutsame Ergebnisse auch in deutscher Sprache veröffentlicht wurden, haben sie Beachtliches zur Kenntnis des Russischen Reiches und zu den deutsch-russischen Wissenschaftsbeziehungen beigetragen. Das gilt auch für die umfangreichen Beschreibungen des Russischen

30 Donnert, E.: Politische Ideologie der russischen Gesellschaft zu Beginn der Regierungszeit Katharinas II. Berlin 1976; Amburger, E.: Die Gründung gelehrter Gesellschaften in Rußland unter Katharina II. In: Wissenschaftspolitik in Mittel- und Osteuropa. Berlin 1976, 259–270.

31 Amburger, E.: Aus der Geschichte der gelehrten Beziehungen zwischen Berlin und Rußland. In: Ders.: Beiträge zur Geschichte der deutsch-russischen kulturellen Beziehungen. Gießen 1961, 107–158, bes. 133ff.

32 Über Pallas ist eine umfangreiche Biographie von F. Wendland erschienen. Vgl. Wendland F.: Peter Simon Pallas (1741–1811). Ein Gelehrtenleben zwischen Berlin und St.Petersburg. Berlin 1991. Frühere Arbeiten des Verfassers werden verzeichnet bei Wendland, F.: Zeitschriften der zweiten Hälfte des 18. Jh., 285. Vgl. auch Lomonosov – Schlözer – Pallas. Deutsch-russische Wissenschaftsbeziehungen im 18. Jh. Berlin 1962.

Reiches von Johann Gottlieb Georgi (1729–1802), der seit 1774, 1776, 1784 und 1788 in dieser Reihenfolge Mitglied der Berliner Naturforschenden Gesellschaft, der Petersburger Akademie, der FÖG und der Berliner Akademie war. Er hat 1791 der Naturforschenden Gesellschaft die von ihm besorgte „Auswahl ökonomischer Abhandlungen" der FÖG überreicht. In seiner Person dokumentieren sich gleichsam die Verbindungen der genannten vier Vereinigungen in Berlin und Petersburg.

Im zeitlichen Umfeld der Französischen Revolution kam es in Deutschland und Rußland um die Wende zum 19. Jh. zu grundlegenden Umgestaltungen der Bildungs- und Forschungsorganisation.[33] Bedingt durch innerwissenschaftliche Entwicklungen und durch äußere Einflüsse entstand das Wissenschaftsgefüge aus Akademien, Universitäten, Forschungseinrichtungen und wissenschaftlichen Gesellschaften, das für etwa ein Jahrhundert ungeachtet der Ausgestaltung im Detail bestimmend blieb. 1802 wurden in Petersburg für Rußland das Ministerium für Volksaufklärung und 1817 in Berlin für Preußen mit der Ausgliederung der Wissenschaftsverwaltung aus dem Innenministerium das Ministerium für Geistliche, Unterrichts- und Medizinalangelegenheiten geschaffen.[34] Diese in den beiden Hauptstädten arbeitenden Zentralverwaltungen koordinierten für jedes Land den Lehr- und Wissenschaftsbetrieb. Ihnen unterstanden die Universitäten, die in Rußland ab 1802 in größerer Zahl gegründet wurden, und auch die Akademien der Wissenschaften, die in Petersburg 1803 und in Berlin 1812 neue Statuten erhielten. Soweit die Akademien bis dahin Ausbildungsaufgaben wahrgenommen hatten, verloren sie diese. Während in Berlin alle bestehenden Forschungseinrichtungen aus der Akademie ausgegliedert und entsprechend dem Grundprinzip der Einheit von Lehre und Forschung an der neuen Universität konzentriert wurden, behielt die Petersburger Akademie solche Institutionen weiterhin. Die

33 Vgl. Grau, C.: Wissenschaftsorganisation im Umfeld der Französischen Revolution. Russisch-deutsch-französische Kontakte im Wirken von G. F. Parrot und G. Cuvier. In: Jahrbuch für Geschichte der sozialistischen Länder Europas, 33 (1989) 63–86.

34 Vgl. Zeil, L.: Zur Neuorganisation der Berliner Wissenschaft im Rahmen der preußischen Reformen. In: Jahrbuch für Geschichte, 35 (1987) 201–235.

Berliner Akademie schuf sich seit 1815 in der Form der Akademischen Unternehmen spezifische Forschungseinrichtungen, vorwiegend editorischen Charakters. Als generelle Tendenz in der Entwicklung beider Akademien seit dem 19. Jh. kann man konstatieren, daß sie sich als Gemeinschaften von Wissenschaftlern verstanden und als oberste Wissenschaftsinstitutionen des jeweiligen Landes anerkannt waren. Sie ergänzten sich durch Zuwahlen im Rahmen festgelegter statuarischer Bestimmungen und waren zugleich Träger der Auslandsbeziehungen.

Als wichtigste Formen interakademischer Zusammenarbeit zwischen Berlin und Petersburg bewährten sich weiterhin wechselseitige Zuwahlen von Mitgliedern der jeweils anderen Akademie oder weiterer Wissenschaftler, wissenschaftliche Kontakte zwischen einzelnen Mitgliedern und der traditionelle, jedoch zunehmend systematischer betriebene Austausch wissenschaftlicher Publikationen, insbesondere der periodischen Editionen. Alle diese Formen waren keine Spezifica der preußischen und der russischen Akademie, sie entsprachen der auch sonst gepflegten interakademischen Kooperation, die erst ganz am Ende des 19. Jh., 1899 mit der Gründung der Internationalen Assoziation der Akademien multilateral organisierte Formen annahm. Für die durch die Mitgliederverzeichnisse gut dokumentierten wechselseitigen Wahlen in Berlin und Petersburg sind zwei Faktoren beachtenswert: Die Zahl der in Petersburg hinzugewählten deutschen Wissenschaftler überwog die der entsprechenden Zuwahlen von Wissenschaftlern aus Rußland in Berlin, unter denen wiederum diejenigen überwogen, die Deutsche oder deutscher Herkunft waren. Für weitere Untersuchungen auf diesem Gebiet bietet sich, wie die Hinweise auf die Nachlässe von Kunik und Radloff zeigen, noch ein weites Feld.

Da es nicht möglich ist, die wechselseitigen Zuwahlen von Wissenschaftlern hier auch nur annähernd erschöpfend zu verzeichnen, sollen nur wenige repräsentative Beispiele aus dem 19. Jh. genannt werden. Die Berliner Akademiemitglieder Alexander von Humboldt (1769–1859) und Carl Ritter (1779–1859) wurden 1818 und 1835 zu Ehrenmitgliedern der Petersburger Akademie gewählt. Beiden gebührt ein herausragender Platz in den deutsch-russischen Wissenschaftsbeziehungen: Humboldt infolge seiner Forschungsreise in Rußland 1829[35]

35 Biermann, K.-R.: Alexander von Humboldt. Leipzig 1983, bes. 69ff.

und Ritter[36] infolge der umfassenden Rezeption seines geographischen Werkes, von dem beträchtliche Teile ins Russische übersetzt wurden, was übrigens auch für Humboldts ab 1845 erschienenen „Kosmos" gilt, der seit 1848 russisch vorgelegt wurde. Der bekannte Zoologe Karl Ernst von Baer (1792–1876), der aus Estland stammte und bereits seit 1826 durch wechselnde Formen der Mitgliedschaft mit der Petersburger Akademie verbunden war, fand dort ab 1834 seine ständige Wirkungsstätte.[37] In demselben Jahr 1834 wurde er Korrespondierendes Mitglied der Berliner Akademie, die ihm 1861 auch den selten vergebenen Titel eines Auswärtigen Mitglieds verlieh. Er war der einzige in Rußland wirkende Wissenschaftler, dem diese Ehre zuteil wurde. Baer war 1845 entscheidend an der Gründung der Russischen Geographischen Gesellschaft beteiligt, die wiederum gemeinsam mit der in Berlin seit 1828 bestehenden Geographischen Gesellschaft Träger Berlin-Petersburgischer Wissenschaftsbeziehungen war, die leider noch nicht genauer untersucht wurden. Schon 1849 wurde Baer in den preußischen Orden Pour le Mérite für Wissenschaften und Künste aufgenommen. Seit 1839 gab er in Petersburg die „Beiträge zur Kenntnis des Russischen Reiches" heraus, die bis 1871 erschienen. Sie gehören zu den wichtigsten deutschsprachigen wissenschaftlichen Organen in Rußland und trugen wesentlich zur Information über die Wissenschaft dieses Landes bei.

Fast gleichzeitig mit diesen „Beiträgen" edierte in Berlin Georg Adolf Erman (1806–1877) sein „Archiv für wissenschaftliche Kunde Rußlands", das in 25 Bänden von 1841 bis 1867 erschien.[38] Erman hatte 1828 ein Jahr vor Humboldt seine Forschungsreise durch Rußland unternommen und deren Ergebnisse später publiziert. Wie eine eingehende Analyse gezeigt hat, handelte es sich beim „Archiv" um ein zwiespältiges Unternehmen. Neben der Tatsache, daß es der wissenschaftlichen Information diente und daher sehr verdienstvoll war, darf seine finanzielle Abhängigkeit von der russischen Regierung

36 Grau, C.: Carl Ritter und Rußland. In: Carl Ritter. Werk und Wirkungen. Gotha 1983, 115ff.

37 Rajkov, B. E.: Karl Ber. Ego žizn' i trudy. Moskau, Leningrad 1961. Dt. Aus.: H. v. Knorre. Leipzig 1968 (= Acta Historica Leopoldina 5).

38 Vgl. Kretschmar, F.: Georg Adolph Ermans Bedeutung für die deutsche Rußlandkunde in der Mitte des 19. Jh. Phil. Diss. Berlin 1964 (MS).

nicht übersehen werden. Diese betrieb auf diese Weise auswärtige Kulturpolitik. Der Vermittler Ermans war offensichtlich Humboldt, der 1841 an den Astronomen Heinrich Christian Schumacher (1780–1850) schrieb: „Dem *jungen* Erman habe ich eine Zulage von 800 Thalern verschafft; er soll eine Viertel-Jahr-Schrift nach Russischen Materialien herausgeben, um Russ. Arbeiten zur Verherrlichung des Nordens deutsch herauszugeben.“[39] Die Reisetagebücher von Georg Graf Cancrin (1774–1844), der als russischer Finanzminister bekanntlich auch die Rußlandreise Humboldts unterstützt hatte, bestätigen diese Tatsache. Erman wirkte seit 1832 als Dozent an der Universität in Berlin. Die erstrebte Mitgliedschaft in den Akademien in Berlin und Petersburg wurde ihm niemals zuteil.

Systematische Untersuchungen über die Stellung der Berliner Friedrich-Wilhelm-Universität in den deutsch-russischen wissenschaftlichen Beziehungen fehlen bisher. Sie müßten außer den Angehörigen des Lehrkörpers, die solche Kontakte unterhielten, auch die Studenten aus Rußland berücksichtigen, was zunächst die gezielte Auswertung der bisher unveröffentlichten Immatrikulationslisten erforderte. Auf jeden Fall läßt sich konstatieren, daß die Berliner Universität spätestens seit den dreißiger Jahren des 19. Jh. bis zum Beginn des ersten Weltkrieges ständig, wenn auch in unterschiedlicher Zahl, von Studenten aus Rußland frequentiert wurde, unter denen selbstverständlich auch Nichtrussen des Vielvölkerstaates waren. Dabei sind, wie mir scheint, drei Kategorien zu unterscheiden. Auf den gesamten Zeitraum verteilen sich diejenigen Rußländer, für die der meist vorübergehende Besuch der Berliner Universität Bestandteil ihres Ausbildungsprozesses war. Der bedeutende Anatom Wilhelm Waldeyer (1836–1921), Ordentliches Mitglied der Berliner Akademie seit 1884 und Korrespondierendes Mitglied der Petersburger Akademie seit 1895, hat z. B. 1912 festgestellt, daß er während seiner dreißigjährigen Tätigkeit als Berliner Universitätsprofessor 1 000 Studierende aus Rußland ausgebildet hat.[40]

39 A. v. Humboldt an H. C. Schumacher. Berlin, 11. März 1841. In: Biermann, K.-R., Ed.: Briefwechsel zwischen Alexander von Humboldt und Heinrich Christian Schumacher. Berlin 1979, 101.

40 Angabe bei Feyl, O.: Die Universität Berlin und das östliche Europa zwischen 1890 und 1933. In: Ost-West-Begegnung in Österreich. Festschrift für Eduard Winter zum 80. Geburtstag. Wien, Köln, Graz 1976, 61.

Eine weitere Gruppe stellten, verstärkt seit dem ausgehenden 19. Jh., Studenten aus Rußland, denen infolge restriktiver zaristischer Bildungspolitik eine Ausbildung in ihrem Heimatland entweder versagt oder mindestens erschwert wurde. Die Gesamtzahl russischer Studenten an der Friedrich-Wilhelm-Universität stieg beispielsweise von 64 im Jahre 1884 auf rund 600 im Wintersemester 1912/13, was zu diesem Zeitpunkt einen Anteil von 6,6 Prozent aller Immatrikulierten bedeutete. Und ein weiteres Beispiel: 1910/11 stammten von 147 an der Berliner Universität promovierten Medizinern 48 aus Rußland. Eine weitere wichtige Ausbildungsstätte für junge Russen war seit dem Ende des 19. Jh. die Technische Hochschule, die zwar in Charlottenburg lag, aber aus dem Berliner Kontext der Rußlandbeziehungen nicht ausgeklammert werden kann.[41]

Wirkungsgeschichtlich bedeutend war mit Sicherheit die wenn auch verhältnismäßig kleine Gruppe junger Wissenschaftler aus Rußland, die auf der Grundlage preußisch-russischer Vereinbarungen in Berlin ausgebildet wurde.[42] Von 1887 bis 1896 und noch einmal von 1912 bis zum ersten Weltkrieg existierte an der Friedrich-Wilhelm-Universität das Aspirantenseminar für russische Juristen, die als Dozenten und Professoren an den Universitäten Rußlands lehren sollten. Die Teilnehmer mußten ein juristisches oder altphilologisches Studium an einer Universität Rußlands abgeschlossen haben und wurden durch das russische Ministerium für Volksaufklärung in Petersburg ausgewählt. Während die Zahl dieser Staatsstipendiaten ursprünglich auf 15 festgesetzt war, wurde sie schließlich auf 27 erhöht, also fast verdoppelt. Die Kandidaten kamen von insgesamt sieben Universitäten Rußlands. Unter ihnen waren einige später bekannte Juristen, beispielsweise die Petersburger Dozenten Michail Jakovlevič Pergament, Leon Petrazycki (1867–1931) und Pitirim Aleksandrovič Sorokin (geb. 1889).

Welchen Stellenwert man dem Berliner Aspirantenseminar in Rußland beimaß, zeigt die Tatsache, daß dessen Leiter Heinrich Dernburg (1829–1907) für seine erfolgreiche Ausbildungstätigkeit zum Ehren-

41 Vgl. Brachmann, B.: Russische Sozialdemokraten in Berlin 1895–1914. Mit Berücksichtigung der Studentenbewegung in Preußen und Sachsen. Berlin 1962.

42 Vgl. Feyl: Die Universität Berlin, 51–71, bes. 57f.

mitglied der Universitäten Moskau, Petersburg, Kiew und Dorpat ernannt wurde. Wenn, um nur wenige weitere Beispiele zu nennen, anläßlich der 200-Jahr-Feier der Berliner Akademie 1900 die Petersburger Professoren Viktor Baron von Rosen und Dmitrij Mendeleev zu Korrespondierenden Mitgliedern gewählt wurden und anläßlich der 100-Jahr-Feier der Friedrich-Wilhelm-Universität der bedeutende russische Slawist Aleksej Šachmatov (1864–1920) 1910 deren Ehrendoktorat erhielt, so bestätigt auch das trotz wachsender politischer Entfremdung zwischen beiden Ländern fortdauernde deutsch-russische wissenschaftliche Kontakte zwischen Petersburg und Berlin. Die 1912 erfolgte Aufnahme des Geographen Petr Semenov-Tjanšanskij (1827–1914), der einst auch bei Carl Ritter, Heinrich Wilhelm Dove (1803–1879) und Gustav Rose (1798–1873) in Berlin studiert hatte, in den Orden Pour le Mérite für Wissenschaften und Künste, worüber die Preußische Akademie der Wissenschaften entschied, ist ein weiterer Beleg für die personellen Kontakte zwischen den beiden Hauptstädten.

Wenigstens erwähnt zu werden verdient die Rolle Berlins als Standort slawistischer und osteuropahistorischer Forschungen seit dem ausgehenden 19. Jh., obwohl sie weit über die hier im Vordergrund stehenden Städte-Beziehungen hinausweisen. 1875 gründete Vatroslav Jagič in Berlin das „Archiv für slawische Philologie",[43] ein Jahr, nachdem er den Lehrstuhl für Slawistik an der Universität übernommen hatte. Das Seminar für Osteuropäische Geschichte und Landeskunde der Friedrich-Wilhelm-Universität[44] nahm 1902 seine Tätigkeit auf, ab 1911 (bis 1914) erschien in Berlin die „Zeitschrift für osteuropäische Geschichte". 1913 wurde in Berlin die „Deutsche Gesellschaft

43 Vgl. Grau, C.: Vatroslav Jagič und Reinhold Köhler. Zur Frühgeschichte des „Archivs für slavische Philologie". In: Wissenschaftliche Zeitschrift der Humboldt-Universität zu Berlin. Gesellschafts- und sprachwiss. Reihe, XVII (1968) 229–233. Zur Slawistik vgl. Zeil, W.: Geschichte der Slawistik in Deutschland; Zeil, L.: Geschichte der Slawistik an der Berliner Akademie der Wissenschaften, Man. i. Druck.

44 Giertz, H.: Das Berliner Seminar für osteuropäische Geschichte und Landeskunde (bis 1920). In: Jahrbuch für Geschichte der UdSSR und der volksdemokratischen Länder Europas, 10 (1967) 183–217; Voigt, G.: Otto Hoetzsch. 1876–1946. Wissenschaft und Politik im Leben eines deutschen Historikers. Berlin 1978; Liszkowski, U.: Osteuropaforschung und Politik. Ein Beitrag zum historisch-politischen Denken und Wirken von Otto Hoetzsch, 1, 2. Berlin 1988.

zum Studium Rußlands" gegründet, aus der 1918 die „Deutsche Gesellschaft zum Studium Osteuropas" hervorging. Regionale Bedeutung hatte der von 1903 bis 1917/18 bestehende Berliner „Verein zur Pflege des Studiums der russischen Kultur", der bereits im Entstehungsjahr in Berlin zu einem Vortrag anläßlich der 200-Jahr-Feier der Gründung Petersburgs einlud.[45]

Ein spezielles Gebiet der deutsch-russischen Beziehungen ist die Buchgeschichte. Offensichtlich fehlen bisher detailliertere und systematische Untersuchungen zu Übersetzungen deutscher und russischer Fachliteratur in die jeweils andere Sprache, die seit dem 18. Jh. praktiziert wurden. Für die Kommunikationsforschung eröffnet sich hier zweifellos ein weites Feld. Das gilt mutatis mutandis auch für den deutschen Buchdruck in Petersburg und den russischen in Berlin. Der Kenntnisstand über deutsche Publikationen in der russischen Hauptstadt ist sicher größer, da in Rußland wirkende Wissenschaftler, vor allem, wenn sie Deutsche waren, in deutscher Sprache publizierten. Weniger bekannt ist sicher die Tatsache, daß Berlin Druck- und Verlagsort für russische Bücher war. Von 1857 bis 1917 haben insgesamt 16 Berliner Verlage rund 250 russische Drucke im Sinne bibliographischer Einheiten herausgebracht, von denen etwa 200 in Rußland verboten waren.

Unter diesen Publikationen waren die beiden 1900 in Berlin gedruckten Bände der Katharina-Biographie, „Istorija Ekateriny vtoroj", von Vasilij A. Bil'basov (1838–1904), die auch die in der Petersburger Ausgabe verbotenen Stellen enthielten. Bil'basov wiederum hatte einst bei Leopold von Ranke (1795–1886) und bei Heinrich von Sybel (1817–1895) in Berlin studiert – womit sich gleichsam ein Kreis schließt. In Berlin erschienen 1876 und 1880 die ersten beiden Bände des bis heute unentbehrlichen russischen Schriftsteller- und Gelehrtenlexikons des 18. und 19. Jh., des „Spravočnyj slovar' o russkich pisateljach i učennych umeršich v XVIII i XIX stoletijach" von Grigorij Gennadi (1826–1880), der 1847 die Petersburger Universität absolviert hatte.[46]

45 Feyl, O.: Der Berliner „Verein zur Pflege des Studiums der russischen Kultur" (1903–1917/18). In: Zeitschrift für Slawistik, XXIV (1979) 186ff.
46 Ders.: Zu den deutsch-russischen Beziehungen von 1861 bis 1917 im Lichte der Buchgeschichte. In: Jahrbuch für Geschichte der sozialistischen Länder Europas, 25/2 (1982) 83–105; 28 (1984) 149–159.

Die „geistige Einigung, welche im Verlaufe von zwei Jahrhunderten die gelehrten und lehrenden Centra von Berlin und St. Petersburg verbindet“, wird in dem Glückwunschschreiben hervorgehoben, das die Militärmedizinische Akademie in Petersburg 1900 anläßlich des 200. Gründungstages der Berliner Akademie übersandte.[47] Damit wurde ein Grundzug der wissenschaftlichen Beziehungen zwischen beiden Hauptstädten benannt. Einige damit zusammenhängende Fragen wurden hier zu behandeln versucht. Es dürfte deutlich geworden sein, was für deren Erforschung bereits geleistet wurde, aber auch, wo Desiderata weitere Arbeiten dringend angeraten sein lassen. Das heutige Berlin in seiner neu gewonnenen Stellung zwischen West und Ost, Berlin als eines der traditionellen Zentren der Wissenschaft scheint wie wenige andere Städte in Mitteleuropa geeignet zu sein, sich dieser Aufgabe zu stellen. Dabei sollte zugleich der hier bewußt vernachlässigte Gesichtspunkt beachtet werden, daß die Berlin-Petersburger Kontakte stets in gesamteuropäische und partiell auch in internationale Wissenschaftsbeziehungen eingebettet waren. Das belegt für die Endphase des hier behandelten Zeitraums die Internationale Assoziation der Akademien,[48] die 1899 gegründet wurde und der 24 Akademien, darunter zwei außereuropäische, angehörten. Die letzte ihrer insgesamt fünf Generalversammlungen hielt die Assoziation nach den Beratungen in Paris, London, Wien und Rom 1913 in Petersburg ab. Das nächste Mal wollte man sich 1916 in Berlin versammeln. Es blieb bei der Absicht. Die in Auswirkung der Petersburger Akademiekonferenz im Mai 1914 eingeleitete und in der Mathematisch-physikalischen Klasse der Berliner Akademie bereits durchgeführte Wahl des Akademiemitglieds und Physikers Boris Golicyn (1862–1916) aus Petersburg zum Korrespondierenden Mitglied in Berlin wurde nach dem Kriegsausbruch nicht mehr vollzogen.[49] Inter armas silent musae!

47 Die Zweihundertjahrfeier der Königlich Preußischen Akademie der Wissenschaften am 19. und 20. März 1900. Berlin 1900, 160.

48 Grau, C.: Die Petersburger Akademie der Wissenschaften in den interakademischen Beziehungen 1899 bis 1915. In: Jahrbuch für Geschichte der sozialistischen Länder Europas, 25/2 51–68

49 Ders.: Die Berliner Akademie der Wissenschaften in der Zeit des Imperialismus, 1. Berlin 1975, 234.

Boris Golicyn war 1914 der dritte Angehörige des berühmten russischen Geschlechts, der im Verlaufe von rund 200 Jahren eine Rolle in den Berliner Rußlandbeziehungen spielte. 1729/30 vertrat Sergej D. Golicyn (1696–1738) sein Vaterland diplomatisch in Preußens Hauptstadt, wo er den hier seit 1711 residierenden Aleksandr G. Golovkin ablöste, der ebenso wie sein Bruder Ivan G. Golovkin (1687–1734) als Partner von Leonhard Frisch[50] bei dessen slawistischen Studien bekannt ist. Da Frisch von 1727 bis 1736 die sechs Abhandlungen seiner Historia linguae sclavonicae publizierte, ist sein fortdauernder Kontakt zur Berliner russischen Gesandtschaft mindestens wahrscheinlich, wenn auch nicht belegbar. Im Jahre 1793 wurde dann der auch als ökonomischer Denker und Naturwissenschaftler hervorgetretene Diplomat D. A. Golicyn, der seit 1778 Ehrenmitglied der Petersburger Akademie war, zum Auswärtigen Mitglied der Berliner Akademie gewählt. Die „Königl. privilegirte Berlinische Zeitung von Staats- und gelehrten Sachen" bezeichnete ihn am 29. Januar 1793 als einen Gelehrten, „der sich durch gute Kenntnisse in der Physik und durch Schriften über die Electricität rühmlichst bekannt gemacht hat". Golicyn stand mit mehreren Berliner Akademiemitgliedern in persönlichem und brieflichem Kontakt. Im Februar 1796 bedauerte er in einem Brief aus Berlin die Stagnation von Kunst und Wissenschaft infolge der Revolution und des Krieges: „Quant aux Arts et aux Sciences, ils sont en parfaite stagnation partout à présent, grace aux monstres qui ont occaisonnè[s] la révolution et allumé[s] l'horrible guerre donc, helas! Je ne prévois pas la fin . . ."[51]

Ebenfalls kein Ende abzusehen ist hoffentlich für die Erforschung der deutsch-russischen Wissenschaftsbeziehungen, deren Bedeutung durch die vorstehenden Ausführungen ins Blickfeld der Beziehungsgeschichte gerückt werden sollten.

50 Eichler, E.: Die slawistischen Studien des Johann Leonhard Frisch. Berlin 1967.

51 D. A. Golicyn an August Friedrich Graf von Veltheim, Berlin, 18. Februar 1796. Staatsarchiv Magdeburg (Außenstelle Wernigerode), Rep. H. Harbke, Nr. 4205: Gallitzin-Briefe. In Übersetzung zit. v. Grau, C.: D. A. Golicyn und A. v. Gallitzin, 120.

Folkwart Wendland

Peter Simon Pallas – eine Zentralfigur der deutsch-russischen Wissenschaftsbeziehungen im ausgehenden 18. Jahrhundert

Untrennbarer Bestandteil der deutsch-russischen Beziehungen waren die im 17. Jahrhundert einsetzenden Wissenschaftsbeziehungen zwischen Rußland und Deutschland. Wie vor allem die Untersuchungen von Eduard Winter und seinen Schülern zeigen, haben die deutsch-russischen Wissenschaftsbeziehungen die Entwicklung der Wissenschaft im Russischen Reich und im übrigen Europa in erheblichem Maße beeinflußt und gefördert.[1]

Einer der vielen Gelehrten, die diesen keineswegs spannungsfreien und widersprüchlichen Prozeß mitgestaltet haben, war der Naturforscher Peter Simon Pallas (1741–1811). Sein 250. Geburtstag am 22. September 1991 ist ein geeigneter Anlaß, sich seiner Leistungen und seines Wirkens für die deutsch-russischen Wissenschaftsbeziehungen zu vergewissern. An seiner Person soll in einem Abriß dargestellt werden, wie vielgestaltig dieser Prozeß war.

Wie das Leben von Peter Simon Pallas in großen Zügen verlaufen ist, stellt die folgende Übersicht dar:[2]

1741 Peter Simon Pallas wird am 22. September in Berlin geboren

1 Vgl. Winter, E.: Deutsch-slawische Wechselseitigkeit, besonders in der Geschichte der Wissenschaft. In: Sitzungsberichte der Akademie der Wissenschaften der DDR, Gesellschaftswissenschaften. Berlin (1981) 4G, 24ff.

2 Vgl. Wendland, F.: Peter Simon Pallas (1741-1811). Materialien einer Biographie (= Veröffentlichungen der Historischen Kommission zu Berlin, 85/I, II). Berlin, New York 1991.

1754–1760	Studium der Medizin und Naturwissenschaften in Berlin (1754–1758), in Halle an der Saale und Göttingen
1760	Promotion zum Dr. med. an der Universität zu Leiden
1761–1767	Reisen ins Ausland und Aufenthalte in 1761–1762 Großbritannien 1762–1763 Berlin 1763–1766 den Niederlanden 1766–1767 Berlin
1767	Berufung an die Petersburger Akademie der Wissenschaften
1768–1774	Vorbereitung und Leitung einer der „physicalischen“ Akademie-Expeditionen
1774–1793	Forschungstätigkeit an der Petersburger Akademie
1793–1794	Reise durch Südrußland und auf die Krim
1795–1810	Übersiedlung auf die Krim (Simferopol, Schulü, Sudak und Kalmukkara)
1810	Rückkehr nach Berlin
1811	am 8. September in Berlin gestorben

In den 43 Jahren, die er im Russischen Reich verbrachte, verfaßte Pallas eine Vielzahl von Monographien und Aufsätzen. In ihnen legte er bedeutende neue Erkenntnisse nieder und trug so wesentlich zur Entwicklung von Zoologie und Botanik, der Geowissenschaften, Ethnographie und Linguistik bei. Auf den beiden Forschungsreisen durch große Teile des Russischen Reiches sammelte er einen von ihm kaum noch überschaubaren Daten- und Materialfonds, den er zu beschreiben, abzubilden und zu klassifizieren suchte.[3] Er ging aber noch einen Schritt weiter, indem er auf dieser Grundlage eine Theorie bzw. den Ansatz einer Theorie entwickelte, nämlich die Gebirgsbildungs-

3 Vgl. Pallas, P. S.: Reise durch verschiedene Provinzen des Rußischen Reichs. 1–3. St. Petersburg 1771, 1773, 1776.

theorie von 1777 und die Gedanken zur „Veränderlichkeit der Tiere" von 1781.[4]

Die von Pallas erzielten gelehrten Leistungen gründeten sich auf seine persönlichen Begabungen und Fähigkeiten sowie auf die Prägung, die er zwischen 1754 und 1774 erfahren hat. Aus einem hugenottischen bzw. französisch-reformierten Elternhaus stammend – die Mutter war hugenottischer Abstammung in zweiter Generation – besuchte er das Collegium medico-chirurgicum zu Berlin, das er mit der anatomischen Prüfung abschloß, sowie die Universitäten zu Halle an der Saale, Göttingen und Leiden. Daran schlossen sich – gegen den Widerstand des Vaters, Simon Pallas, eines bekannten Berliner Chirurgen am Collegium medico-chirurgicum und an der Charité – Bildungsreisen und längere Aufenthalte in den Niederlanden und Großbritannien an. Dabei eignete er sich die wesentlichen geistigen Inhalte, vor allem das Prinzip der Einheit von Theorie und Praxis an und vervollkommnete die Kenntnis wissenschaftlicher Arbeitsmethodiken. An der Bearbeitung und Beschreibung großer naturgeschichtlicher Sammlungen in den Niederlanden und in Großbritannien konnte er den erreichten Kenntnisstand überprüfen und die gewachsenen Fähigkeiten schulen. Das erste Ergebnis waren erste große zoologische Monographien, wie der „Elenchus Zoophytorum", die „Miscellanea Zoologica" und die „Spicilegia Zoologica".[5] In diese Zeit fällt auch die Herausgabe einer

4 Vgl. ders.: Betrachtungen über die Beschaffenheit der Gebirge und die Veränderungen der Erdkugel, besonders in Beziehung auf das Rußische Reich. St. Petersburg 1777; Neue Ausg: Über die Beschaffenheit der Gebirge und die Veränderungen der Erdkugel (1777). Mit Erläuterungen v. F. Wendland (= Ostwalds Klassiker der exakten Wissenschaften, 269). Leipzig 1986.; ders.: Memoire sur la variation des animaux; Premiere partie, lue a l'Assemble publique du 19 Septembre en présence de Msgr. le Prince Royal de Prusse. In: Acta Academiae Scientiarum Imperialis Petroplitanae. Petropoli 1780 (1784) 2, Hist., 69–102.

5 Vgl. ders.: Elenchus Zoophytorum, sistens generum adumbrationes generaliores et specierum cognitarum succinctas descriptiones, cum selectis auctorum synoymis, Hagae Comitum 1766; ders.: Miscellanea Zoologica, quibus novae imprimis atque obscurae animalium species describuntur et observationibus iconibusque illustrantur, Hagae Comitum 1766; ders.:

eigenen Zeitschrift, des „Stralsundischen Magazins".[6] Zwar erregten seine Werke in gelehrten Kreisen große Aufmerksamkeit und neidischen Widerspruch, wie z.B. bei Carl v. Linné, führten aber nicht zu einer festen Anstellung oder zur Möglichkeit an einer Forschungsreise teilzunehmen. Erst die Berufung an die Russisch-Kaiserliche Akademie der Wissenschaften zu St. Petersburg im Jahre 1767 und die Teilnahme an der Akademie-Expedition in den Jahren 1768-1774 führten zu einem grundlegenden Wandel der persönlichen Verhältnisse und leiteten eine wissenschaftliche Karriere ein, die ihn zu einem berühmten enzyklopädischen Gelehrten werden ließ.

Untrennbar mit der Forschungsarbeit verbunden und in gewissem Maße auch ihre Voraussetzung war das vielfältige Wirken von Pallas im Rahmen der deutsch/europäisch-russischen Wissenschaftsbeziehungen. Diese Beteiligung ist nicht denkbar ohne die vorausgegangene Prägung und bleibende Verankerung in den mitteleuropäischen Beziehungsfeldern. Sie setzte aber auch eine aufnahmebereite, positivkritische Haltung zu seinem Immigrationsland voraus.

Zu den Beiträgen von Pallas im Rahmen der deutsch-russischen Wissenschaftsbeziehungen gehörten

- die Erarbeitung, Publikation und Verbreitung von Fachinformationen, ihre Rezeption inner- und außerhalb des Russischen Reiches;
- die Lösung von Aufgabenstellungen außerhalb der Petersburger Akademie;
- die Beziehungen zu gelehrten Gesellschaften, Akademien und Zeitgenossen.

Die kontinuierliche Forschungsarbeit an der Petersburger Akademie auf der Grundlage der Auswertung der während der Akademie-Expedition und auf der Krimreise gesammelten Materialien diente der Herausgabe und Verbreitung von Monographien, Aufsätzen und der

Spicilegia Zoologica, quibus novae imprimis et obscurae anomalium species iconibus, descriptionibus atque commentariis illustrantur, Fasc. I-XIV. Berolini 1767–1780.

6 Vgl. Stralsundisches Magazin oder Sammlungen auserlesener Neuigkeiten, zur Aufnahme der Naturlehre, Arzneywissenschaft und Haushaltungskunst, 1–2. Berlin, Stralsund 1767–1770, 1772–1776.

Zeitschrift „Neue Nordische Beyträge".[7] Dazu gehörten ferner die Herausgabe der Reiseberichte von Johann Anton Güldenstaedt und Samuel Gottlieb Gmelin sowie die Mitarbeit an Zeitschriften ihm befreundeter Publizisten inner- und außerhalb des Russischen Reiches, nämlich an der „Russischen Bibliothek" von Hartwig Ludwig Christian Bacmeister in St. Petersburg und an den „Wöchentlichen Nachrichten" von Anton Friedrich Büsching in Berlin.[8]

Pallas stellte seine Kenntnisse und Erfahrungen auch in den Dienst der Reichskollegien. Vom Berg- und Admiralitätskollegium und von Katharina II. wurde er aufgefordert, zu bestimmten Problemen Stellung zu nehmen und wissenschaftlich fundierte Vorlagen zu erarbeiten. Der Verfasser konnte diese Seite des Wirkens für die deutsch-russischen Wissenschaftsbeziehungen nicht umfassend aufklären, da ihm die entsprechenden russischen Archive nicht zugänglich waren. Zu folgenden Themenkreisen hat sich Pallas schriftlich und vermutlich auch im mündlichen Vortrag geäußert:
- Projekt einer Forstverwaltung des Russischen Reiches,
- Verteilung der Wälder im Russischen Reich,
- Klassifizierung der Säugetiere und Fische des Russischen Reiches und ihre Nutzung.

7 Vgl. Neue Nordische Beyträge zur physikalischen und geographischen Erd- und Völkerbeschreibung, Naturgeschichte und Geographie, 1–7. St. Petersburg-Leipzig 1781, 1781, 1782, 1783, 1793, 1793, 1796.
Vgl. Wendland, F.: Zeitschriften der zweiten Hälfte des 18. Jh. in Deutschland und Rußland und ihre Bedeutung für die deutsch-russischen Wirtschaftsbeziehungen. In: Jahrbuch für die Geschichte der sozialistischen Länder Europas. 28 (1984), 285f.

8 Vgl. Gmelin, S. G.: Reise durch Rußland zur Untersuchung der drey Naturreiche, 1–4. St. Petersburg 1770, 1774, 1784, S. Pallas war mit der Herausgabe von Teil 4 beauftragt worden.
Pallas, P.S., Hg: Güldenstaedt, J. A.: Reisen durch Russland und im Caucasischen Gebürge, 1–2. St. Petersburg 1787–1791.
Bacmeister, H. L. C., Hg: Russische Bibliothek, zur Kenntnis des gegenwärtigen Zustandes der Literatur in Rußland, 1–11. St. Petersburg-Riga-Leipzig, 1772–1789.Büsching, A. F., Hg: Wöchentliche Nachrichten von neuen Landcharten, geographischen, statistischen und historischen Büchern und Sachen, 1–15. Berlin. 1773–1787. Zur „Russischen Bibliothek" und den „Wöchentlichen Nachrichten" vgl. Wendland, F.: Zeitschriften der zweiten Hälfte des 18. Jh., 280ff.

Besonders wichtig war die Ausarbeitung von Instruktionen für neue Seereisen, die er auf Anforderung des Admiralitätskollegiums für Grigorij Ivanovič Mulovskij (1785, nicht realisiert), Joseph Billings und Carl Heinrich Merck (1786–1795) verfaßte.

In dieses Tätigkeitsfeld gehörte auch die Prüfung von Eleven der Petersburger Bergschule und die Unterrichtung der Großfürsten Alexandr, Konstantin und Michail auf Anforderung Katharinas II.

Bedeutsam war sein praktisches Wirken auf der Krim, dem neuerworbenen und für das Russische Reich politisch bzw. strategisch so wichtigen Gebiet, in den Jahren 1795–1810. Nach der Rückkehr von der Forschungsreise durch Südrußland und auf die Krim äußerte Pallas den Wunsch, sich auf der Krim dauernd niederzulassen, um ungestörter als in St. Petersburg wissenschaftlich arbeiten zu können. Im Auge hatte er vor allem die Fertigstellung der „Zoographia Rosso-Asiatica". Katharina II. stimmte seinem Gesuch zu und schenkte ihm außerdem einen relativ großen Landbesitz auf der Krim. Trotz vieler Schwierigkeiten ging von der Wirtschaftsführung seiner Ländereien und den Bemühungen um den Weinbau auf der Krim, sicherlich beeinflußt vom Gewicht seiner Persönlichkeit und seiner Stellung in der Hierarchie der russischen Gesellschaft, eine Vorbildwirkung aus. Außerdem unterbreitete er dem zuständigen Generalgouverneur Platon Aleksandrovič Zubov zahlreiche, die Ökonomie betreffende Vorschläge, von denen ein Teil in die Praxis umgesetzt wurde.

Pallas' Beziehungen zu gelehrten Gesellschaften, Akademien und Zeitgenossen hatten den größten Anteil im Rahmen seines Wirkens an den deutsch-russischen Wissenschaftsbeziehungen. Da sie nicht nur im Falle von Pallas weit über Deutschland auf das übrige Europa hinausgriffen, ist es angebracht, von deutsch/europäisch-russischen Wissenschaftsbeziehungen zu sprechen. Die Beziehungen zwischen Pallas, gelehrten Institutionen und Zeitgenossen liefen auf unterschiedlichen Ebenen und in verschiedenen Formen ab. Sie waren nicht streng voneinander getrennt, da seine Bezugspartner ihrerseits mit den gleichen oder anderen Persönlichkeiten und Institutionen in Verbindung standen.

Eine interne Ebene umfaßte die Kontakte und den Austausch zwischen den deutschen und russischen Gelehrten an der Petersburger Akademie, die allerdings oft genug durch persönliche Animositäten und gelehrte Rivalitäten getrübt waren. Eine weitere interne Ebene beinhaltete die Verbindung zwischen den Gelehrten der Petersburger Akademie und ihren Korrespondenten innerhalb des Russischen Reiches.

Die externe Ebene umfaßte die Beziehungen zwischen deutschen und russischen Gelehrten im Russischen Reich auf der einen Seite und Gelehrten bzw. gelehrten Gesellschaften in Deutschland und allen anderen europäischen Ländern auf der anderen Seite.

Bereits am Beginn seiner Gelehrtenlaufbahn ist Pallas von angesehenen gelehrten Akademien und Gesellschaften zum Mitglied gewählt worden. 1764 wählten ihn die Römisch-Kaiserlich Leopoldinisch-Carolinische Akademie der Naturforscher und die Royal Society zu London zu ihrem Mitglied. In der Petersburger Periode folgte neben vielen anderen 1774 die Mitgliedschaft in der Gesellschaft naturforschender Freunde Berlins und 1777 in der Königlichen Sozietät der Wissenschaften zu Göttingen.

Die Mitgliedschaft in gelehrten Akademien und Gesellschaften steigerten sein Ansehen und gleichzeitig das der Petersburger Akademie und förderten die Kenntnis über den Stand der Wissenschaft im Russischen Reich im Ausland. Gleichzeitig setzte sich Pallas engagiert dafür ein, daß russische Gelehrte zu Mitgliedern auswärtiger Gesellschaften gewählt wurden. So schlug er Friedrich Heinrich Wilhelm Martini in Berlin vor, Ivan Ivanovič Lepechin und wenig später Aleksandr Matveevič Karamyšev sowie Andrej Andreevič Nartov zu auswärtigen Ehrenmitgliedern der Gesellschaft naturforschender Freunde Berlins zu wählen, was 1776 und 1778 geschah. Die Beziehungen beinhalteten die Zusendung von druckreifen Manuskripten für die Periodika der Gesellschaft, den Austausch von allgemeinen und Fachinformationen, Druckschriften und Naturalien.

Bisher konnten mehr als 450 Zeitgenossen aus den verschiedensten sozialen Schichten – Familienangehörige und Freunde, Gelehrte, Beamte, Kaufleute, Buchhändler und Verleger, Sammler, Zeichner und Kupferstecher – ermittelt werden, mit denen er kurzzeitig oder jahrzehntelang in irgendeiner Beziehung gestanden hat. Mit vielen dieser Menschen war er persönlich bekannt, andere kannte er nur aus dem Briefwechsel.

Diese Zeitgenossen lassen sich den zeitlich und regional abgrenzbaren Beziehungsfeldern Berlin, Großbritannien, Niederlande, St. Petersburg, Krim und Berlin zuordnen. Bereits in der Periode vor der

Berufung und Übersiedlung nach St. Petersburg bahnten sich Beziehungen zu zahlreichen Zeitgenossen an, die er, ausgehend von der früheren Bekanntschaft, von St. Petersburg aus wieder aufnahm und fortsetzte. In der Petersburger Periode ergaben sich innerhalb des Russischen Reiches (interne Ebene) durch die Akademie-Expedition neue Bekanntschaften. Seine russischen und deutschen Briefpartner und Bezugspersonen, vorwiegend Gelehrte, Ärzte, naturforschende (Berg)Beamte und Pastoren, lebten außer in St. Petersburg in Moskau, Orenburg, und Jekaterinenburg, Irkutsk, Barnaul und Schlangenberg, Nerčinsk, Kjachta und Jenataevka, Sarepta, Astrachan und Simferopol. Bekannt sind u.a. in

Kjachta:	Osip Fedorovič Vlasov Johann August Carl Sievers (1762–1795)
Jenataevka:	Johann Jaehrig (+1795)
Irkutsk:	Erik Laksmann (1737–1796) A. M. Karamyšev (auch in Nerčinsk) (1744–1791)
Barnaul und Schlangenberg:	Johann Boguslav Leube (1723–1782) Eugene-Melchior Louis Patrin (1742–1815) Johann Michael Renovanz (1744–1798) Petr Ivanovič Šangin (1741–1816)
Astrachan und Simferopol und	Carl Ludwig Hablizl (1752–1821)
Moskau:	Gerhard Friedrich Müller (1705–1783) Prokopij Akinfievič Demidov (1710–1788) Pavel Grigor'evič Demidov (1738–1821)

Soweit wir wissen, stand er mit den genannten Persönlichkeiten, die ihrerseits durchaus eigenständige wissenschaftliche Arbeiten verfaßten, in reger Verbindung. Der Austausch betraf Bücher, Karten und Naturalien. Bei den Naturalien handelte es sich um Sammlungsobjekte aus den drei Naturreichen im Sinne Linnés, also um Mineralien und Gesteine, gepreßte Pflanzen und Samen, ausgestopfte Tiere. Einen recht großen Raum nahm die Übermittlung ethnographischer Aufzeichnungen über und Gegenstände der im Russischen Reich lebenden Völkerschaften ein. Diese Verbindungen, die keineswegs leicht aufrechtzuhalten waren, lieferten Pallas den „Nachschub“ an auswertbaren Fachinformationen, dessen er zur Vertiefung und Ergänzung seiner Forschungen bedurfte. Die Beziehungen unterhielt er auch auf Weisung bzw. im Auftrage der Akademischen Konferenz der Petersburger Akademie, die mehrere der genannten Bezugspartner, wie J. M. Renovanz und E.-M. L. Patrin zu korrespondierenden Mitgliedern wählte. Wie sich am Beispiel von J. Jaehrig nachweisen läßt, der in Ostsibirien als Translateur der Petersburger Akademie wirkte, fungierte Pallas keineswegs nur als kontrollierender Empfänger im Auftrage der Akademischen Konferenz, sondern fühlte sich durchaus auch als J. Jaehrigs wissenschaftlicher Betreuer. Pallas war bemüht, seine Korrespondenten mit neuen gelehrten Informationen und Fachliteratur zu versorgen.

Die „Umschlagstelle“ für die Kontakte ins Innere des Reiches stellte Gerhard Friedrich Müller dar, der seit 1765 in Moskau wirkte. G. F. Müller war für Pallas nicht nur ein geeigneter Mittler zu den Korrespondenten im Reich. Das Verhältnis der beiden Gelehrten war von Freundschaft, gelehrter Partnerschaft und vor allem vom Austausch auf geowissenschaftlichem und ethnographischem Gebiet gekennzeichnet. Pallas hielt, wie andere Petersburger Akademiker auch, G. F. Müller mit Neuigkeiten aus der Petersburger Akademie und vom kaiserlichen Hofe auf dem laufenden.

G. F. Müller seinerseits beeinflußte Pallas auf dem Felde der Geographie und Ethnographie durchaus; war doch G. F. Müller nicht nur Zeitzeuge, sondern neben Johann Georg Gmelin, Georg Wilhelm Steller und Stepan Petrovič Krašeninnikov auch gelehrter Teilnehmer an der zweiten Kamčatka-Expedition von Vitus Bering gewesen. In enger Konsultation und im Materialaustausch mit G. F. Müller ist Pallas' bedeutendes ethnographisches Werk „Sammlungen historischer Nachrichten über die Mongolischen Völkerschaften“ (1776, 1801) entstanden.

G. F. Müllers Interessen trafen sich mit denen von Pallas, die dieser an der Geschichte der Erforschung des Russischen Reiches und des Nordostpazifikraumes hatte. Neben G. F. Müller hat Pallas aktiv in die zeitgenössische Diskussion um den Küstenverlauf Sibiriens und Alaskas, die Lage der Aleuten-Inseln und die gesuchte Nordwestpassage eingegriffen. Um die russischen geographischen Entdeckungen in Westeuropa bekannt zu machen, publizierte Pallas unbekannt oder unveröffentlicht gebliebene Berichte über Seereisen von Russen in seiner Zeitschrift „Neue Nordische Beyträge“ oder brachte sie als bibliographisch selbständige Einheiten heraus.[9]

In den „Sammlungen historischer Nachrichten über die Mongolischen Völkerschaften“, den beiden großen Reiseschilderungen, und in der Schrift über den Aufbau und die Bildung der Gebirge verbinden sich die Müller-Büschingsche Sicht von der Geographie als Teil der Geschichte mit Elementen einer neuartigen Sichtweise der Natur. Sie

9 Tagebuch einer von den Geodesisten Andrejef, Leontief und Lyssof nach den gegen die Kolymische Mündung im Eismeer gelegenen Bäreninseln auf dem Eise geschehenen Entdeckungsreise; nebst einer Beschreibung dieser Inseln. In: Neue Nordische Beyträge, 1 (1781), 2 – /231ff;Bericht von der in den Jahren 1768 und 1769 auf allerhöchsten Befehl der rußischen Monarchin unter Anfürung des Capitains Krenitzyns und Lieutenants Lewaschef von Kamtschatka nach den neuentdeckten Inseln und bis an Aläska oder das feste Land von America vollbrachten Seereise. In: Ebenda 249–272;
G. W. Stellers Topographische und physikalische Beschreibung der Berings-Insel, welche im östlichen Weltmeer an der Küste von Kamtschatka liegt. In: Ebenda 2 – /255-301; Kurze Beschreibung der sogenannten Kupferinsel (Mednoiostrof) im Kamtschatkischen Meere. In: Ebenda 302ff.; Bericht von einer im Jahr 1772 angetretenen vierjährigen Seereise, zu den zwischen Kamtschatka und America gelegenen Inseln unter Anführung des Peredofschiks Dmitrej Bragin. In: Ebenda 308–324; Auszug aus dem Tagebuch einer Seereise, welche Ivan Solowief in den Jahren 1770 bis 1775 bis an die zum festen Lande America gehörige Landspitze Aläska verrichtet. In: Ebenda 325–341;Auszug aus dem Reisebericht des Rußischen Steuermanns Saikof, über eine bis an das feste Land von Amerika geschehenen Schifffahrt. In: Ebenda 3 (1782) 274–288;Auszug aus dem Tagebuch des Kosaken-Sotniks, Iwan Kobelef über das Land der Tschuktschen und die demselben entgegen liegende Inseln und Landecke von Amerika. In: Ebenda 4 (1783) 105ff.;Gerhard Friedrich Müllers Nachrichten von den neuesten Schiffahrten im Eißmeer und in der Kamtschatkischen See, seit dem Jahr 1742; da die zweyte Kamtschatkische Expedition aufgehört hat. In: Ebenda 5 (1793) 1–104;Schelechof's Reise von Ochotsk nach Amerika. Vom Jahr 1783 bis 1787. In: Ebenda 6 (1793), 165–204;Gregor Schelechof's Fortsetzung der Reise von Ochotsk nach Amerika in der Galliote, die drey Kirchenlehrer, unter Anführung der beyden Steuermänner Ismailof und Botscharof im J. 1788 und 1789. In: Ebenda 205–249.
G. W. Steller's Reise von Kamtschatka nach Amerika mit dem Commandeur-Capitan Bering. Ein Pendant zu dessen Beschreibung von Kamtschatka. St. Petersburg 1793.

ist zwar noch von der Drei-Reiche-Lehre Linnés beeinflußt, geht aber über sie hinaus.

Besonders enge Beziehungen pflegte Pallas zu den deutschen und russischen Kollegen in der Akademischen Konferenz im Rahmen der Forschungsarbeit und -organisation, die keineswegs frei von Spannungen ablief. Auch wenn sich Pallas, schon um den vielen Intrigen und dem Klatsch zu entgehen, kaum am Verkehr der Akademiker untereinander beteiligte, war er einigen Kollegen, wie z.B. Johann Jakob Stählin oder Hartwig Ludwig Christian Bacmeister, freundschaftlich verbunden.

Einen hohen Stellenwert maß er guten Beziehungen zu den russischen Kollegen bei, auch wenn ein auf Anpassung und Nicht-Auffallen-Wollen bedachtes taktisches Verhalten dahinterstand. Andererseits erkannte Pallas die intellektuellen Fähigkeiten der ihm auf der Akademie-Expedition beigegebenen jungen russischen Mitarbeiter klar, führte sie wissenschaftlich und setzte sich für ihre Qualifizierung durch Studien an ausländischen Universitäten wie Straßburg, Göttingen und Leiden und für ihre Ernennung zum Adjunkten der Petersburger Akademie ein. Auch hat er sich, wie das Beispiel von Nikita Petrovič Sokolov zeigt, engagiert gegen schikanöse Maßregelungen durch den Direktor der Petersburger Akademie und die Akademische Kommission gewandt.

Pallas verfügte über gute Beziehungen zu Katharina II. und zum kaiserlichen Hof, wie z.B. zu den Grafen Aleksej Kirillovič Razumovskij und Aleksandr Andreevič Bezborodko.

Intensive Kontakte unterhielt Pallas zu den britischen Gesandten am Petersburger Hof, Sir James Harris, Walter und Stephen Shairp, oder zum französischen Gesandten Louis Philippe Comte de Segur. Gleiches gilt für in russischen Diensten stehende Ausländer, wie die Hofgärtner John und Joseph Busch oder den Mediziner des Adeligen Landkadetten- und Ingenieurkadettenkorps Matthew Guthrie. Pallas wurde in St. Petersburg von zahlreichen Besuchern, so von Johann Bernoulli III aus Berlin, von William Coxe, Joseph Dobrovský, Joachim Graf v. Sternberg u.v.a. aufgesucht.

Die Beziehungen zu Zeitgenossen außerhalb des Russischen Reiches (externe Ebene) konzentrierten sich auf bestimmte Zentren im Heiligen Römischen Reich Deutscher Nation, den Niederlanden und

Großbritannien. Daneben bestanden Verbindungen nach Italien, Frankreich, in die Schweiz, nach Schweden und Dänemark, Polen und Kurland.

In den Ländern des Heiligen Römischen Reiches Deutscher Nation verteilten sich die Verwandten, Freunde, Bekannten und Korrespondenten auf Berlin und Stettin, Braunschweig, Erlangen-Nürnberg-Bayreuth, Freiberg in Sachsen, Göttingen, Karlsruhe, Leipzig, Lübeck, Wien und Prag.

Berlin: Eltern, Schwester und Bruder
Gesellschaft naturforschender Freunde Berlins mit den Mitgliedern
Marcus Eliasar Bloch (1723–1799)
Carl Abraham Gerhard (1738–1821)
Johann Gottlieb Gleditsch (1724–1786)
Johann Friedrich Wilhelm Herbst (1748–1807)
Martin Heinrich Klaproth (1743–1817), vermutet Friedrich Heinrich Wilhelm Martini (1729–1778)
Johann Friedrich Wilhelm Otto (1743–1814)
ferner zu
Johann Bernoulli III (1744–1807)
Anton Friedrich Büsching (1724–1793)
Abel Burja (1752–1816)
Jean Henri Samuel Formey (1711–1797)
Christian Benjamin Glassbach (1724–1779), Zeichner und Kupferstecher
vermutet zu den Verlegern und Buchhändlern
Gottlieb August Lange
Christoph Friedrich Nicolai (1733–1811)
Johann Pauli
Christian Friedrich Voß (1722–1795)

Braunschweig: Rudolph Adam Abich (1738–1809)
Urban Friedrich Benedikt Brückmann (1728–1812)
Eberhard August Wilhelm v. Zimmermann (1743–1815)

Erlangen/Nürnberg/Bayreuth: Johann Christian Daniel v. Schreber (1739–1810)
Wolfgang (1734–1798) und Johann Salomon Walther (1769–1832) (Vater und Sohn), Verleger und Buchhändler

D. R. Nitschmann, Zeichner
Johann Nussbiegel, Kupferstecher
Johann Georg Sturm (1742–1793), Kupferstecher
Johann Friedrich Volckart (1756–1812), Kupferstecher
Gabriel Nikolaus Raspe, Verleger und Buchhändler
Johann David Schöpf (1752–1800)

Freiberg/Sa.: Johann Friedrich Wilhelm Toussaint v. Charpentier (1738–1805)
Abraham Gottlob Werner (1749–1817)

Göttingen: Johann Beckmann (1739–1811)
Johann Friedrich Blumenbach (1752–1840), vermutet
Johann Christian Polycarp Erxleben (1744–1777)
Blasius Merrem (1761–1824)
Johann Andreas Murray (1740–1791)
Königliche Sozietät der Wissenschaften zu Göttingen

Karlsruhe/Calw: Joseph Gärtner (1732–1791), St. Petersburg und Calw
Joseph Gottlieb Koelreuter (1733–1806)
Johann Georg v. Stengel (1721–1798)

Laibach/Lemberg: Belsazar Hacquet de la Motte (1729–1815)

Leipzig: Christian Gottfried Heinrich Geißler (1770–1844), Zeichner und Kupferstecher
Johann Hedwig (1730–1799), vermutet
Christian Gottlieb Ludwig (1709-1773)
Gottfried Martini, Verleger und Buchhändler

Lübeck: Johann Heinrich Edler (1718–1778), Apotheker
Hecker, Kaufmann?
Hertel, Geistlicher

Wien/Prag: Franz Karl Alter (1749–1804)
Ignaz Edler v. Born (1742–1791), auch Prag
Joseph Abbé Dobrovský (1723–1829), Prag
Joseph Carl Hager (1757–1819)
Joseph Franz Edler v. Jacquin (Sohn) (1766–1839)
Nicolas Joseph Edler v. Jacquin (Vater) (1727–1817)
Karl Frhr. v. Meidinger (1750–1820)
Joachim Graf v. Sternberg (1755–1808), Prag

Eine zentrale Rolle spielte Berlin; hier war er geboren, hier hatte er seine Ausbildung und Laufbahn als Gelehrter begonnen. Neben den engsten Verwandten und der Gesellschaft naturforschender Freunde Berlins und ihren Mitgliedern stand Pallas in Berlin mit Anton Friedrich Büsching in enger Verbindung.

A. F. Büsching fungierte als Verbindungsmann zu zahlreichen deutschen und russischen Gelehrten in St. Petersburg und in Moskau. Von diesen erhielt er allgemeine und Fachinformationen aus Rußland. Er erschloß und verbreitete sie in seinem Informationsmittel „Wöchentliche Nachrichten" inner- und außerhalb Deutschlands kontinuierlich über einen Zeitraum von 15 Jahren, von 1773-1787.[10]

Pallas lieferte A. F. Büsching Informationen, auf deren Veröffentlichung er Wert legte, aber auch diskrete Hintergrundinformationen, die er nicht publiziert wissen wollte. In einem Brief an A. F. Büsching heißt es: „Doch sind Anecdoten die nicht vors Publicum gehören."[11]

Beide Gelehrten verkehrten sowohl direkt miteinander als auch indirekt über G. F. Müller in Moskau. Oft stellte Stettin eine Zwischenstation dar, wo A. B. Koelpin und J. C. F. Meyer lebten.

Wichtig für die Geschichte der Geowissenschaften sind die Kontakte zwischen Pallas und dem führenden Geognosten seiner Zeit, A. G. Werner, sowie zu J. F. W. T. v. Charpentier im sächsischen Freiberg und damit zwischen der Petersburger Akademie und der Freiberger Bergakademie.[12] Diese Tatsache ist deshalb wichtig, weil sie belegt, daß sich die Wissenschaftsbeziehungen zwischen dem Russischen Reich und Freiberg nicht allein auf die Delegierung von russischen

10 Vgl. Anm. 8; Hoffmann, P.: Anton Friedrich Büschings „Wöchentliche Nachrichten" als Bibliographie der Rußlandliteratur der siebziger und achtziger Jahre des 18. Jahrhunderts. In: Ost und West in der Geschichte des Denkens und der kulturellen Beziehungen. Festschrift für Eduard Winter zum 70. Geburtstag (=Quellen und Studien zur Geschichte Osteuropas, 15). Berlin 1966, 312ff.

11 Brief von Pallas an A. F. Büsching vom Februar 1776. Vgl. Wendland, F.: Peter Simon Pallas 139.

12 Vgl. ders.: Ein Brief von Peter Simon Pallas (1741–1811) an Abraham Gottlob Werner (1749–1817). Zur Geschichte von geowissenschaftlichen Sammlungen und zur Beziehungsgeschichte. In: Zeitschrift für geologische Wissenschaften, Berlin, 28 (1984) 5 -/279–289.

und deutschen Studenten aus Rußland zum Studium an die Bergakademie beschränkten. Während es in der zu A. G. Werner bestehenden Beziehung um den Kauf einer Mineralienkollektion ging, hatten die Beziehungen zu J. F. W. T. v. Charpentier eine wissenschaftliche Komponente. Pallas hatte v. Charpentier um einen Aufsatz über den Vergleich von sibirischen mit Gesteinen aus Sachsen gebeten.

Neben den Zentren im Heiligen Römischen Reich Deutscher Nation besaßen die weitgehend vor der Übersiedlung nach St. Petersburg angebahnten Beziehungen zu Gelehrten und anderen Persönlichkeiten in Großbritannien und den Niederlanden für Pallas eine immense Bedeutung. Der große Umfang seines Briefwechsels mit britischen und niederländischen Korrespondenten spiegelt die Bedeutung wider, welche die Gelehrten beider Länder neben Frankreich für die Wissenschaftsentwicklung in der zweiten Hälfte des 18.Jahrhunderts gehabt haben.

In Großbritannien gruppierten sich die Bezugspartner vorzugsweise um die Royal Society zu London, der er seit 1764 als Mitglied angehörte und zu der er die Verbindung nach der Beendigung der Akademie-Expedition im Jahre 1774 wieder aufnahm. Neben Gelehrten unterhielt er Beziehungen zu Kaufleuten, Buchhändlern und Instrumentenmachern in Großbritannien.

Cambridge: Edward Waring (1736–1798)

Edinburgh: James Anderson (1733–1805)
John Hope (1725–1786)

London. Joseph Banks /1743–1820)
Anna Blackburne (1760–1793)
William Coxe (1747–1828)
Dru Drury (1725–1803)
Johann Reinhold Forster (1729–1798)
William Marsden (1754–1837)
Matthieu Maty (1718–1776)
Thomas Pennant (1726–1798)
Daniel Charles Solander (1736–1782)
Anders Sparrmann (1748–1820)
William Aiton (1731–1791), Gärtner
Frau Brownrigg, Sammlerin

Edward Darrell Esq.
Andrew Peter Dupont, Kaufmann
John Ellis (1711–1776), Kaufmann und Gelehrter
Peter Elsmley (1736–1802), Buchhändler
Charles Françis Greville (1749–1809), Sammler
Jefferys & Haywood, Globushersteller

In den Niederlanden waren es gleichfalls vor allem Gelehrte aus den Wissenschaftszentren Amsterdam, Franecker, Leiden und Utrecht:

Amsterdam: Johann Burman (Vater) (1707–1779)
Nikolaas Laurens Burman (Sohn) (1733–1793)

Den Haag: Peter Friedrich Gosse, Verleger und Buchhändler
Fürst Dmitrij Alekseevič Golicyn (1734–1803) vermutet

Franecker: Peter Camper (1722–1789)

Leiden: Lorenz Theodor Gronovius (+1777 oder 1778), Sammler und Gelehrter
Friedrich Christian Meuschen (1719–1811)

Utrecht: Peter Boddaert (1730–1797)

Nur relativ wenig ist über die Verbindungen von Pallas zu Gelehrten in Frankreich, Italien, der Schweiz, Schweden, Dänemark, Polen und Kurland bekannt:

Frankreich

Straßburg: Johann Hermann (1738–1800)
Johann Friedrich Lobstein (1736–1784)

Paris: Georges Louis Leclerc Comte de Buffon (1707–1788)
Anne-Emmanuel Ferdinand François Duc de Croy-Solre (1743–1803)
Antoine Court de Gebelin (1725–1784)
Jean-Louis Giraud Soulavie (1752?-1813)

Montpellier: Cuisson

Toulouse: Philipp Picot de la Peyrouse (1744–1818)

Italien

Mailand: Ermenegildo Pini (1739–1825)

Mantua: Angelo Gualandris (1750–1789)

Neapel: Cajetano Carcaris
Torcia

Turin: Carlo Allioni (1728–1804)

Schweiz
Locher oder Locker

Bern: Jakob Samuel Wyttenbach (1748–1830)
Typographische Gesellschaft von Bern

Schweden

Stockholm: Peter Johann Bergius (1730–1790)
Nils Dahlberg (1736–1820)
J. E. Norberg (1749–1818)

Uppsala: Carl v. Linné (Sohn) (1741–1783)
Carl Peter Thunberg (1743–1828)

Dänemark

Kopenhagen: Morten Thrane Brünnich (1737–1827)
Otto Friedrich Müller (1730–1784)
ferner
Johann Christian Fabricius (1745–1808)
Carsten Niebuhr (1733–1815)

Polen

Wilna: Jean Emanuel Gilibert (1741–1814)

Kurland

Mitau: Johann Jakob Ferber (1743–1790)
Johann Gottlieb v. Groschke (1760–1828)

Um ein möglichst umfassendes Bild von dem Geflecht der Wissenschaftsbeziehungen in Europa zu gewinnen, muß man sich vergegenwärtigen, daß die aufgeführten Zeitgenossen sich untereinander intensiv austauschten. So standen verschiedene Berliner Mitglieder der Gesellschaft naturforschender Freunde Berlins in enger Verbindung zu J. C. F. Meyer und A. B.Koelpin in Stettin, die ebenfalls Mitglieder dieser Gesellschaft waren. Von Berlin aus gab es, vermittelt durch die Mitgliedschaft in der Gesellschaft – die Königliche Akademie der Wissenschaften bleibt hier unberücksichtigt – intensive Kontakte zu J. Chr. D. v. Schreber in Erlangen und zu I. v. Born und N. J. Frhr. v. Jacquin in Wien. Über Jacquin liefen auch Kontakte nach Italien, so zu C. Allioni.

Ein für die deutsch-russischen Wissenschaftsbeziehungen bedeutsames, aber kaum untersuchtes Gebiet stellt die Zusammenarbeit der Gelehrten mit Verlegern, Zeichnern und Kupferstechern dar.

Die intensive Publikationstätigkeit erforderte von Pallas einen engen Kontakt zu Verlegern und als Naturforscher besonders zu Zeichnern und Kupferstechern sowohl in St. Petersburg als auch in den deutschen Ländern, den Niederlanden und in der Schweiz. Hatte Pallas in den Jahren vor der Übersiedlung nach Rußland seine Monographien in niederländischen und Berliner Verlagen herausgebracht, so erschien in der Petersburger Periode ein Großteil der Werke in der Akademischen Typographie, bei Weitbrecht & Schnoor, Johann Carl Schnoor und bei Johann Zacharias Logan.

St. Petersburg: Akademische Typographie

1771–1776	Reise durch verschiedene Provinzen des Rußischen Reichs
1773–1788	in russischer Übersetzung
1776–1801	Sammlungen historischer Nachrichten über die Mongolischen Völkerschaften Observations sur la formation des montagnes et les changements arrivés au globe, particulièrement á l'égard de l'Empire Russe
1781	Enumeratio plantarum
1784, 1815	Flora Rossica,
1786	in russischer Übersetzung
1785	Avis au Public (Ankündigung des Universalglossariums)
1795	Tableau physique et topographique de la Tauride
1811, 1831	Zoographia Rosso-Asiatica

St. Petersburg: Weitbrecht & Schnoor

1777 Betrachtungen über die Beschaffenheit der Gebirge und die Veränderungen der Erdkugel, besonders in Beziehung auf das Rußische Reich

St. Petersburg: Johann Carl Schnoor

1787–1789 Linguarum Totius Orbis Vocabularia comparativa

St. Petersburg: Johann Zacharias Logan

1781–1783, 1793, 1796 Neue Nordische Beyträge

1796 Tableau physique et topographique de la Tauride, Physikalisch-topographisches Gemählde von Taurien

Während der Petersburger und der Krimperiode sind mehrere Monographien auch in Deutschland bei Wolfgang bzw. von 1790 an bei dessen Sohn, Johann Salomon Walther, in Erlangen und bei Gottfried Martini in Leipzig erschienen.

Erlangen: Wolfgang und Johann Salomon Walther

1778–1779 Novae Species Quadrupedum e Glirium ordine

1781, 1806 Icones Insectorum

Leipzig: Gottfried Martini

1799–1801 Bemerkungen auf einer Reise in die südlichen Statthalterschaften des Russischen Reiches in den Jahren 1793–1794, französische Übersetzung,

1803 neue deutsche Ausgabe

1800–1803 Species Astragalorum

1803–1806 Illustrationes plantarum imperfecte

Die Gründe für die Veröffentlichung von mehr als 20 Prozent aller Monographien außerhalb des Russischen Reiches sind nicht genau bekannt. Einer der Gründe ist mit Sicherheit in den hohen Qualitätsansprüchen zu sehen, die Pallas als Naturforscher an die Zeichnungen und den Stich der Kupferplatten stellte und die von der Akademischen Typographie oft nicht erfüllt werden konnten. Ein weiterer Grund ist vielleicht die nicht ausreichende Zeichen- und Druckkapazität der Akademischen Typographie gewesen. Vielleicht wollte er auch die von Katharina II. in ihren späten Regierungsjahren und von Paul I. aus Furcht vor den geistigen Einflüssen der Französischen Revolution drastisch verschärfte Zensur umgehen.

Einblick in die Herausgabemodalitäten eines Teils seiner Werke im Ausland, speziell in die Fertigstellung der „Flora Rossica", vermittelt der in Teilen erhaltengebliebene Briefwechsel zwischen Pallas und N. J. Frhr. v. Jacquin. Für die Herausgabe bediente sich Pallas der Verbindungen zu ihm bekannten Gelehrten, zu J. Chr. D. v. Schreber in Erlangen und N. J. Frhr. v. Jacquin in Wien. Schreber vermittelte den Kontakt zu W. und J. S. Walther, und Jacquin kümmerte sich um den Stich der Zeichnungen und die Kolorierung der Abzüge. Pallas schickte die Zeichnungen zur „Flora Rossica" an Jacquin, der seinerseits den Stich und die Herstellung von Probeabzügen veranlaßte, diese kolorieren ließ und an Pallas sandte. Dieser begutachtete und schickte sie zur Verbesserung der Kolorierung wieder an Jacquin. Danach gingen die gestochenen Kupferplatten und die Probeabzüge an den Kommissionär Hecker in Lübeck und über die Ostsee nach St. Petersburg. In Abständen sandte Pallas an Jacquin Wechsel zur Begleichung der Kosten.

Die Beziehungen zu Gottfried Martini in Leipzig, die Pallas' Zeichner, Chr. G. H. Geißler, der seinerseits mit G. Martini verschwägert war, vermittelte, müssen recht eng gewesen sein, wie aus zahlreichen Briefstellen hervorgeht; allerdings sind bisher keine Briefe von Pallas an G. Martini bekannt. Die Zusammenarbeit erstreckte sich über die Jahre 1799–1806.

Nürnberger Künstler, wie D. R. Nitschmann, Johann Nussbiegel, Johann Georg Sturm und Johann Friedrich Volckart, arbeiteten beispielsweise an den Abbildungen zu den „Novae Species Quadrupedum". Zu den anderen Werken schuf vor allem Chr. G. H. Geißler die Zeichnungen und Kupferstiche. Nur die Karten zu den „Bemerkungen auf einer Reise in die südlichen Statthalterschaften des Russischen Reichs" stammen von Johann Gottfried Scheffner.

Darüber hinaus hat sich Pallas bemüht, von St. Petersburg aus die Herausgabe von Auszügen aus den „Reisen durch verschiedene Provinzen des Rußischen Reichs" zu beeinflussen, wie der Brief an die Typographische Gesellschaft von Bern vom 2. September 1777 belegt.

Es kann festgehalten werden, daß sich Pallas bei der Herausgabe von bedeutenden botanischen und zoologischen Werken mit Erfolg der russisch-deutschen Wissenschaftsbeziehungen bedient hat.

Der Briefwechsel des Gelehrten gibt auch Hinweise darauf, wie die Kommunikationswege von St. Petersburg aus nach Deutschland und in andere Länder Europas beschaffen waren. Die Wege der Kommunikation nach Deutschland offenbart der Brief vom 8./19. Januar 1781 an A. G. Werner. Anlaß des Briefes war die Übersendung des Freiberger Mineralienverzeichnisses durch A. B. Koelpin an Pallas. Daraufhin schrieb dieser an A. G. Werner, informierte gleichzeitig an Mineralien interessierte Persönlichkeiten in St.Petersburg und Moskau. Während er die Antwort Werners über A. B. Koelpin und J. C. F. Meyer in Stettin erbat, sollte die Bezahlung der Mineralienkollektion über seinen nach Leipzig zur Ostermesse reisenden Verleger J. Z. Logan bzw. über seine Schwester in Berlin erfolgen. Auch der Versand der Sammlung sollte über Berlin abgewickelt werden.[13]

Den Briefwechsel mit den Korrespondenten in Wien und Frankreich wickelte er teils direkt, teils indirekt über Sir James Harris, den britischen Gesandten in St. Petersburg, ab. Auch sollte Th. Pennant in London für Pallas bestimmte Briefe oder Materialien zunächst an I. v. Born senden.

Für die Kommunikation mit Großbritannien wurde vorwiegend der Seeweg von St. Petersburg nach London und Liverpool benutzt. Pallas gab für J. Banks und Th. Pennant bestimmte Briefe und Materialien englischen Kapitänen wie Beddlington, Lancaster, Parker und Porter mit. Diese leiteten die Briefe aber nicht direkt an die Adressaten weiter, sondern zunächst an Mittelsmänner, wie E. Darrell, D. Drury und Ch. F. Greville. Diese übergaben sie ihrerseits schließlich den Empfängern. Im Falle von J. Banks und Th. Pennant praktizierte Pallas auch den diplomatischen Weg über die britischen Gesandten bzw. den Generalkonsul in St. Petersburg. Den britischen Korrespondenten empfahl Pallas, die Antwortbriefe auch über seine Schwester in Berlin laufen zu lassen. Die Beförderung der Briefe auf dem Seewege nach Großbritannien schlug er deshalb vor, weil die – verglichen mit Großbritannien –, im Russischen Reich dreimal höheren Portokosten sich so erheblich vermindern ließen. Allerdings war die Häufigkeit des Briefwechsels durch die lange Vereisungsdauer der Ostsee eingeschränkt.

13 Vgl. Anm. 12; Wendland, F.: Peter Simon Pallas (1741–1811). Seine Bedeutung für die Entwicklung der Geologie und für die deutsch-russischen Wissenschaftsbeziehungen im 18. Jahrhundert. In: NTM-Schriftenreihe für Geschichte der Naturwissenschaften, Technik und Medizin. Leipzig 21 (1984) 1, 99–120.

Der kurze Überblick über Leben, Werk und Wirken von Pallas offenbart die große Bedeutung, die er als Gelehrter und Mittler im Rahmen der wechselseitigen deutsch/europäisch-russischen Wissenschaftsbeziehungen gehabt hat. Es hat sich gezeigt, daß durch die detaillierte Erforschung der Biographie eines Gelehrten wichtige Wesenszüge und Merkmale der deutsch/europäisch-russischen Wissenschaftsbeziehungen erkannt werden können. Deren Bedeutung für die Entwicklung der verschiedenen Wissenschaftsdisziplinen ist noch weitgehend ungeklärt.

Gerd Fesser

Akteur der Bismarckschen Rußlandpolitik. Bernhard von Bülows diplomatische Tätigkeit in St. Petersburg 1884–1888

Am 29. Juni 1884 wurde der Erste Sekretär der deutschen Botschaft in Paris, Bernhard von Bülow, nach St. Petersburg versetzt. Bülow stand seit 1873 im diplomatischen Dienst. Er war begabt, ehrgeizig und gesellschaftlich außerordentlich gewandt. Den allmächtigen Reichskanzler Otto von Bismarck und dessen Familie kannte er bereits seit seiner Kindheit. Bülow bewunderte den „Eisernen Kanzler" und war bestrebt, sich dessen machiavellistische Intentionen ganz und gar zu eigen zu machen.[1] Dem Telegramm des Auswärtigen Amtes, in dem ihm seine Versetzung mitgeteilt wurde, folgte eine Depesche Bismarcks, worin der Diplomat auf das Gut Varzin bestellt wurde.

In Varzin las der Kanzler Bülow ein Privatissimum über seine Rußlandpolitik.[2] Das A und O für die Außenpolitik des Deutschen Reiches, so betonte er, sei das Verhältnis zu Rußland. Aus diesem Grunde sei Petersburg der wichtigste diplomatische Posten. Es müsse alles getan werden, um einen deutsch-russischen Krieg zu vermeiden. Bülow solle in Petersburg nicht müde werden, immer wieder zu erklären: Niemand könne voraussehen, wie ein Krieg zwischen Deutsch-

1 Über den Lebensweg Bülows vgl. zuletzt: Fesser, G.: Reichskanzler Bernhard Fürst v. Bülow. Eine Biographie. Berlin 1991.

2 Zur Rußlandpolitik Bismarcks in den 1880er Jahren vgl. Kumpf-Korfes, S.: Bismarcks „Draht nach Rußland". Zum Problem der sozialökonomischen Hintergründe der deutsch-russischen Entfremdung im Zeitraum 1878 bis 1891. Berlin 1968; Canis, K.: Bismarck und Waldersee. Die außenpolitischen Krisenerscheinungen und das Verhalten des Generalstabes 1882 bis 1890, Berlin 1980; Wehler, H.-U.: Bismarcks späte Rußlandpolitik. In.: Ders.: Krisenherde des Kaiserreichs 1871–1918, 2., überarb. u. erw. Aufl. Göttingen 1979, 166ff.

land, Österreich-Ungarn und Rußland ausgehen würde. Nur eines sei ganz sicher: Die drei Monarchen würden die Zeche zu bezahlen haben, und „die Revolution" würde die Gewinnerin sein.[3]

Während seiner Reise nach Petersburg machte Bülow in Königsberg Station und faßte die Äußerungen Bismarcks in einem Gedächtnisprotokoll zusammen. Darin heißt es unter anderem: „S.[eine] D.[urchlaucht] über auswärtige Lage. Friedenspolitik! Warum?! Bei Krieg nichts, gar nichts zu gewinnen. D[eu]tsch-Österreich? baltische Provinzen? Holland? Schweiz? Alles das würde uns nur schwächen. Er verwarf prophylaktische Kriege."[4]

Anfang Juli trat Bülow seinen neuen Posten an. Er kam nicht zum ersten Male nach Rußland. Bereits vom Dezember 1875 bis April 1876 hatte er an der Botschaft in Petersburg gearbeitet. Jetzt fand er eine stark veränderte politische Lage vor. Im Jahre 1881 hatten Mitglieder der Untergrundorganisation Narodnaja Volja den Zaren Aleksandr II. ermordet, der als liberaler, ausgesprochen deutschfreundlich eingestellter Reformer galt. Sein Nachfolger hingegen, Aleksandr III., war ein Reaktionär und großrussischer Nationalist. Der neue Zar riß in der Innenpolitik das Steuer nach rechts herum, und er begann auch, gegenüber dem Deutschen Reich auf Distanz zu gehen. Großen Einfluß auf Aleksandr besaß sein einstiger Erzieher Konstantin Pobedonoscev,[5] der als Oberprokureur des Heiligen Synods zur treibenden Kraft der Russifizierung im Vielvölkerreich wurde. Sowohl die Reformen Aleksandr II. als auch die westliche Kultur und Lebensform lehnte dieser orthodoxe Reaktionär schroff ab.

Der während Bülows Aufenthalt in Petersburg amtierende deutsche Botschafter General der Infanterie Hans Lothar von Schweinitz[6] sympathisierte mit Pobedonoscev. Politisch stand er wesentlich weiter rechts als Bismarck. Er war durchaus befähigt, gab sich freilich unnah-

3 Fürst v. Bülow, B.: Denkwürdigkeiten, 4. Berlin 1931, 528f.

4 Bundesarchiv Koblenz, Nachlaß Bülow, Nr. 65, B. 87.

5 Stökl bezeichnet Pobedonoscev zu Recht als den „ideologischen und politischen Generalstabschef" Aleksandrs III. Vgl. Stökl, G.: Russische Geschichte von den Anfängen bis zur Gegenwart, 5. erw. Aufl. Stuttgart 1990, 560.

6 Vgl. Schweinitz, W. v., Hg.: Denkwürdigkeiten des Botschafters General von Schweinitz, 2 Bde. Berlin 1927; ders., Hg.: Briefwechsel des Botschafters General von Schweinitz. Berlin 1928.

bar und machte sich zudem in der Botschaft sehr rar. Zu dieser Zeit bezogen die deutschen Botschafter in den großen europäischen Hauptstädten fürstliche Gehälter (in London und Petersburg 150 000 Mark jährlich). Sie lebten durchweg auf großem Fuße und delegierten die Arbeit so weit als irgend möglich auf ihre Sekretäre. Schweinitz nahm sich oft und reichlich Urlaub, während derer Bülow als Geschäftsträger amtierte.

Bülow besuchte von Anfang an unermüdlich Empfänge, Bälle und dergleichen und ging in den Salons der Aristokratie ein und aus. Besonders wichtige Kontaktpersonen waren für ihn deutschfreundlich eingestellte Adelskreise, namentlich Großfürst Vladimir (ein Bruder des Zaren), die Fürstin Elena Kočubej (die Oberhofmeisterin der Zarin Marija Fedorovna), der General Durnovo (der Verwalter des kaiserlichen Vermögens) und dessen Frau, eine gebürtige Prinzessin Kočubej. Bülow freundete sich auch mit dem Polizeigeneral Čerevin an, der für die Sicherheit des Zaren zuständig war.[7] Bülow, der mit weitaus mehr Menschen in Kontakt kam als der bequeme Schweinitz, war bald über die Stimmung in der Petersburger Gesellschaft wesentlich besser orientiert als der Botschafter. Er faßte die Berichte nach Berlin ganz nach eigenem Gutdünken ab. Daneben schrieb er von Beginn seiner Tätigkeit in Petersburg Privatbriefe an Herbert Graf von Bismarck, den mächtigen Sohn des Kanzlers.[8]

Diesen Berichten und Briefen ist die schriftstellerische Begabung Bülows, seine Freude am Fabulieren, anzumerken. Bülow beantwortete die Anfragen, die er vom Auswärtigen Amt oder durch Privatbriefe Herbert Bismarcks erhielt, präzise und wußte seine Einschätzungen stets durch konkrete Fakten zu untermauern. Um diesen harten Kern des jeweiligen Berichtes oder Briefes rankten sich aber zumeist eine Fülle von Mitteilungen über Gespräche und Erlebnisse, namentlich aber pikant dargebotener Hofklatsch. Seine Rapporte waren deshalb

7 Ab und zu brachte Bülow den angetrunkenen General gegen Mitternacht nach Hause und saß noch einige Stunden mit ihm zusammen. Čerevin vertilgte dann Unmengen von kaukasischem Landwein und plauderte dabei offenherzig über die geheimsten Staatsangelegenheiten. Vgl. Denkwürdigkeiten, 4, 577f.

8 Eine Auswahl dieser Briefe ist in stark gekürzter Form veröffentlicht in: Bußmann, W., Hg. u. Einltg.: Staatssekretär Graf Herbert von Bismarck. Aus seiner politischen Privatkorrespondenz. Göttingen 1964

stets amüsant zu lesen, uferten freilich im Umfang mächtig aus. Unter den Briefen an Herbert Bismarck etwa sind solche mit einer Länge von 20 Seiten keine Seltenheit.

Herbert Bismarck legte viele der Briefe seinem Vater vor, manche auch Kaiser Wilhelm I. oder dem Prinzen Wilhelm, dem späteren Kaiser Wilhelm II. Der Reichskanzler, der allgemein mit seiner Anerkennung kargte, lobte die Briefe Bülows wiederholt ausdrücklich. Etliche Male kennzeichnete er bestimmte Stellen und wies seine Mitarbeiter an, die betreffenden Informationen an die Botschaft in Wien weiterzuleiten.[9]

Solche Anerkennung war für Bülow ein Lichtblick, denn er befand sich 1884/85 oft in gedrückter Stimmung. Es fiel ihm nicht immer leicht, in den Salons die Rolle des gut gelaunten geistreichen Plauderers und Charmeurs durchzuhalten. Zum einen zehrte der große Arbeitsumfang an seinen Nerven, zum anderen quälte ihn die Ungewißheit, ob es ihm je möglich sein würde, die geschiedene Maria Gräfin Dönhoff zu heiraten. Entscheidend aber war das äußerst unerquickliche Verhältnis zu Schweinitz. Bülow empfand den Unterschied zwischen dem großzügigen milden Regime des Fürsten Chlodwig zu Hohenlohe-Schillingsfürst, der in Paris sein Vorgesetzter gewesen war, und dem Willkür-Regiment von Schweinitz bitter. Am 11. November 1885 machte er seinem Herzen in einem Brief an seinen Freund, den Vortragenden Rat im Auswärtigen Amt, Karl von Lindenau Luft: „... den ganzen Sommer über, von Mai bis Ende September, saß Schweinitz auf dem Lande, keine Eisenbahnstunde von der Stadt, im Kreise seiner 7 Kinder & kümmerte sich nicht einen Deut um die Geschäfte; dann kam der Battenberg-Schwindel, so daß ich die ganze Zeit über mehr zu tun hatte als je in meiner dienstlichen Laufbahn. Ich konnte nicht einen Tag von Petersburg fort, wo Schweinitz alle 14 Tage einmal auf wenige Stunden erschien ... Schweinitz ist gar kein angenehmer Chef. Er ist innerlich beständig in Opposition zum A.[uswärtigen] Amt, nicht aus sachlichen Gründen, sondern aus persönlichen Motiven, weil er sich in seiner Bequemlichkeit durch jeden Auftrag gestört fühlt; er ist grenzenlos faul & wälzt alles auf

9 So beauftragte der Reichskanzler Herbert Bismarck am 12. November 1885, Bülows Brief vom 8. November Kaiser Wilhelm I. vorzulesen und ihn auszugsweise dem Botschafter in Wien mitzuteilen. In: Ebenda, 337ff.

mich ab; ist dafür jedoch nicht dankbar, sondern schimpft hinter meinem Rücken auf mich; er ist äußerlich ein Prinzipien-Reiter & fließt über von salbungsvollen Redensarten über Moral, Konservatismus & Religion, innerlich jedoch einer der krassesten brutalsten Egoisten, die mir noch vorkamen & dabei falsch wie Galgenholz. Es ist nicht gut unter ihm wohnen."[10]

Während Schweinitz aus seiner stockkonservativen Gesinnung heraus Sympathien für Pobedonoscev hegte, schrieb Bülow bereits am 17. Oktober 1884 an Herbert Bismarck, er teile die Ansicht der Gräfin Durnovo, daß Pobedonoscev „durch seine Verbohrtheit Rußland der Revolution in die Arme" treibe. Er fügte hinzu, vom deutschen Standpunkt aus sei es günstig, daß das Regime Pobedonoscev bestehe. Denn: „Ich komme doch immer mehr zu der Überzeugung, daß, wenn es in Rußland zu Katastrophen käme, aus denen das Zarentum geschwächt hervorginge, dies ein Glück für uns wäre."[11]

Der „Battenberg-Schwindel", von dem Bülow in seinem Brief an Lindenau schrieb, trug seit 1885 enorm dazu bei, die außenpolitische Situation Deutschlands zu verschlechtern. 1885 verschärfte sich das Ringen zwischen Rußland und Österreich um den beherrschenden Einfluß in Bulgarien, das von 1879 bis 1886 von Alexander von Battenberg, dem Fürst von Bulgarien, regiert wurde. Bis in die Armeeführung und die Spitzen der Bürokratie hinein regten sich in Rußland panslawistisch gesinnte Kräfte, die für einen Angriffskrieg gegen Österreich eintraten. Mehr und mehr schürten diese Kreise auch antideutsche Stimmungen. Der deutschfreundlich eingestellte russische Außenminister Nikolaj Girs[12] geriet zunehmend unter Druck. Gleichzeitig löste der Sturz der Regierung Ferry in Frankreich eine innenpolitische Krise aus, die eine lautstarke antideutsch-revanchistische Bewegung hervorbrachte. Erstmalig seit 1871 schien für Deutschland die Gefahr eines Zweifrontenkrieges zu entstehen.

10 Nachlaß Bülow, Nr. 99, Bl. 83ff.

11 Vgl. Staatssekretär Graf Herbert v. Bismarck, 267.

12 Kennan bezeichnet Girs als einen „äußerst fähigen Berufsdiplomaten", der „nach Bismarck wahrscheinlich der erfahrenste und fähigste Staatsmann seiner Zeit in Europa" gewesen sei. Vgl. Kennan, G.F.: Die schicksalhafte Allianz. Frankreich und Rußland am Vorabend des Ersten Weltkrieges. Köln 1990, 31.

Am 26. Oktober 1885 schrieb Bülow über den Balkankonflikt: „Daß Rußland, nachdem Bosnien und die Herzegowina in den Besitz, Serbien und Rumänien in die Machtsphäre Österreichs gelangt sind, sich auch Bulgarien definitiv entwinden lassen soll, wird m.u.E. Kaiser Alexander nicht zugeben. Wenn er dort die aus politischen und persönlichen Gründen gewünschte Satisfaktion nicht erhält, wird der Kaiser . . . den panslawistischen Geistern . . . gegen Österreich freien Lauf lassen."[13] Der Kanzlersohn antwortete am 31. Oktober, daß er die Ansicht Bülows rückhaltlos teile. Er fügte hinzu: „Sie sind wirklich der einzige unter unseren sämtlichen Diplomaten, der sich von den politischen Ideen meines Vaters durchdringen läßt und darüber auch außerhalb der Dienststunden nachdenkt."[14]

Während in der Großen Politik schwarze Gewitterwolken heraufzogen, trat im persönlichen Leben Bülows jene Wende ein, auf die er lange gehofft hatte. Anfang Dezember 1885 wurde die Ehe der Gräfin Dönhoff vom Vatikan wegen eines Formfehlers annulliert. Damit stand ihrer Heirat mit Bülow auch kirchenrechtlich kein Hindernis mehr im Wege.

Nach den Flitterwochen kehrte Bülow in die diplomatischen Auseinandersetzungen zurück, denn die außenpolitische Krisensituation dauerte bis 1887 an. In den Führungskreisen des Deutschen Reiches traten starke Kräfte hervor, welche die Rußlandpolitik Bismarcks für verfehlt hielten. Diese Leute meinten, ein Krieg mit Rußland und Frankreich werde ohnehin kommen, daher sei es besser, ihn präventiv zu führen. Besonders militant zeigte sich Alfred Graf von Waldersee, der anstelle des 85jährigen Helmuth von Moltke faktisch den preußischen Generalstab leitete.[15] Prinz Wilhelm befürwortete ebenfalls einen Präventivkrieg.[16] Friedrich von Holstein, die „Graue Eminenz" des Auswärtigen Amtes, begann im geheimen der Rußlandpolitik Bismarcks entgegenzuarbeiten und belieferte Waldersee sowie die österreichische Regierung mit Informationen.[17]

13 Vgl. Staatssekretär Graf Herbert v. Bismarck, 327.
14 Ebenda, 331.
15 Vgl. Canis.
16 Vgl. dazu die Marginalien Wilhelms.
17 Vgl. Krausnick, H.: Holsteins Geheimpolitik in der Ära Bismarck 1886–1890, 2. Aufl. Hamburg 1942.

Bismarck beurteilte nicht nur die politischen, sondern auch die militärischen Aussichten eines deutsch-russischen Krieges weitaus realistischer als die angeblichen Fachleute. Er trat deshalb den Kriegsbefürwortern scharf entgegen.[18] Bülow teilte die Intentionen Bismarcks völlig und trat – wie übrigens auch Schweinitz – dafür ein, einen Krieg mit Rußland zu vermeiden. So schrieb er am 10. November 1886 an Lindenau: er sei der Ansicht, daß „den Russen nicht über den Weg zu trauen ist, ein Krieg mit denselben jedoch unsere Gesamtlage in Europa nur verschlechtern kann & wir deshalb trachten müssen, einen solchen, soweit es unsere Sicherheit & Würde zuläßt, mit Geduld & Spucke zu vermeiden."[19]

Daß Bülow die Rußlandpolitik Bismarcks unterstützte, mißfiel Holstein außerordentlich. Er äußerte sich immer unfreundlicher über den Botschaftsrat und bemühte sich nach Kräften, ihn beim Kronprinzenpaar sowie bei Herbert Bismarck anzuschwärzen. Am 10. November 1886 schrieb er an seinen Freund Paul Graf von Hatzfeld-Wildenburg: „Bülows Petersburger Berichterstattung erweist sich geradezu als gemeingefährlich, nur mit Lucchesinis Tätigkeit 1805 vergleichbar."[20] Ähnlich kritische Meinungen kamen auch aus anderer Quelle. Am 12. Januar 1887 berichtete der österreichisch-ungarische Botschafter in Berlin, Emmerich Graf Széchényi, seinem Außenminister über ein Gespräch mit Hugo Graf Radolin, dem Hofmarschall des Kronprinzen und Vertrauensmann Holsteins. Dieser wußte zu berichten, weshalb Herbert Bismarck einen „russenfreundlichen" Kurs verfolgte, nämlich weil er „stark unter dem Einfluß" Bülows stehe, der „förmlich vor allem, was russisch sei, auf dem Bauche liege".[21] Ein weiterer Grund für die Feindseligkeit Holsteins dürfte im krankhaften Mißtrauen dieses Sonderlings gelegen haben, der in Bülow einen Aufsteiger witterte, der auch in Zukunft seine Kreise stören konnte.

18 Vgl. Engelberg, E.: Bismarck. Das Reich in der Mitte Europas. Berlin 1990, 502ff.

19 Nachlaß Bülow, Nr. 99, Bl. 94.

20 Girolamo Marchese Luccesini war 1806, am Vorabend des Krieges mit Frankreich, preußischer Gesandter in Paris, wo er sich von der französischen Regierung immr wieder hinters Licht führen ließ und durch seine Berichte zur Desorientierung seiner Regierung beitrug. Rich, N., Fisher, M. H., Hg.: Die geheimen Papiere Friedrich von Holsteins, 3. Göttingen, Berlin, Frankfurt 1961, 175.

21 Zit. nach: Krausnick, 110.

Infolge der wachsenden Spannungen zwischen Rußland und Österreich-Ungarn gelang es den Regierungen in Wien, Berlin und Petersburg nicht, das 1887 auslaufende Dreikaiserbündnis zu erneuern. Im Herbst 1886 begannen separate Verhandlungen über eine deutsch-russische Allianz.[22] Seit Januar 1887 stockten sie freilich, unter anderem deshalb, weil sich ein deutsch-französischer Krieg abzuzeichnen schien.

Bülow befürwortete am 20. Januar 1887 in einem Brief an Herbert Bismarck nachdrücklich ein deutsch-russisches Bündnis. Er betonte, daß „die russische Politik einheitlicher, konsequenter und für uns verläßlicher werden würde, wenn wir in einem festen Vertragsverhältnis a deux mit den Russen stünden. M. E. würde es jetzt möglich sein, einen Vertrag mit den Russen abzuschließen, welcher jeden von uns beiden zur wohlwollenden Neutralität verpflichtete für den Fall, daß der andere in Krieg geriete."[23] Am 13. und 22. April 1887 hatte Bülow, der wieder einmal als Geschäftsträger fungierte, ausführliche Unterredungen mit Girs zu diesem Thema. Der Außenminister ließ dabei erkennen, daß er daran interessiert war, die stockenden Verhandlungen mit der deutschen Seite voranzubringen. Bülow informierte den Reichskanzler darüber am 14. und 25. April 1887.[24] Er unterstützte dabei den Vorstoß von Girs entschieden. Am 5. Mai schrieb er Herbert Bismarck, die „Entente à trois" sei derzeit nicht erreichbar, da müsse man eben eine „Entente à deux" abschließen. Er fuhr fort: „Daß auch ein Vertrag mit Rußland keine absolute Garantie gegen einen russischen Angriff bietet, gebe ich Schweinitz vollkommen zu. Nichtdestoweniger ist m.u.E. ein solcher ein großer Gewinn für uns, und darum habe ich . . . soviel ich konnte, für einen solchen vorgearbeitet. Rußland nähert sich langsam, aber wohl unaufhaltsam, denn es wird hier zu dumm regiert, dem Dilemma: Krieg oder Revolution. Da wir bei einem Konflikt mit Rußland nichts zu gewinnen haben, so ist offenbar alles nützlich, was dazu beiträgt, daß wenigstens diese Eventualität vermieden wird."[25]

22 Vgl. dazu GP, 5, Nr. 992, 75 ff.; Engelberg, 494ff.
23 Vgl. Staatssekretär Graf Herbert v. Bismarck, 422.
24 GP, 5, Nr. 1 072, 1 073, 222ff.
25 Vgl. Staatssekretär Graf Herbert v. Bismarck, 441.

Der Rückversicherungsvertrag[26] wurde dann allerdings in der Hauptsache zwischen dem Reichskanzler sowie seinem Sohn Herbert und dem russischen Botschafter in Berlin, Graf Šuvalov ausgehandelt. Am 18. Juni 1887 wurde der streng geheime Vertrag unterzeichnet. Die Vereinbarung verpflichtete, ganz im Sinne Bülows, im Falle eines französischen Angriffs auf Deutschland und eines österreichischen Angriffs auf Rußland die Vertragspartner zur Neutralität.[27]

Trotz des Rückversicherungsvertrages verschlechterten sich jedoch die deutsch-russischen Beziehungen weiter. Im August und September 1887 unternahm der führende französische Revanchepolitiker Paul Déroulede eine Reise durch Rußland und wurde dabei von den Panslawisten frenetisch gefeiert. Viel schwerer ins Gewicht fiel jedoch die Verschärfung der Gegensätze auf handels- und finanzpolitischem Gebiet. Bismarck übte auf Rußland massiven ökonomischen Druck aus – zunächst durch eine Pressekampagne gegen die russischen Wertpapiere, später durch das Lombardverbot.[28] Er wollte die russische Regierung auf diese Weise zwingen, auf geplante Industriezölle zu verzichten, insbesondere jedoch die mit dem Rückversicherungsvertrag eingeleitete außenpolitische Zusammenarbeit mit dem Deutschen Reich tatsächlich einzuhalten.[29]

Längerfristig ging Bismarcks Rechnung nicht auf. Rußland orientierte sich notgedrungen vom deutschen Kapitalmarkt auf den französischen um, und die Befürworter eines russisch-französischen Bündnisses gewannen weiter an Boden.[30] Bülow freilich teilte die Fehlkalkulation der Bismarcks. So schrieb er am 25. Januar 1888 an Herbert

26 Wortlaut in: GP, 5, Nr. 1 092, 253ff.

27 Die Bedeutung des Rückversicherungsvertrages sowie seinerNichtverlängerung im Jahre 1890 sind in der wissenschaftlichen Literatur nach wie vor umstritten. Vgl. Hallmann, Hans, Hg.: Zur Geschichte und Problematik des Rückversicherungsvertrages von 1887. Darmstadt 1968. Sichtlich unterschätzt wird die Bedeutung des Vertrages m. E. bei Geiss, Immanuel: Der lange Weg in die Katastrophe. Die Vorgeschichte des Ersten Weltkrieges 1815–1914. München, Zürich 1990, 177ff.

28 Vgl. Kumpf-Korfes, 121ff.

29 Vgl. Deutsche Geschichte in zwölf Bänden, 6: 5. Der Kapitalismus der freien Konkurrenz und der Übergang zum Monopolkapitalismus im Kaiserreich von 1871 bis 1897. Berlin 1988, 305f.

30 Vgl. Kennan, 42ff.

Bismarck: „M.u.E. liegt gerade in dem widrigen Stand der russischen Werte eine Friedens- und Sicherheitsgarantie für uns."[31]

Vom September bis Dezember 1887 machte Schweinitz erneut Urlaub, während Bülow als Geschäftsträger amtierte. Er verfaßte zahlreiche Berichte und Privatbriefe, in denen er nachdrücklich auf den wachsenden Einfluß der Panslawisten hinwies, die ein Bündnis mit Frankreich anstrebten. Obwohl Schweinitz diese Berichte später in Berlin las, entgingen ihm wichtige Nuancen. In den „Denkwürdigkeiten" des Botschafters heißt es, Bülow habe in den Berichten Girs als „unwahr und feindlich" hingestellt und „den Glauben erweckt, daß [in Petersburg] Hof und Gesellschaft nach unserem Blut lechzten."[32] Das stimmte indes nicht. Bülow wußte in Wirklichkeit sehr wohl zu differenzieren und bescheinigte Girs, daß er offenbar „Frieden und Freundschaft mit uns" wolle, sein Einfluß aber begrenzt sei.[33]

In der Literatur wurde Bülow gelegentlich als Befürworter eines Präventivkrieges bezeichnet, zumindest für seine Petersburger Zeit.[34] Als Indiz hierfür diente ein Brief Bülows an Holstein, in dem er über die militärischen Aussichten eines Krieges gegen Rußland urteilte.[35] Vergleicht man diesen Brief aber mit den diversen anderen hier bereits erwähnten Äußerungen Bülows zur Frage eines deutsch-russischen Krieges,[36] kann eine solche Interpretation ausgeschlossen werden. Bülow kannte die rußlandfeindliche Einstellung Holsteins. Er entwarf die Vision eines Vernichtungskrieges gegen Rußland, um Holstein zu demonstrieren, daß ein solcher opferreicher Krieg nicht im Interesse Deutschlands liege. Auch Bismarck, dem Holstein – wie vorauszusehen – den Brief vorlegte, hat ihn offenkundig so verstanden, schrieb jedoch an den Rand: „dergl. exzentrische Konjekturen muß man nicht

31 Vgl. Staatssekretär Graf Herbert von Bismarck, 503.

32 Vgl. Denkwürdigkeiten des Botschafters General von Schweinitz, 2, 351.

33 Vgl. GP, 5, Nr. 1 118, 302.

34 Vgl. Fischer, F.: Krieg der Illusionen. Die deutsche Politik von 1911 bis 1914. Düsseldorf 1969, 87f.; Winzen, P.: Bülows Weltmachtkonzept. Untersuchungen zur Frühphase seiner Außenpolitik 1897–1901. Boppard/Rh. 1977, 44, Anm.) bezeichnet eine solche Interpretation des Bülow-Briefes vom 10. Dezember 1887 als „abwegig".

35 Vgl. Die geheimen Papiere Friedrich von Holsteins, 3, 213ff.

36 Vgl. Bülows Brief an Eulenburg vom 25. Dezember 1887. In: Röhl, J. C. G., Hg.: Philipp Eulenburgs politische Korrespondenz, 1. Boppard/Rh. 1976, 257.

zu Papier bringen!"[37] Weder in Berlin noch in Petersburg gewannen die kriegsentschlossenen Kräfte die Oberhand, und so trat seit Ende 1887 in den deutsch-russischen Beziehungen eine Beruhigung ein.

Am 25. Dezember 1887 zog Bülow die folgende Bilanz seiner Tätigkeit, deren Ambivalenz erstaunte: „Ich hatte 3 Monate angestrengter Geschäftsträgerei, es scheint alles gut gegangen zu sein & jedenfalls bin ich mir bewußt, die Situation wie sie ist geschildert & das Richtige befürwortet zu haben. Daß bei einem Kriege mit Rußland politisch nicht viel herausschaut, liegt auf der Hand; Vertrauen zu den Russen zu empfehlen, nach allen Erfahrungen der letzten Zeit, dazu besitze ich nicht das Coeur Lèger, & der Optimismus von Schweinitz macht mich nicht daran irre, daß wir den Russen gegenüber ernstesten Anlaß zum Mißtrauen haben, unser Pulver trocken halten müssen & uns nicht pour leur beaux yeux von unseren mitteleuropäischen Alliierten trennen lassen dürfen. Wir sollten m.E. für niemanden – weder für die Engländer noch für die Polen & Magyaren – die Kastanien aus dem Feuer holen; wir sollten uns aber auch nicht von den Russen düpieren lassen & nicht für die Vögel, die sie uns auf dem Dache zeigen, die Vögel fliegen lassen, welche wir (in Wien, Rom, London, hoffentlich auch im [vatikanischen] Conzil) in der Hand haben."[38]

Bülows Tätigkeit in Petersburg ging während der kurzen Regierungszeit Kaiser Friedrichs III. zu Ende. Schon ein Jahr zuvor hatte er einen energischen Vorstoß unternommen, seinem Avancement nachzuhelfen. Am 12. April 1887 schrieb er an Herbert Bismarck und drängte den Kanzlersohn, ihm bald eine europäische Gesandtschaft zu verschaffen. Natürlich wußte er, daß der Reichskanzler den Brief lesen würde. Bülow brachte drei Argumente vor: Seine aufreibende Tätigkeit habe seine Gesundheit ruiniert. Er müsse drei Viertel seiner Ausgaben aus eigener Tasche bezahlen und habe so in Petersburg bereits 38 000 Mark eingebüßt. Da er nicht befördert werde, verbreite sich in Petersburg die Meinung, er stehe nicht mehr in Gunst. Das aber erschwere ihm die Arbeit. Das Schreiben war reichlich mit Schmeicheleien für Herbert Bismarck garniert, was diesem aber gar nicht gefiel. Er merkte die Absicht und war verstimmt. Der Staatssekretär übersandte den Brief am 14. April seinem Vater. Er schrieb dazu, wenn

37 Vgl. Die geheimen Papiere Friedrich von Holsteins, 3, 216, Anm. 6.
38 Nachlaß Bülow, N. 99, Bl. 124f.

Bülow so hohe Ausgaben habe, dann seien diese lediglich durch dessen „im Gelde sorglose Frau, d. h. also durch seine törichte Heirat veranlaßt". Doch Bismarck Junior betonte, Bülow sei „der brauchbarste unter unserem jüngeren Personal". Bülow sei zwar eigentlich noch nicht an der Reihe, doch er befürworte eine baldige Beförderung. Er schloß mit den Worten: „... ich gönne diesem fähigen Menschen jeden guten Posten, den Du ihm eventuell geben willst". Der Kanzler versah Bülows Brief mit mehreren Randbemerkungen. Zur selbstbewußten Äußerung des Botschaftsrates, er habe in Paris und Petersburg „seine Schuldigkeit getan", schrieb er lakonisch: „ja".[39]

Am 6. April 1888 wurde Bülow zum Gesandten in Bukarest ernannt, das allgemein als Sprungbrett zu den Botschafterposten in den großen europäischen Metropolen galt.[40]

Nach dem Sturz Bismarcks führte Holstein die Wende in der deutschen Rußlandpolitik herbei. 1890 lief der Rückversicherungsvertrag aus. Obwohl die russische Regierung an seiner Verlängerung interessiert war, erneuerte die deutsche Reichsregierung das Abkommen auf das Drängen Holsteins nicht.[41] Rußland schloß daraufhin 1893 mit Frankreich eine Militärkonvention ab. Fortan standen sich in Europa zwei Militärblöcke gegenüber.

Die Abwendung vom Rückversicherungsvertrag war gewissermaßen das zentrale außenpolitische Glaubensbekenntnis des „Neuen Kurses". Bülow hütete sich deshalb um seiner Karriere willen, offen gegen diesen Kurswechsel aufzutreten. Ohne Zweifel hat er aber innerlich die Kündigung des Rückversicherungsvertrages abgelehnt. In seinen „Denkwürdigkeiten" nannte er sie einen „fürchterlichen Fehler".[42]

An seine Jahre in Rußland erinnerte sich Bülow später gern. Seine Äußerungen über Land und Leute zeugten von Realitätssinn und auch von Sympathie. Er war mit der modernen russischen Literatur gut vertraut und kannte Iwan Turgenjew auch persönlich. In seinen

39 Staatssekretär Graf Herbert von Bismarck, 437.

40 Zur Tätigkeit Bülows in Rumänien siehe Berindei, D.: Bernhard von Bülow in Rumänien in den ersten Jahren seiner Mission in Bukarest. In: Hildebrand, K., Pommerin, R., Hg.: Deutsche Frage und europäisches Gleichgewicht. Festschrift für Andreas Hillgruber. Köln, Wien 1985, 47ff.

41 Vgl. Canis, K.: Von Bismarck zur Weltpolitik. In: Klein, F., Aretin, K. O. v., Hg.: Europa um 1900. Texte eines Kolloquiums. Berlin 1989, 128ff.

42 Bernhard Fürst von Bülow. Denkwürdigkeiten, 4, 614.

„Denkwürdigkeiten" schwärmte er von Schlittenfahrten im russischen Winter und von nächtlichen Picknicks auf den Inseln vor Petersburg im Sommer.[43]

Während seiner Petersburger Jahre war Bülow klar geworden, welch gewaltigen Machtfaktor Rußland trotz aller Rückständigkeit und inneren Schwächen bildete. Wie einst Bismarck, wollte Bülow später in seiner Amtszeit als Staatssekretär und Reichskanzler einen Krieg mit Rußland unbedingt vermeiden. In seinen „Denkwürdigkeiten" gebrauchte er das Bild, im Kriegsfall könne England der deutschen Eiche „viele edle Zweige abhauen und schönes Laubwerk vernichten", aber nur Rußland könne sie an den Wurzeln treffen.[44] Seit seiner Tätigkeit in Petersburg hegte Bülow, solange er politisch wirkte, gegenüber den regierenden Kreisen Österreich-Ungarns insgeheim stets eine skeptische und distanzierte Einstellung. Ja, er hielt an der Überlegung fest, sich im äußersten Notfall zu Lasten der Donaumonarchie mit dem Koloß im Osten zu verständigen.[45]

Bülow strebte also nicht nur gute Beziehungen zu Rußland an, sondern hoffte zeitweilig sogar auf ein Bündnis.[46] Doch namentlich die von ihm mitgetragene Bagdadbahnpolitik sowie der deutsch-russische Handelsvertrag von 1904[47] bildeten für ein solches Bündnis

43 Ebenda, 371.

44 Ebenda, 1. Berlin 1930, 47.

45 Vgl. Ebenda, 3. Berlin 1931, 265; Sontag, J.: Begegnungen mit Bülow und anderen. Berlin 1935, passim.

46 Vgl. Vogel, B.: Deutsche Rußlandpolitik. Das Scheitern der deutschen Weltpolitik unter Bülow 1900-1906. Düsseldorf 1973; Winzen, 139ff. Kritisch dazu: Lemke, H.: Deutschland und Rußland während der Krisen im Jahrzehnt vor dem Ersten Weltkrieg. In: Klein, F., (Hg.): Kriegsgefahren und Friedenschancen im 20. Jahrhundert. Berlin 1985, 18.

47 Der deutsch-russische Handelsvertrag, den Bülow im Sommer 1904 mit dem russischen Ministerpräsidenten Sergej Vitte vereinbarte, beruhte auf den Minimalzöllen des deutschen Zolltarifs von 1902. Nachdem der Vertrag in Kraft getreten war, setzte sich die positive Entwicklung der russisch-deutschen Handelsbeziehungen fort. In der russischen Öffentlichkeit hielt sich aber hartnäckig die Meinung, Bülow habe 1904 die schwache Position Rußlands rigoros ausgenutzt und dem Lande einen ungünstigen Vertrag aufgenötigt. Siehe Wulff, D.: Handel und Politik in den russisch-deutschen Beziehungen 1894-1904, phil. Diss. A. Berlin 1986; ders.: Der russisch-deutsche Handelsvertrag von 1904. In: Jahrbuch für Geschichte der sozialistischen Länder Europas, 32 (1988) 129ff.

schwere Hürden. Die regierenden Kreise Rußlands verfolgten vor allem die deutsche Expansion nach dem Orient mit tiefer Sorge. Sie befürchteten, der Bosporus und die Dardanellen – die alten Expansionsziele des Zarismus – könnten unter deutsche Vorherrschaft geraten, und die russische Position in Persien sei gefährdet.

Mit der Entstehung der Tripleentente 1907 mündete Bülows Konzept, die imperialistischen Rivalen des Deutschen Reiches gegeneinander auszuspielen, in ein Fiasko. Während der Bosnischen Krise[48] operierte Bülow dann bewußt am Rande einer großen militärischen Konfrontation, wobei er fest darauf rechnete, am Kriege vorbeisteuern zu können. Er errang gegen die Tripleentente und namentlich gegen Rußland einen Prestigeerfolg, der aber teuer erkauft war. Der deutschrussische Gegensatz verschärfte sich weiter. 1914 sollte er dann maßgeblich zum Ausbruch des ersten Weltkrieges beitragen.

48 Astaf'ev, I. I.: Russko-germanskie diplomatičeskie otnošenij 1905–1911 gg. Moskau 1972, Kap. III; Lemke, 21ff.

Baldur Kaulisch

Alfred von Tirpitz und Rußland

Erschöpft sich das politische Wirken von Alfred v. Tirpitz (1849–1930) auch nicht in seiner Tätigkeit als Staatssekretär des Reichsmarineamtes (1897–1916), so verbindet sich mit seinem Namen doch für gewöhnlich die deutsche Flottenrüstung großen Stils, wie sie unter seiner Regie mit den Flottengesetzen von 1898 und 1900 begonnen wurde, von ihm auch schon in seiner Stellung als Stabschef des Oberkommandos der Marine (1892–1895) nach verschiedenen Richtungen hin vorbereitet worden war. Von den flotten- und den diesen zugrundeliegenden „welt“politischen Ambitionen, wie sie der Großadmiral (seit Januar 1911) zwischen der Jahrhundertwende und dem ersten Weltkrieg verfolgte, wird auch bei einer Untersuchung seiner rußlandpolitischen Konzeption auszugehen sein, verdeutlicht doch zumindest deren punktuelle Beleuchtung, daß die Rolle, die er dem Zarenreich in seinem außenpolitischen Kalkül zuwies, maßgeblich von den anspruchsvollen Zielen des bewußt mit anti-englischer Stoßrichtung betriebenen Flottenbaus bestimmt wurde.

„Selbst der größte Seestaat Europas würde entgegenkommender gegen uns sein“, so hatte Tirpitz schon um Weihnachten 1895 in einer Stellungnahme zu einem Immediatbericht des Oberkommandos – aus dem er wenige Wochen zuvor ausgeschieden war – geschrieben, „wenn wir 2–3 gute und hochgeschulte Geschwader in die Waagschale der Politik und dementsprechend nötigenfalls in diejenige des Konflikts zu werfen imstande wären.“[1] Vier Jahre später waren aus den rund zwei Dutzend Linienschiffen bereits 45 geworden, die künftig den Sollbestand der kaiserlichen Marine bilden sollten. Diese reprä-

1 Bundesarchiv-Militärarchiv Freiburg, N 253/3 –/106f.

sentiere dann, so notierte sich Tirpitz den Inhalt eines Immediatvortrages, den er am 28. 9. 1899 dem Kaiser hielt, eine „so gewaltige Macht, daß nur noch England überlegen" sei.

Unter Berücksichtigung verschiedener, insbesondere militärischer und organisatorischer Faktoren, bei denen er Deutschland von vornherein überlegen wähnte, meinte er Wilhelm II. versichern zu dürfen, daß die deutsche Flotte aber auch England gegenüber eine „zweifellos gute Chance" habe. Abgesehen von den dann „für uns durchaus nicht aussichtslosen Kampfverhältnissen", würde England aus „allgemeinen politischen Gründen" wie vom „rein nüchternen Standpunkt des Geschäftsmannes" aus jede Neigung zu einem Krieg mit Deutschland verloren haben und werde, vielmehr ihm, Wilhelm, ein hohes Maß an „Seegeltung" zugestehen und es ihm ermöglichen, eine „große überseeische Politik" zu treiben.[2]

Ehe aber der „Risikogedanke", wie er zur Verschleierung der beabsichtigten politischen Offensive entwickelt wurde und in der Begründung zum 2. Flottengesetz seine letzte Fassung fand[3] , praktisch greifen würde, d.h. die Flotte sich als Druck- und Drohmittel gebrauchen ließ, oder aber ehe sie in der Lage wäre, nötigenfalls „ihre höchste Kriegsleistung zwischen Helgoland und Themse" zu entfalten[4] ,d.h. die Schlacht mit der englischen Flotte in der südlichen Nordsee aufzunehmen, war nach Tirpitz eine zeitliche „Gefahrenzone" zu durchlaufen, die 1904/05 in ihre kritischste Phase eintreten würde.[5] Während des Durchlaufens der „Gefahrenzone" nun sollte nach Möglichkeit alles unterbleiben, was England reizen und dazu verleiten könnte, nach historischem Muster des Überfalls auf die dänische Flotte im Jahre 1807 einen Präventivschlag gegen die noch „unfertige" deutsche Flotte zu führen. Die Zurückhaltung des Staatssekretärs verschiedenen politischen und militärischen Aktivitäten der Reichsleitung gegenüber, wie sie sich um die Jahrhundertwende beobachten läßt, ging so

2 Ebenda, N 253/5,10.

3 Stenographische Berichte über die Verhandlungen des Reichstages, X. Leg.Per., I. Sess., 5. Anl. Bd, 3359f.

4 BA-MA Freiburg, N 253/4, Bl. 9, Allgemeine Gesichtspunkte bei der Feststellung unserer Flottenstärke nach Schiffsklassen und Schiffstypen, Juni 1897.

5 Vgl. Bülow, B., Fürst v.: Denkwürdigkeiten, Berlin 1930, I, 413.

weniger auf dessen fehlende „Kampfnerven", wie die graue Eminenz des Auswärtigen Amtes, Friedrich v. Holstein, meinte[6] , als vielmehr auf die Maxime zurück, zunächst „in der Stille zu wachsen und weitere Macht anzusammeln" sowie Interessenzusammenstöße und alles, was zu solchen führen könnte, tunlichst zu vermeiden, solange der „Unterbau der Macht nicht gefestigt" war.[7]

Ein derartiger Standpunkt ließ sich freilich aus verschiedenen, hier nicht näher zu erläuternden Gründen nur schwer durchsetzen. Finden sich auch Beispiele, die darauf hindeuten, daß die deutsche Außenpolitik um die Jahrhundertwende und danach dieser Tirpitzschen Maxime Rechnung trug[8] , so fehlt es ebensowenig an Gegenbeispielen, die kaum mit dieser in Übereinstimmung zu bringen sind. Eines dieser Gegenbeispiele liefert zweifellos der Versuch der Reichsregierung vom Spätherbst 1904, vor dem Hintergrund des Russisch-Japanischen Krieges (1904/05) mit dem Zarenreich zu einem Bündnis zu gelangen. Die Haltung des Großadmirals zu diesem Versuch verdeutlicht zugleich das Wesen seiner rußlandpolitischen Konzeption.

In einer von Reichskanzler Bernhard v. Bülow am 31.10.1904 einberufenen Sitzung äußerte sich Tirpitz strikt ablehnend gegen ein deutsch-russisches Bündnis. Der Gegenstand erschien ihm wichtig genug, um seiner mündlichen Stellungnahme am darauffolgenden Tag noch eine schriftliche folgen zu lassen, adressiert an den Staatssekretär des Auswärtigen Amtes, Oswald Frhr. v. Richthofen, doch mit der ausdrücklichen Bitte versehen, sie auch dem Reichskanzler zur Kenntnis zu bringen.[9]

Die militärische Bedeutung einer Allianz mit Rußland, schrieb er Richthofen, sei für Deutschland im Falle eines Seekrieges „gleich null", und auch die Unterstützung von ein- bis zweihunderttausend russischer Soldaten falle in einem mit Millionenheeren geführten Landkrieg „nicht wesentlich ins Gewicht", ganz abgesehen von den Erschwernissen, die die russischen Kontingente dem Funktionieren des deutschen Militärapparates bereiten würden. Ohne Nutzen sei die

6 Rich, N., Fischer M. H., Hg.: Die geheimen Papiere Friedrich von Holsteins, IV: Dt. Ausg. Hg.: W. Frauendienst. Göttingen, Berlin, Frankfurt 1963, 221.

7 Vgl. Tirpitz, A. v.: Erinnerungen. Leipzig 1919, 164, 129.

8 Vgl. Berghahn, V. R.: Der Tirpitz-Plan, Düsseldorf 1971, 381ff.

9 Vgl. Erinnerungen, 143ff.

Allianz schließlich auch für die Sicherheit der deutschen Ostgrenze, dürfe diese Grenze doch durch den „heutigen Zustand“ Rußlands wie seine nach Beendigung des Krieges mit Japan zu erwartende militärische Lähmung „für die große Politik . . . als tatsächlich unbedroht“ betrachtet werden. Dabei ziehe er nicht einmal in Rechnung, so fügte er zur Bekräftigung seiner allianzfeindlichen Haltung hinzu, daß mit Blick auf die Persönlichkeit des Zaren ein Eingreifen Rußlands bei einem Kriege Deutschlands gegen England und Frankreich an sich unwahrscheinlich sein würde, und er lasse auch die Frage offen, ob nicht eine entsprechende Sicherheitszusage des Zaren auch ohne förmliche Allianz bereits auf Grund des bisherigen freundschaftlichen Verhältnisses zu erlangen sein würde.

Entschieden wandte sich Tirpitz gegen die Erwartung, die beabsichtigte Allianz werde Frankreich derart unter Druck setzen, daß es auf England einwirke und von einem Krieg gegen Deutschland abhalte. Jener Druck auf Frankreich könne nur von Deutschland direkt – mittels Kriegsdrohung – ausgeübt werden. Sei also auch für diesen Fall die Allianz bedeutungslos und die durch sie „bewirkte Verstärkung der Konfliktsgefahr mit England . . . etwas nicht unbedingt Nötiges“, so bliebe es überhaupt zweifelhaft, ob französisches Dazwischentreten England wirklich abhalten werde, gegen Deutschland vorzugehen. Erkläre aber England dem Reich den Krieg, und Rußland wäre daraufhin zur Unterstützung Deutschlands verpflichtet, so würde wegen des russisch-französischen Zweibundes die deutsche Entschlußfreiheit Frankreich gegenüber gelähmt sein, die russische Hilfe indessen – wie erwähnt – keine Rolle spielen. Sollte sich aber England doch von einem Krieg gegen Deutschland abhalten lassen, so würde es „umso brutaler und rücksichtsloser Japan auf uns hetzen“. Mit einem ihm feindlich gesinnten England im Rücken sowie ohne seemächtige Freunde aber könne Deutschland einen Krieg gegen Japan nicht führen.

So lang die Liste der Tirpitzschen Argumente, die hier nicht auf ihre Stichhaltigkeit geprüft werden sollen, im einzelnen auch war, keines sprach dafür, alle sprachen sie gegen ein deutsch-russisches Bündnis. „Hauptsache bleibt immer“, so resümierte der Großadmiral, „daß ein realer, d.h. militärischer Nutzen aus der Allianz mit Rußland für uns nicht erwächst. Demgegenüber kann es doch nicht zweifelhaft sein, daß die Gefahr eines kriegerischen Zusammenstoßes mit England durch eine russische Allianz für uns wächst." Die Vorstellung, durch einen engeren Zusammenschluß mit Rußland wegen der brisanten russisch-englischen Interessengegensätze in Asien in einen „vorzeitigen" Konflikt mit England zu geraten, die gerade auch aus dem Huller Zwischenfall[10] und dessen Rückwirkungen auf die deutsch-englischen Beziehungen aktuelle Nahrung erhielt, bildete unzweifelhaft den Kernpunkt seiner abweisenden Haltung. Eine „positive Friedenschance", so fuhr er an anderer Stelle fort, „hätte eigentlich nur die wirklich klare Defensivallianz Deutschlands, Frankreichs und Rußlands zusammen gegen England." Da diese jedoch durch das erwogene Vorgehen derzeit nicht zu erreichen wäre, sollten „wir unter tunlichster Aufrechterhaltung der Freundschaft mit Rußland, insonderheit der kaiserlichen Beziehungen, doch den Abschluß eines Staatsvertrages zur Zeit nicht versuchen, sondern zunächst weiteres abwarten. Im ganzen ist ja Zeitgewinn und Flottenbau unsere wichtigste Aufgabe."

Vorstehende Sätze geben einen Fingerzeig auf die Interpretation der von Tirpitz in den „Erinnerungen" formulierten These, die „zeitgemäße Fortbildung der Bismarckschen Grundsätze in Bezug auf unser Verhältnis zu Rußland" wäre „eine Hauptbedingung erfolgreicher Politik" gewesen.[11] Schied eine hinsichtlich ihres Nutzens ohnehin bezweifelte förmliche Allianz wegen des ihr innewohnenden Risikos aus, so sollten gutnachbarliche Beziehungen jene politisch entspannte Atmosphäre im Osten sichern, wie sie dem Großadmiral für die politisch brisante Blickrichtung gen Westen erforderlich schien. Er wollte wohl auch Möglichkeiten späteren engeren Zusammengehens mit dem östlichen Nachbarn offenhalten bzw. der Gefahr vorbeugen, daß dieser nach französischem Vorbild in das Lager des sich aus politischer Isolierung befreienden England abdriftete.

Der Vollständigkeit halber bleibt anzumerken, daß Tirpitz' Votum die – letztlich erfolglose – Weiterverfolgung des Allianzgedankens

10 In den Abendstunden des 21. 10. 1914 beschossen Schiffe des nach Ostasien fahrenden russischen II. Pazifischen Geschwaders in Höhe der Doggerbank englische Fischerboote, die sie für japanische Torpedoboote hielten. Die englische Empörung darüber richtete sich gleichermaßen gegen Rußland wie gegen Deutschland, sollten doch Dampfer der HAPAG das russische Geschwader während dessen abenteuerlicher Reise mit Kohle versorgen.

11 Vgl. Erinnerungen, 142.

nicht zu blockieren vermochte. Die Brüskierung seines Votums verdeutlicht, daß es ihm immer schwerer fiel, die deutsche Außenpolitik auf spezielle Erfordernisse des Schlachtflottenbaus auszurichten.

„Wie hätte ich persönlich gewünscht", so Tirpitz' Stoßseufzer im „Kriegsbrief" vom 21. 8. 1914, „diesen Krieg nicht zu erleben."[12] Blindlings hat sich der Großadmiral gewiß nicht in das Kriegsabenteuer gestürzt, mit allen ihm verfügbaren Mitteln dagegengestemmt ebensowenig. Eher deutet seine Zurückhaltung in verschiedenen Beratungen der letzten Julitage auf Resignation hin.[13] Noch am 21.8.1914 wollte er „immer noch nicht begreifen, daß wir mit Rußland nicht auf einen modus vivendi kommen konnten."[14] Nach seinem Verständnis der Grundinteressen beider Kaiserreiche wäre ein solcher möglich gewesen. Der deutsch-russische Krieg hätte sich mithin vermeiden lassen. Die Ursachen dafür, daß sich das Reich im August 1914 gezwungen sah, „mit einer Front zu schlagen", die mit seinen „politischen Interessen nicht übereinstimmte"[15], sah er im Ungeschick der deutschen Diplomatie wie einer verfehlten Vorkriegspolitik überhaupt, durch die Rußland verunsichert, verprellt und ins gegnerische Lager getrieben worden sei, und die schließlich in der Julikrise den Triumph der russischen „Kriegspartei" ermöglicht habe. Hauptpunkt seiner namentlich gegen Reichskanzler Theobald v. Bethmann Hollweg gerichteten Vorwürfe war die deutsche Balkan- und Orientpolitik. Statt das Zarenreich in seinen, Deutschland nicht schmerzenden, England dagegen auch nach dem Abschluß der englisch-russischen Entente (1907) weiterhin beunruhigenden Expansionsgelüsten und insbesondere in seinem Streben nach Zugang zum „warmen Wasser" zu unterstützen, habe man sich auf der Linie Berlin – Konstantinopel – Bagdad aufs unglücklichste zwischen England und Rußland geklemmt.[16] Dennoch, so der Tenor der „Erinnerungen", hätte eine geschicktere Behandlung des Zaren es diesem vielleicht doch noch er-

12 Vgl. Ebenda, 394.

13 Vgl. Tirpitz, A. v.: Politische Dokumente, II: Deutsche Ohnmachtspolitik im Weltkriege, Hamburg, Berlin 1926, 2ff.

14 Vgl. Erinnerungen, 393, Kriegsbrief v. 21. 8. 1914.

15 Dokumente II, 58, Tirpitz' Aufz. über eine Besprechung mit Bethmann Hollweg, Jagow und Pohl am 19. 8. 1914.

16 Vgl. Erinnerungen 141f., 149, 453f., 459; Dokumente II, X, 530, Tirpitz' Denkschrift an den Kaiser, 27. 4. 1916.

möglicht, die russische „Kriegspartei“ im Juli 1914 zu zügeln. „Ein unmittelbares Ersuchen unseres Kaisers an den Zaren, bei der Sühne mitzuwirken, hätte Erfolg versprochen, mindestens aber unsere politische Lage günstig beeinflußt.“[17]

Aus dem schweizerischen Tarasp, wohin er sich am 2. 7. in Urlaub begeben hatte, schrieb Tirpitz um die Mitte dieses Monats dem Chef der Zentralabteilung des Reichsmarineamtes, Kapitän z. S. Albert Hopman: „Wir müssen uns coûte que coûte mit Rußland verständigen und den Walfisch gegen den Bären stellen.“[18] Er hatte dann diesen Verständigungsgedanken auch dem Reichskanzler gesprächsweise noch am 31.7. vorgetragen, sich des weiteren bemüht, einen versöhnlichen Passus in das deutsche Ultimatum an Rußland zu bringen und sich insbesondere recht hartnäckig dagegen gewandt, Rußland sofort eine förmliche Kriegserklärung zuzustellen, weil er das aus militärischer Sicht für ganz überflüssig, aus politischer Sicht dagegen für völlig verfehlt hielt. Die Hoffnung, den deutsch-russischen Krieg nach erfolgter russischer Mobilmachung (31.7.) doch noch abwenden zu können, hegte er nach eigenem Eingeständnis freilich nicht mehr.[19]

Wenn Tirpitz in seinen „Erinnerungen“ schrieb, der Krieg mit Rußland wäre der „Kardinalfehler unserer Politik, ein baldiger Friedensschluß mit dem Zaren unbedingtes Ziel einer nach Sieg strebenden Staatskunst“ gewesen[20] , so darf er in der Tat zu den geistigen Vätern der deutschen Separatfriedenstaktik gezählt werden. Spätestens in der ersten Novemberhälfte 1914 griff er den Gedanken einer deutsch-russischen Verständigung wieder auf, zu einer Zeit also, als die Militärs vor den Trümmern ihrer militärischen Operationspläne standen, der deutsche „Blitzkrieg“ gescheitert war und die Frage „Wie weiter?“ Antwort erheischte. In Gesprächen mit Gottlieb v. Jagow, Staatssekretär des Auswärtigen Amtes, und Generaloberst Hans v. Plessen, Chef des Hauptquartieres, fand Tirpitz durchaus Zustimmung, als er seinen Gesprächspartnern am 9. bzw. 10.11. auseinandersetzte, „daß wir zu-

17 Vgl. Erinnerungen 208, 212f.

18 Berghahn, V. R., Deist, W.: Kaiserliche Marine und Kriegsausbruch 1914. Neue Dokumente zur Julikrise. In: Militärgesch. Mitteilungen, 1 (1970) 46.

19 Dokumente II, 11, Tirpitz’ Aufz. über eine Unterredung mit Bethmann Hollweg am 31. 7. 1914, 11f., 16; Erinnerungen 239ff.

20 Erinnerungen 149.

nächst versuchen sollten, mit Rußland zu einem Einverständnis zu kommen."[21] Als er wenige Tage später, am 15.11., mit General Erich v. Falkenhayn konferierte, bezeichnete er auch dem Chef des Generalstabes gegenüber eine „Einigung mit Rußland" als den „besten Weg" zur Lösung der eingetretenen militärpolitischen Situation, und er verteidigte seinen Standpunkt gegen Falkenhaynsche Einwände, ob denn Rußland das geeignete Objekt für einen Sonderfrieden sei.[22] Seinem Berliner Amtsvertreter, Admiral Eduard v. Capelle, legte Tirpitz am 16. 11. noch einmal brieflich die Gründe dafür dar: „Ich war gestern bei Falkenhayn, der auch nur noch an eine partie remise nach beiden Seiten denkt[23] . . . Ich bin nun der Ansicht, daß unsere Lage sehr ernst geworden ist. Den einzigen Friedensweg sehe ich über Rußland. Abgesehen von der Notwendigkeit für uns, wenn irgend möglich, eine Zitrone in der Hand zu behalten, würden Poincaré[24] und Joffre[25] keinen Frieden ohne England schließen. Bleibt England, und da muß ich leider an meiner bisherigen Ansicht festhalten, daß England gegen uns den Krieg bis aufs Messer führt, ob wir wollen oder nicht. Es sei denn natürlich, wir treten freiwillig ab . . . Wenn das richtig ist, muß Luftkrieg und U-Bootsblockade unter diesem Gesichtspunkt betrachtet werden und rücksichtslos und effektiv durchgeführt werden."[26]

Die hier angedeutete Gedankenassoziation, Verständigung im Osten – verschärfte Kriegführung im Westen, und namentlich gegen England, war durchaus nicht zufällig: Der Sonderfriede im Osten sollte den Rücken freimachen, um alle Kräfte im Westen zu konzentrieren und hier die sich um die Beherrschung Belgiens und insbesondere die Inbesitznahme der flandrischen Küste rankenden Kriegsziele des Großadmirals ohne Abstriche zu realisieren.[27] Was er indessen

21 Dokumente II, 160f., Hopman an Capelle, 10.11.1914.

22 Ebenda 166ff.

23 Im Kriegsbrief vom 13.11.1914 hatte Tirpitz die militärische Lage in den Satz gefaßt: „Es ist Partie remise und wird wohl so bleiben." (Erinnerungen 426.)

24 Raymond Poincaré, 1913–1920 Präsident Frankreichs.

25 Joseph Jacques Césaire Joffre, 1914 Oberbefehlshaber der französischen Truppen in Frankreich.

26 Dokumente II, 168f., Tirpitz Brief an Capelle, 16.11.1914.

27 Vgl. Erinnerungen 151, 253, 257, 441ff; Dokumente II, 532, Tirpitz' Denkschrift an den Kaiser, 27. 4. 1916.

immer wieder vermißte, war die Bereitschaft der Reichsleitung zu hemmungsloser Kriegführung gegen England. „Wenn jetzt also der ernstliche Versuch gemacht wird", schrieb er am 16.10.1916 dem Stabschef des Flottenkommandos, Kapitän z.S. Adolf Trotha, „mit Rußland zur Verständigung zu kommen, was m. E. der einzig richtige Weg seit vielen Jahren schon gewesen sein würde, so fehlt doch durchaus der Wille, und zwar der eiserne Wille, nach erlangter Rückendeckung im Osten rücksichtslos England solange zu bedrängen, bis es zugibt, daß Deutschland die Vormacht in Flandern wird."[28] Nächst dem uneingeschränkten U-Boot-Handelskrieg nahm daher unter den sonstigen Faktoren, die in den Augen des Großadmirals den deutschen Sieg garantieren sollten, der russische Sonderfriede einen hohen Stellenwert ein.[29]

Aussicht auf einen solchen unter für Rußland „nicht ungünstigen Bedingungen" schien dem Großadmiral freilich erst zu bestehen, nachdem das Zarenreich militärisch gehörig gebeutelt worden war.[30] So blickte er denn seit den Novembertagen 1914 „gespannt nach dem Osten, möchte doch ein starker Erfolg gelingen!"[31] , und bis in den Sommer 1915 hinein wechseln in den „Kriegsbriefen" hoffnungsvolle Erwartung mit tiefer Enttäuschung über das Ausbleiben eines solchen Erfolgs[32] , denn, so erklärte er Bethmann Hollweg am 8.8.1915, „ein Separatfrieden mit Rußland, bei dem im wesentlichen strategische Abrundungen zu fordern wären", erscheine ihm „auch jetzt noch vom politischen Standpunkte im wesentlichen das Richtige."[33]

Als sich dann 1916 die militärische Lage Deutschlands krisenhaft zuspitzte, schien Tirpitz die Verständigung im Osten dringender, aber auch greifbarer denn je. Der Augenblick sei nun dagewesen, so liest man in den „Erinnerungen", „wo, wie im Siebenjährigen Krieg, der Sonderfriede mit dem Zaren für uns endgültig zur Lebensfrage

28 BA-MA Freiburg, N 253/169, Bl. 92.

29 Vgl. Erinnerungen 165, 262; Dokumente II, 598.

30 Hopman, A.: Das Kriegstagebuch eines deutschen Seeoffiziers, Berlin 1925, 78.

31 Erinnerungen 428.

32 Ebenda 430, 434, 441ff., 446, 462, 479.

33 Dokumente II, 400, Tirpitz'Aufz. über eine Unterredung mit Bethmann Hollweg am 8. 8. 1915.

wurde."[34] Das von Wunschdenken geprägte visionäre Bild, das er in den „Erinnerungen" von den Wirkungen dieses Friedens wie von seinen Grundlagen und seinem Zustandekommen malte,[35] gipfelt in dem Satz: „Der ganze Festlandsfrieden mußte und konnte von Petersburg her aufgerollt werden."[36] Was darüber hinaus den Großadmiral noch besonders für den russischen Sonderfrieden einnahm, war die sich seit dem Sommer 1915 verdichtende Erwartung, durch russische Vermittlung auch mit Japan zum Frieden zu gelangen, und diese erfolgreiche Separatfriedenstaktik im Osten mit einem „großen antiangelsächsischen Bund" – Deutschland, Rußland, Japan – zu krönen.[37] Ebenso stark wie das Interesse am russischen Sonderfrieden war daher Tirpitz' Enttäuschung darüber, als er mit der Proklamierung des Königreiches Polen durch die Mittelmächte (5.11.1916) den Weg zu einem solchen abgeschnitten sah. „Die Orientierung nach Osten", schrieb er seinem inzwischen zum Konteradmiral beförderten Intimus Trotha am 10.2.1917, „wäre die politische Ergänzung des U-Krieges, d.h. des Krieges nach Westen, gewesen. Die Polackei (sic!) hat in dieser Beziehung zur Zeit alles verdorben. Die Gründung muß zurückkonstruiert werden."[38]

Der Weltkrieg, so Tirpitz im Vorwort zu Band II seiner „Politischen Dokumente", „brauchte nicht auszubrechen, und – das ist mir ebenso unerschütterliche Gewißheit – er durfte nicht verlorengehen . . ."[39] Die Ursachen dieser Misere meinte er zu kennen. Eine dieser Ursachen sah er eben darin, daß es nicht gelungen war, schon vor dem Kriege, spätestens aber während desselben, zu einer Verständigung mit dem Zarenreich zu kommen. Nikolaj II. und Wilhelm II., äußerte er sich nach beider Sturz der Kronprinzessin gegenüber, seien schlecht beraten gewesen, sonst hätten sie den Krieg zwischen Deutschland und Rußland nicht zugelassen, wären sie doch die „gegebenen Bundesgenossen sowohl in der großen Weltpolitik als auch im Prinzip des

34 Vgl. Erinnerungen 270.

35 Ebenda 270ff.

36 Ebenda 273.

37 Ebenda 271; vgl. 152f.; Dokumente II, 399f., Tirpitz' Aufz. über eine Unterredung mit Bethmann Hollweg am 8.8.1915.

38 Dokumente II, 598. Ähnlich schrieb Tirpitz auch an Erich-Edgar Schulze am 2.12.1916, BA-MA Freiburg, N 253/170 –/ 120.

39 Dokumente II, S. VII.

monarchischen Staatssystems“ gewesen.[40] Dem Kronprinzen schrieb er im Juli 1922, daß es für das Kaiserreich im Geflecht internationaler Gegensätze nur den Weg der Verständigung mit Rußland gegeben hätte. „Dies entsprach der historischen Erfahrung von 150 Jahren und vor allem den realen Interessen beider Staaten.“[41]

Folgerichtig sah der Großadmiral auch nach 1918 in den deutsch-russischen Beziehungen einen Faktor, der den erhofften Wiederaufstieg der Mächte entscheidend mitbeeinflussen würde. „Außenpolitisch gibt es meines Erachtens keinen Weg als die Verständigung mit Rußland“, eröffnete er Trotha am 20.9.1919. Es mag sein, setzte er hinzu, „daß man das wegen der augenblicklichen Stellung unserer Feinde und wegen sonstiger Tages- und Jahresbedürfnisse nicht zeigen und nicht sagen“ dürfe, doch müsse es „innerlich die feste Rüstung unserer Politik sein.“[42] Indessen: An die Stelle des ihm politisch artverwandt mit Deutschland erschienenen Zarenreiches war das ihm politisch völlig fremde Sowjetrußland – seit 30.12.1922 die Union der Sozialistischen Sowjetrepubliken – getreten. Die Möglichkeit engerer politischer Kooperation schien ihm damit vorerst blockiert. „Die inneren Verhältnisse in Rußland“, so sein Stoßseufzer an den Kronprinzen vom 9.7.1924, „sind so ungeregelt, daß eine Politik mit diesem Staate weder nach der einen noch nach der anderen Seite geführt werden kann.“[43]

Generell aber wollte Tirpitz, nunmehr Reichstagsabgeordneter der Deutschnationalen Volkspartei und Ehrenvorsitzender der Reichstagsfraktion dieser Partei, die Möglichkeit politischen Zusammengehens mit dem großen östlichen Nachbarn nicht ein für alle mal verstellt wissen. Deutlich widerspiegelte sich das in seiner ablehnenden Haltung zur Locarno-Politik. Er stimmte am 27.11.1925 im Reichstag nicht nur gegen das Vertragswerk von Locarno, sondern griff es auch in der Öffentlichkeit scharf an, wofür ihm sein ehemaliger kaiserlicher Herr ausdrückliches Einverständnis mitteilen ließ.[44] In einem Brief

40 BA-MA Freiburg, N 253/181 –/ 2, Tirpitz an die Kronprinzessin, o.D. (vermutlich um 1920/21).

41 Ebenda, 37, Tirpitz an Kronprinz Wilhelm, Juli 1922.

42 Trotha A. v.: Großadmiral v. Tirpitz , Breslau 1933, 158.

43 BA-MA Freiburg, N 253/181 –/ 27, Tirpitz an Kronprinz Wilhelm, 9.7.1924.

44 Ebenda, N 253/181, –/ 1, Graf Conrad Finkenstein an Tirpitz, 18.11.1925.

an den ehemaligen Chef der Obersten Heeresleitung und nunmehrigen Reichspräsidenten Paul v. Hindenburg legte Tirpitz am 26.10.1925 die Gründe im einzelnen dar, die ihn gegen Locarno einnahmen. Unter Punkt 4 hieß es: „Es kann kein Zweifel bestehen und die große Freude in England bestätigt es, daß wir uns bei Annahme der Verträge mit den Westmächten gegen Rußland und die dahinter politisch und militärisch aufsteigenden Völker festlegen, zumal uns ein politisch brauchbares Kündigungsrecht nicht eingeräumt ist. Da wir die See und Alles, was mit ihr zusammenhängt, auf absehbare Zeit haben aufgeben müssen, so erscheint mir mit Rücksicht auf die lebensnotwendigsten wirtschaftlichen Interessen Deutschlands diese einseitige Westorientierung und damit die restlose Anerkennung der Kapitalismus-Macht der City von London und der Wallstreet von New York verhängnisvoll."[45] Konnten die vorstehenden Betrachtungen auch nur punktuelle, quellenmäßig zudem begrenzte sein, so scheinen sie doch den Schluß zu rechtfertigen, daß Tirpitz' rußlandpolitische Konzeption namentlich von zwei Ausgangspunkten entscheidend geprägt wurde. Zum einen war das ein Inabredestellen von tieferen Interessengegensätzen zwischen Deutschland und Rußland bei gleichzeitiger Hervorhebung von Gemeinsamkeiten. Eine Verständigung zwischen beiden Reichen schien so prinzipiell möglich. Zum anderen war das die anti-englische Grundkomponente im außenpolitischen Kalkül des Großadmirals, die sich dann während des Weltkrieges zu einer anti-angloamerikanischen erweiterte. Die von der Annahme tiefgreifender Gegensätze zwischen Deutschland und den Westmächten ausgehende Frontstellung gen Westen verlangte so in den Augen des Großadmirals ein ausgeglichenes, entspanntes Grundverhältnis zu Rußland, das zu pflegen bzw. wiederherzustellen war, und das in Abhängigkeit von jeweiligen politischen Erfordernissen zu einem Bündnis zu gestalten oder auch unterhalb der Ebene förmlicher Allianzen zu halten war.

Ungebrochen war diese Linie freilich nicht, veränderte sich doch im Vergleich von Vorkriegs-, Kriegs- und Nachkriegszeit das internationale Beziehungsgeflecht mit seinen Spannungen und Interessengegensätzen wesentlich, und es traten dabei Wendungen ein, die den Agierenden tatsächlich oder scheinbar ganz neue Möglichkeiten eröffneten. Gedacht ist hier an das Frühjahr 1918, als einerseits der Brest-Litow-

45 Ebenda, N 253/176, –/ 40, Tirpitz an Hindenburg, 26.10.1925.

sker Friede (3.3.1918) Rußlands Ausscheiden aus dem Kriege besiegelte, andererseits die deutschen Großoffensiven an der Westfront den Krieg hier militärisch entscheiden sollten, ehe das amerikanische Millionenheer wirksam eingreifen konnte.

Im Herbst 1917 war der 1916 gestürzte Staatssekretär des Reichsmarineamtes zum Vorsitzenden der neukonstituierten Deutschen Vaterlandspartei gekürt worden. In seiner ersten Rede als zumindest formell erster Repräsentant einer auf den „Siegfrieden" eingeschworenen Partei hatte Tirpitz am 24.9.1917 dann auch Breitseite um Breitseite gegen die „Gemeinbürgschaft der Trustmagnaten Amerikas mit denen der City von London" geschossen, Rußland dagegen kaum erwähnt und dies nicht nur damit begründet, „sonst zu lang geworden" zu sein, sondern ausdrücklich auch damit, daß in der Stellung zu England „der Angelpunkt, die Entscheidung des ganzen Krieges" liege, während im Osten „der unüberbrückbare Gegensatz der Interessen" fehle.[46] Lag eine solche Äußerung noch durchaus auf der Linie eines Sonderfriedens mit Rußland unter Bedingungen, die für jenes – jedenfalls nach Tirpitz' Meinung – akzeptabel erscheinen und damit das spätere beiderseitige Verhältnis nicht gravierend belasten sollten, so drückte er am 9.3.1918, also wenige Tage nach Unterzeichnung des Brester Diktatfriedens, in der Sitzung des Engeren Ausschusses der Vaterlandspartei „seine Befriedigung über das bisher im Osten Erreichte" aus[47], und als ein Vierteljahr später, am 9.6.1918 in der Sitzung des Parteivorstandes zusätzliche, weit über Brest-Litowsk hinausgehende Forderungen erhoben wurden, merkte Tirpitz von sich aus an, daß seinerzeit vergessen worden wäre, die Ålandinseln und die Auslieferung der russischen Flotte zu verlangen.[48] Zuvor schon hatte er General Erich Ludendorff brieflich auseinandergesetzt, welchen politischen und militärischen Wert die russischen Streitkräfte für Deutschland haben könnten und wie sie eventuell noch nachträglich in deutsche Verfügungsgewalt zu bringen wären. Sollte sich der Krieg in die Länge ziehen, hieß es im Brief an den Ersten Generalquartiermeister vom 24.5.1918, dann liege seines (Tirpitz') Erachtens die Mög-

46 Deutsche Ziele. Reden bei der ersten öffentlichen Parteikundgebung, Berlin o.J. (1917), 5ff.

47 Zit. in: Ullich, R.: Die Deutsche Vaterlandspartei 1917/1918, Phil. Diss. Jena 1971, I, 253.

48 Ebenda 284.

lichkeit vor, „dem durch die russischen Seestreitkräfte bewirkten Zuwachs nicht nur politischen und strategischen Wert, sondern auch eine in Betracht kommende Gefechtskraft zu geben."[49]

Zwei Gründe ließen sich anführen, die den Großadmiral bewogen, von der „Norm" sonstigen Verhaltens Rußland gegenüber abzugehen, sich dem annexionistischen Programm der Vaterlandspartei auch in Bezug auf die Ostziele anzupassen und damit zugleich das künftige deutsch-russische Verhältnis mit einer katastrophalen politischen Hypothek zu belasten. Erstens waren es illusionäre Hoffnungen, bei nunmehriger Rückenfreiheit im Osten mit Großoffensiven in Frankreich und weitergeführtem uneingeschränkten U-Boot-Handelskrieg den „Siegfrieden" im Westen zu vollenden. Wie gründlich Tirpitz die Lage noch nach den beiden ersten, operativ fehlgeschlagenen deutschen Großangriffen verkannte, zeigen Erörterungen über Friedensmöglichkeiten, die er brieflich mit dem Großherzog von Oldenburg führte. Ehe Asquith[50] und Grey[51] Deutschland einen „Wilsonfrieden" anbieten würden, schrieb er am 23.4.1918 dem Großherzog, müßten erst Lloyd George[52] und Clemenceau[53] fallen. „Vielleicht sind wir dann schon am Kanal und in Schußweite der City (von London – d.Vf.) und unsere U-Boote bringen Onkel Sam eine besondere Überraschung herüber über den großen Teich."[54] Zweitens hatte Rußland nicht schlechthin eine militärische Niederlage erlitten, wie er sie im Interesse des Sonderfriedens namentlich 1915 herbeigesehnt hatte, sondern er hielt es offenbar ausgeschieden aus der Reihe der Großmächte, so daß es auf lange Zeit für die Politik eines im Westen siegreichen Deutschland weder als Bedrohungs- noch als Unterstützungsfaktor eine Rolle spielen würde.

49 BA-MA Freiburg, N 253/209, 62f., Tirpitz an Ludendorff, 24.5.1918.

50 Herbert, H. A., 1908–1916 englischer Premier, danach Führer der liberalen Opposition.

51 Edward Grey, 1905–1916 englischer Außenminister.

52 David Lloyd George, 1916–1922 englischer Premier.

53 Georges Clemenceau, 1907–1922 französischer Ministerpräsident.

54 BA-MA Freiburg, N 253/209, –/ 95, Tirpitz an den Großherzog von Oldenburg, 23.4.1916.

Heinz Lemke

Die Unterbindung des deutschen Roggen- und Mehlexports nach Rußland und Finnland vor dem ersten Weltkrieg

Vor 1914 häuften sich deutsch-russische wirtschaftspolitische Zerwürfnisse, die Behörden und Interessenten in Berlin und an der Neva beschäftigten. Eine wichtige Rolle spielte dabei der Roggen- und Mehlexport nach Rußland und Finnland. Er beruhte auf dem Einfuhrscheinsystem.[1] Dessen Wirkung läßt sich folgendermaßen kennzeichnen: Der Exporteur von Mehl und Getreide erhielt einen Schein, der den Inhaber zur zollfreien Einfuhr einer gleichen Menge von Getreide und Mehl berechtigte. Der Schein war übertragbar. Die Preise dieser Einfuhrscheine, die von den Importeuren wegen der einfachen Zollbegleichung gern gekauft wurden, entsprachen fast dem Nominalwert. Dadurch stellte sich der Erlös des Exporteurs gleich Weltmarktpreis plus deutscher Zoll, womit Roggen und Mehl auf einigen ausländischen Märkten abgesetzt werden konnten.

Das Einfuhrscheinsystem sollte u.a. die in den Handelsverträgen von 1894 festgelegte Herabsetzung der Getreideeinfuhrzölle mildern. Im deutsch-russischen Handelsverkehr gewann es allerdings erst seit dem 1. März 1906, nach dem Inkrafttreten des Handelsvertrages von 1904, Bedeutung; die Erhöhung der deutschen Einfuhrzölle auf Getreide ermöglichte es den Exporteuren in Rußland und Finnland als Konkurrent in Erscheinung zu treten. Strittig war, ob es sich bei den Einfuhrscheinen um Exportprämien handelte, wie in Rußland später durchgehend behauptet wurde. Den ostdeutschen großen Getreideproduzenten, also vor allem den Gutsbesitzern, ermöglichte das

1 Beckmann, F.: Einfuhrscheinsysteme. Kritische Betrachtung mit besonderer Berücksichtigung der Getreideeinfuhrscheine, Karlsruhe 1911, 45ff., passim.

System die Erzielung eines Preises, in dem der Einfuhrzoll zur Geltung kam.

Der deutsche Generalkonsul in Petersburg, Biermann, hatte im September 1906 auf die „auffällige Tatsache“ hingewiesen, daß in den letzten Wochen 15 000 t deutscher Roggen nach Petersburg, geringere Mengen auch nach Riga, Libau und Reval verschifft wurden. Biermann führte den deutschen Export in erster Linie auf die durch die Mißernte im Wolgagebiet hervorgerufene Preiskonjunktur zurück.[2] In den nächsten Jahren nahm die Ausfuhr beträchtlich zu, wenn auch die Exportmengen schwankten. Nach Angaben des russischen Handels- und Industrieministeriums handelte es sich 1907 um 11,6, 1908 um 14,4 und 1909 um 7,5 Mill. Pud. In Rußland begann man sich mit der Angelegenheit im September 1909 zu befassen. Die Hauptverwaltung für Landwirtschaft wandte sich an den Handels- und Industrieminister S.I. Timašev und befürwortete die Einführung eines Einfuhrzolls auf Getreide und die Erhöhung der Einfuhrzölle für Mehl und Graupen.[3] Im August 1910 unterbreiteten Getreidehändler des Wolgarayons und Nordostrußlands während einer Tagung in Petersburg dem Finanzminister ähnliche Vorschläge. Darüber hinaus ersuchten sie ihn, den Einfuhrzoll auf Finnland auszudehnen.[4]

Timašev war nicht gewillt, den Schutzzollforderungen zu entsprechen. Er wandte dagegen ein, daß der Import im Vergleich mit der gesamtrussischen Getreideproduktion und dem Getreideexport so gering sei, daß er die Landwirtschaft und den Getreidehandel kaum beeinflussen könne. Die Roggenmengen, die sich nicht in Rußland absetzen ließen, müßten in Deutschland die Preise drücken und damit die Gewinne russischer Exporteure verringern. Unter der Verteuerung der Einfuhr müßte das Mühlengewerbe in den Ostseeprovinzen leiden, wohin ein Drittel des deutschen Exports ginge; dies würde den dortigen Mühlen die Konkurrenz mit dem deutschen Mehl in Finnland erschweren. In den Gegenden, in denen der deutsche Roggen Käufer

2 Vgl. über die Mißernte und den dadurch hervorgerufenen Preisanstieg Kitanina, I.M.: Chlebnaja torgovlja Rossii v 1875–1914 gg. (Očerk pravitel'stvennoj politiki). Leningrad 1978, 122.

3 Timašev an Ministerrat, 13.11.1910. In: Central'nyj gosudarstvennyj istoričeskij Archiv (CGIA) Leningrad, f. 23, op. 18, d. 34. – alle Daten nach dem Gregorianischen Kalender.

4 Kokovcov an Timašev, 30.8.1910. In: Ebenda.

fände, sei nach der Einführung der Einfuhrzölle mit Preissteigerungen zu rechnen, was vor allem die ärmeren Bevölkerungsschichten treffen und Unzufriedenheit auslösen würde.[5]

Gegen diese Argumentationskette wurden in den nächsten Jahren keine stichhaltigen Einwände erhoben. Auch wenn Timašev dem Druck seiner Ministerkollegen sowie Interessentengruppen nachgab und für die Einführung bzw. Erhöhung der betreffenden Zölle eintrat, wurde seine ursprüngliche Beweisführung nicht widerlegt. Der russische Getreideexport nach Deutschland, in erster Linie Weizen und Gerste, übertraf um ein Vielfaches die aus Deutschland nach Rußland importierten Mengen.

Im Ministerrat setzte sich Timašev mit seiner Ansicht nicht durch. Es wurde ihm auferlegt, mit den interessierten Ministerien den Fragenkomplex eingehend zu erörtern und seine abweichenden Auffassungen darzulegen.[6]

Die deutsche Roggen- und Mehlausfuhr nach Kongreßpolen und Finnland wies gegenüber der nach Rußland Besonderheiten auf. Im Königreich Polen entstanden in der Nähe der deutschen Grenze teilweise modern eingerichtete Müllereibetriebe. Meistens an Eisenbahnlinien gelegen, verarbeiteten sie zu einem großen Teil aus Preußen bezogenen Roggen. Für die Mühlen erwuchs der Nutzen aus der Transaktion vor allem daraus, daß die gewonnene Kleie, deren Mehlgehalt zwischen 40 und 70 Prozent schwankte, während er in Deutschland nur 20 Prozent betrug, wieder aus Kongreßpolen ausgeführt wurde. Auf Kleie wurde weder in Deutschland ein Einfuhr- noch in Rußland ein Ausfuhrzoll erhoben. Dank der geringen Transportkosten und der hohen Preise, die für die mehlhaltige Kleie in Deutschland gezahlt wurden, war das Geschäft für die Müllereibetriebe profitabel.

Dagegen protestierten nicht nur zentral gelegene Großmühlen und teilweise auch landwirtschaftliche Betriebe des Königreichs Polen,[7] die unter der Konkurrenz der neuen Mühlen zu leiden hatten, sondern auch Müllereibetriebe in den östlichen Provinzen Preußens, die den „Abmarsch" in die russische Grenzzone nicht mitgemacht hatten und

5 Timašev an Ministerrat, 13.11.1910. In: Ebenda.

6 Stolypin an Timašev, 29.12.1910. In: Ebenda.

7 Industriellengesellschaft der Gouvernements des Königreichs Polen an Timašev, 10.2.1911. In: Ebenda.

für die sich der Verkauf der Kleie schwierig gestaltete. „Es ist jetzt so weit gekommen", teilte Wermuth, der Staatssekretär im Reichsschatzamt, mit, „daß deutsche Mühlen an der russischen Grenze beschlossen haben, ihren Betrieb auf die russische Seite zu verlegen oder dort Filialen zu errichten, falls nicht in nächster Zeit gegen den unlauteren Wettbewerb, dem sie nicht mehr standhalten können, Abhilfe geschaffen wird."[8]

In Finnland war das Schutzzollsystem bei weitem nicht so stark ausgebaut wie in Rußland, was den Export aus Deutschland begünstigte. So war auch der Mehlimport mit keinem Einfuhrzoll belastet. 1907 übertraf Deutschland mit 183,4 Mill. Finnische Mark nach der amtlichen finnischen Statistik sogar im Außenhandel des Großfürstentums geringfügig Rußland, dessen Ein- und Ausfuhr zusammen 183,0 Mill. betrug. An dritter Stelle folgte England mit 129 Mill.[9]

Rechtliche Handhaben, um gegen Veränderungen im finnischen Zolltarif Einspruch zu erheben, standen Deutschland kaum zu Gebote. Im wesentlichen handelte es sich nur um die im Protokoll zur Zusatzkonvention vom 28. Juli 1904 zum deutsch-russischen Handelsvertrag von 1894 enthaltene Bestimmung, daß Finnland in das russische Zollgebiet erst einverleibt werden könnte, nachdem die Reichsleitung von dieser Absicht zwei Jahre vorher verständigt worden wäre.[10] Losgelöst von der Roggen- und Mehlfrage, betonte die russische Regierung bereits bei früheren Anlässen, daß partielle Veränderungen im finnischen Zolltarif nicht der Zustimmung Deutschlands bedürften.[11]

Den politischen Hintergrund der 1910 in Deutschland verstärkt einsetzenden Kampagne für die Erhaltung der zollpolitischen Selbständigkeit Finnlands gaben die seit 1908 deutlich hervortretenden

8 Wermuth an Kiderlen-Wächter, 9.2.1911. In: Bundesarchiv (BA) Potsdam, Reichskanzlei 327.

9 Bericht Winckel, Konsul in Helsingfors, 16.12.1908. In: Ebenda, AA 6309; über die russisch-finnischen Wirtschaftsbeziehungen dieser Zeit vgl. Bobovič, I.M.: Russko-finljandskie ekonomičeskie otnošenija nakanune Velikoj Oktjabr'skoj socialističeskoj revoljucii (Epocha imperializma), Leningrad 1968.

10 Reichs-Gesetzblatt 1905, S. 145.

11 Lamzdorf an Miquel, 18.11.1905. In: BA Potsdam, AA 6263; Izvol'skij an Schoen, 20.11.1906. In: Ebenda, 6268.

Bestrebungen Stolypins und der echten Mehrheit der Dritten Duma ab, die verfassungsmäßigen Rechte des finnischen Landtags sehr erheblich einzuschränken und die Duma zum ausschlaggebenden Faktor in innerfinnischen Angelegenheiten zu machen.[12]

Einflußreiche russische Industriekreise widersetzten sich jedoch der Aufhebung der Zollgrenze zwischen Rußland und Finnland, worin sie eine Zunahme der ihren Interessen abträglichen Konkurrenz sahen. Die angestrebte Veränderung war für bestimmte Zweige der russischen Industrie nachteilig, da die finnische Gesetzgebung zwischen Rußland und dem übrigen Zollausland einen Unterschied machte und Waren aus Rußland bis auf wenige Ausnahmen zollfrei in das Großfürstentum eingeführt wurden.[13]

Am Export nach Finnland interessierte deutsche Handelskreise und das Petersburger Generalkonsulat befürchteten große Nachteile vor der Aufhebung der finnischen Zollautonomie: Deutschland würde bei einer vollständigen oder weitgehenden Eingliederung des Großfürstentums in das Zollgebiet Rußlands nur die Waren in Finnland absetzen können, die es trotz der hohen Schutzzölle nach Rußland exportierte. Der Absatz von Mehl und anderen Lebensmittelprodukten, von Textilwaren, Zement, gröberen Metallprodukten und Maschinen in Finnland werde sich aber nicht aufrechterhalten lassen.[14] In Helsingfors waren Wirtschaftssachverständige der Ansicht, daß sich durch die Aufhebung der Zollautonomie der deutsche Export um annähernd 40 Prozent verringern würde.[15]

Am 3. Mai 1910 suchten der Präsident des Deutschen Handelstages und spätere Reichstagspräsident, Johannes Kaempf, sowie der Generalsekretär des Handelstags, Dr. Soetbeer, den Staatssekretär des Auswärtigen Amtes, Frh. v. Schoen, auf, um mit ihm über Abwehrmaßnahmen gegen „die für Deutschlands Industrie und Handel von der geplanten Russifizierung Finnlands drohenden Gefahren“ zu beraten.[16] Schoen empfahl ihnen, alle Kundgebungen zu unterlassen. „Von

12 Avrech, A.Ja: Stolypin i Tret'ja Duma, Moskva 1968, 44f.
13 Bericht Mirbach, 31.10.1909; Bericht Winckel, 18.11.1909. In: BA Potsdam, AA 6263.
14 Bericht Biermann, 9.8.1910. In: Ebenda 6264.
15 Bericht Winckel, 6.1.1911. In: Ebenda.
16 Soether an Schoen, 30.4.1910. In: Ebenda.

einer öffentlichen, von den Handelskammern zu tragenden Bewegung gegen die Russifzierung Finnlands", teilte er dem Leiter der Handelspolitischen Abteilung des Auswärtigen Amtes Koerner mit, „habe ich für jetzt abgeraten. Ein solches Eintreten könnte bei der Abneigung russischer leitender Kreise gegen alles, was einer Einmischung ähnelt, eher die gegenteilige von der erwünschten Wirkung haben."[17]

Das Auswärtige Amt sah sich durch das Drängen der Spitzenfunktionäre des Deutschen Handelstages jedoch veranlaßt, Pourtalès, Biermann und den Konsul in Helsingfors, Winckel, zu einer Stellungnahme aufzufordern.[18] Biermann erachtete jede öffentliche Kundgebung deutscher Handelskreise „nicht nur für nutzlos, sondern sogar für schädlich ... Die im Gange befindliche Politik basiert auf dem zur Zeit wieder in voller Blüte stehenden national-russischen Chauvinismus. Jede als eine Einmischung des Auslandes, zumal Deutschlands, konstruierbare Meinungsäußerung zu dieser als ein Internum angesehenen Frage würde Wasser auf die Mühle der extremen Nationalisten sein und die Zahl der Gegner der finnischen Selbständigkeit vermehren." Es hieße die Russen zu unterschätzen, wenn man annähme, sie würden glauben, „derartige öffentliche Kundgebungen auswärtiger Handelskreise etc. geschähen um der blauen Augen der Finnländer; daß das eigene Interesse der Protestierenden ihr Motiv ist, weiß jeder, und niemand wird in Rußland daran denken, etwas zu tun oder zu unterlassen, weil es dem fremden Handel gefällt oder nützt oder nicht."

Pourtalès schloß sich den Ausführungen Biermanns vorbehaltlos an, was bei dem gespannten Verhältnis zwischen Botschaft und Generalkonsulat, das bei wirtschaftspolitischen Auseinandersetzungen mit der Petersburger Regierung und in der Regel ein schärferes Vorgehen befürwortete, nicht allzu häufig vorkam. Der Botschafter ersuchte das Auswärtige Amt, „die deutschen Handelskreise vor jeder öffentlichen Kundgebung zu Gunsten Finnlands n a c h d r ü c k l i c h zu warnen".[19]

Pourtalès und Biermann stimmten auch darin überein, daß sie sich allein von der Lancierung entsprechender Artikel in der in Rußland

17 Schoen an Koerner, 3.5.1910. In: Ebenda.

18 Erlasse an Pourtalès, Biermann und Winckel, 17.5.1910. In: Ebenda.

19 Berichte Biermann und Pourtalès, 3.6.1910. In: Ebenda.

erscheinenden Presse unter Umständen Erfolg versprachen. Der Generalkonsul beurteilte aber auch diese Möglichkeit nicht allzu zuversichtlich. „Wenn eine solche Pressekampagne mit der nötigen Vorsicht und Feinheit geführt würde", legte er in dem angeführten Bericht dar, „dürfte vielleicht die Opposition und Agitation der russischen Industrie verstärkt und so indirekt der gewollte Zweck gefördert werden, dessen Erreichung eine direkte Einmischung nur erschweren oder vereiteln würde."

Obwohl am 30. Juni 1910 die von der Duma und vom Reichsrat angenommene Regierungsvorlage über die Finnland betreffenden Gesetze gesamtstaatlichen Charakters in Kraft trat, womit erst die Voraussetzung für eine legislative Regelung gegeben war,[20] unterbreitete die russische Regierung bis zum Kriegsausbruch keine Gesetzesvorlagen, die eine vollständige Aufhebung der Zollautonomie bewirkt hätten. Allmählich kam es auch zu einer gewissen Beruhigung der am Export nach Finnland interessierten deutschen Handelskreise. Immer wieder tauchten jedoch Gerüchte auf, daß die Einverleibung unmittelbar bevorstünde.[21] Kiderlen-Wächter, seit Sommer 1910 Staatssekretär im Auswärtigen Amt, wurde darüber am 31. März 1911 im Reichstag interpelliert. Er bezeichnete es als sehr fraglich, ob die russische Regierung den Zollanschluß Finnlands vollziehen werde. Eine rechtliche Grundlage, dagegen Einspruch zu erheben, besitze Deutschland nicht. „Wir können es natürlich nicht verhindern", erklärte er eindeutig, „wenn Rußland seine finnische Provinz seinem allgemeinen Zollgebiet einverleibt." Deutschland sei nur vor einer Überraschung gesichert, da es von der russischen Regierung von diesem Schritt zwei Jahre vorher unterrichtet werden müsse.[22]

Das für die deutsche Roggen- und Mehlausfuhr nach Rußland und Finnland im Zarenreich bereits geweckte Interesse wurde im März 1911 schlagartig gesteigert, als der Vorsitzende des Moskauer Börsenkomitees und Reichstagsmitglied G.A. Krestovnikov zwei als Manuskript gedruckte Denkschriften unter anderem an alle Dumaabgeord-

20 Avrech, A.Ja., 64; Bobovič 81.

21 Centralstelle für Vorbereitung von Handelsverträgen an Generalkonsulat Petersburg, 28.2.1911. In: BA Potsdam, AA 6264.

22 Stenographische Berichte des Reichstags. XII. Legislaturperiode, V. Session, Berlin 1911, – /6050.

neten und Reichstagsmitglieder versandte.[23] Krestovnikovs Darlegungen gipfelten in der Feststellung, daß Rußland für seinen überschüssigen Roggen Auslandsmärkte benötige. Die deutschen Exportprämien würden jedoch dem russischen Produkt die Konkurrenz mit dem deutschen auf den skandinavischen Märkten und in Holland unmöglich machen. Es sei notwendig, durch Einfuhrzölle den Import des deutschen Roggens nach Rußland zu verhindern. Krestovnikovs Ausführungen richteten sich vordergründig gegen Deutschlands Stellung als Roggenexporteur und damit als Konkurrent Rußlands im eigenen Lande und auf Drittmärkten. Mit ihnen wurde aber in der 1911 in Rußland einsetzenden Diskussion um die Vorbereitung der bis 1917 abzuschließenden neuen Handelsverträge mit den wichtigsten Partnern des Zarenreichs ein Motiv angeschlagen, das in den nächsten Jahren in verschiedenen Variationen zu vernehmen war: die politisch oder ökonomisch begründete Notwendigkeit, sich aus der wirtschaftlichen Abhängigkeit von Deutschland zu befreien, die vor allem in dessen präponderanter Stellung im Außenhandel Rußlands hervorträte.

Krestovnikovs Ausführungen fanden in der Presse der Nationalisten, Oktobristen und Progressisten einen breiten und, wie sich häufig bereits aus den Überschriften der Zeitungsartikel ergab, wohlwollenden Widerhall.[24] Nur wenige wandten sich gegen die Einführung von Getreidezöllen. Einen derartigen Artikel veröffentlichten die liberalen Moskauer „Russkie Vedomosti".[25] Er warf die Frage auf, warum sich der Vorsitzende des Moskauer Börsenkomitees, der Interessenvertretung der dortigen Industriellen, in der Rolle des überzeugten Befürworters von Getreidezöllen gefiel. Der Autor beantwortete sie eindeu-

23 K voprosu o vvoze v Rossiju i Finlandiju chlebnych gruzov; Neskol'ko cifr i soobraženij po povodu našego eksporta rži. In: CGIA, F. 23, op. 18, d. 34.

24 „Novoe Vremja", 27.3.1911, „Chlebnyj eksport v Finlandiju"; „Utro Rossii", 30.3.1911, „Ugroza ekonomičeskim interesam Rossii"; „Golos Moskvy", 30.3.1911; „Ugrožajuščie perspektivy"; „Novoe Vremja", 3.4. 1911 „Russkaja i germanskaja rož"; „Reč", 5.4.1911 „Germanskaja konkurencija v torgovle rož'ju"; „Novoe Vremja", 21.4.1911 „Bojkot russkogo chleba v Finljandij"; „Utro Rossii", 21.4.1911 „Trevožit'sja – li? Rossija i torgovlja rož'ju".

25 Hier Inhaltsangabe nach dem in der vorhergegangenen Fußnote angeführten Artikel der „Reč".

tig: Es geschah, um den Widerstand der Großgrundbesitzer gegen Schutzzölle in Frage zu stellen.[26] Ähnlich deutete der Moskauer Konsul Kohlhaas die Absichten Krestovnikovs: Dieser, der in der Auseinandersetzung um die zollfreie Einfuhr von landwirtschaftlichen Maschinen die Forderungen der Agrarier bekämpft habe, wolle beweisen, daß die protektionistische Zollpolitik auch für den Großgrundbesitz von Vorteil sein könne.[27]

In den nächsten Wochen und Monaten wurde auf Krestovnikovs Thesen wiederholt direkt oder mittelbar Bezug genommen. Ende Mai 1911 wandten sich die neugegründete Russische Exportkammer und der X. Kongreß der russischen Müller in einer Resolution gegen die deutsche Getreide- und Mehlausfuhr nach Finnland. Der Referent, Rochovič, empfahl die Ausdehnung des in Rußland bestehenden Einfuhrzolles auf Mehl von 45 Kopeken pro Pud auf Finnland und die Einführung eines Getreidezolles von 25 Kopeken pro Pud.[28]

Die Zahlen der finnischen Statistik für 1910 zeigten, daß sich bei der Einfuhr von Roggen, Roggen- sowie Weizenmehl aus Deutschland und Rußland die Relation weiterhin zu Ungunsten des russischen Produktes veränderte. So sank von 1909 bis 1910 die Einfuhr des russischen Roggens von annähernd 40 000 t auf 22 000 t, während die Einfuhr aus Deutschland von 19 000 auf 41 000 t stieg. Bei Roggenmehl verringerte sich im gleichen Zeitraum die Einfuhr aus Rußland von 101 000 t auf 79 000 t, während sich der Export aus Deutschland von 48 000 t auf 101 000 t erhöhte.[29] Es häuften sich daher hauptsächlich aus den russischen Ostseestädten Eingaben, in denen die Regierung unter Hinweis auf die sinkende Ausfuhr der Mühlen nach Finnland zum Handeln aufgefordert wurde.[30]

26 Auf den Widerstand russischer Großgrundbesitzer gegen die Schutzzollpolitik wird in den Arbeiten von Solov'ev, Ju.B.: Samoderžavie i dvorjanstvo v konce XIX veka. Leningrad 1973 u. Samoderžavie i dvorjanstvo v 1902–1907 gg. Leningrad 1981 wiederholt eingegangen.

27 Bericht Kohlhaas, 8.4.1911. In: BA Potsdam, AA 6368.

28 Bericht Trautmann, 6.4.1911. In: Ebenda.

29 Bericht Goldbeck-Löwe, 24.5.1911. In: Ebenda.

30 Eingaben des Börsenkomitees Libau und der Mühlenbesitzer in Reval an das Ministerium für Handel und Industrie v. 25.5. u. 5.6.1911. In: CGIA, f. 23, op. 9, d.649.

Krestovnikovs Denkschriften fanden auch in der deutschen Presse Widerhall. Es war nur natürlich, daß Gegner der Schutzzollpolitik und der Einfuhrscheine die Darlegungen des Moskauer Unternehmers nicht ohne Befriedigung zur Kenntnis nahmen. Sie sahen darin einen Beweis für die Richtigkeit ihrer These, daß der Agrarprotektionismus die Handelsbeziehungen Deutschlands zu vielen Ländern erschwere. Das linksliberale „Berliner Tageblatt" berichtete in dem Artikel „Unsere ‚bewährte' Wirtschaftspolitik" mit sichtlicher Schadenfreude über den russischen Widerstand gegen die deutsche Roggeneinfuhr.[31] Auch der Deutsche Handelstag, im wesentlichen die Interessen des Handels und der exportorientierten Industrie vertretend und damit freihändlerisch ausgerichtet, machte aus seiner Ablehnung des Einfuhrscheinsystems keinen Hehl.

Das Generalkonsulat in Petersburg empfahl dem Auswärtigen Amt in der deutschen Presse Artikel zu lancieren, die darauf hinweisen sollten, daß im Vergleich zur erheblich gesteigerten russischen Weizen- und Gersteausfuhr nach Deutschland der Roggenexport keine besondere Rolle spiele. In der russischen Presse schwiege man sich darüber aus.[32] Dieser Anregung Vizekonsul Trautmanns wurde, für ihn selbst bestimmt überraschend, in der „Torgovo-Promyšlennaja Gazeta" nachgekommen. In dem am 9. April 1911 erschienenen Artikel „Die Konkurrenz Deutschlands in der Roggenausfuhr" polemisierte A. Rafalovič im Organ des Finanzministeriums gegen die Auffassung Krestovnikovs.

Rafalovič hob hervor, daß von 1904 bis 1910 die russische Getreideausfuhr nach Deutschland von 164,5 auf über 300 Mill. Pud gestiegen sei. Die Verringerung des Roggenexports berechtigte also durchaus nicht zu der Folgerung, daß der russischen Landwirtschaft von Deutschland Gefahr drohe. „Infolgedessen kann man höchstens zu dem Schluß gelangen", erläuterte Rafalovič diesen Gedanken, „daß die Steigerung der deutschen Getreideausfuhr zwar auf einzelne Zweige unseres Getreidehandels ungünstig zurück gewirkt, für unseren Gesamtausfuhrhandel jedoch auch gewisse Vorteile bietet, indem sie die Nachfrage nach anderen russischen Getreidesorten stei-

31 Berliner Tageblatt, 4.4.1911.

32 Bericht Trautmann, 8.4.1911. In: BA Potsdam, AA 6368.

gert."[33] Offensichtlich wollten das Finanzministerium und das Ministerium für Handel und Industrie mit der Veröffentlichung den gegen sie gerichteten Angriffen entgegentreten. Gegen Rafalovič's Ausführungen muß jedoch auch in Regierungskreisen Widerspruch laut geworden sein. Am 28. April 1911, knapp drei Wochen nach dem Erscheinen der ersten Veröffentlichung, brachte die „Torgovo-Promyšlennaja Gazeta" einen „Die deutsche Konkurrenz im Getreideexport" überschriebenen Artikel, dessen Grundtenor von Rafalovič's Darlegungen stark abwich.[34] Gemäß dem Timašev im Dezember 1910 vom Ministerrat erteilten Auftrage wurden das Finanzministerium, die Hauptverwaltung für Landwirtschaft und das Ministerium des Innern zur schriftlichen Darlegung ihres Standpunktes aufgefordert. Das Finanzministerium schloß sich der Auffassung Timaševs an und bezeichnete es als nicht zeitgemäß, Roggen mit einem Einfuhrzoll zu belasten.[35] Die Hauptverwaltung für Landwirtschaft bemühte sich hingegen, die seinerzeit dem Ministerrat unterbreitete Argumentation Timaševs Punkt um Punkt zu widerlegen. Da der Roggenexport zurückgehe und die Gewinnung von Auslandsmärkten schwierig sei, führte Krivošein im einzelnen aus, müsse der Sicherung des Binnenmarktes die Hauptsorge gelten. Nicht die Menge des eingeführten Roggens sei entscheidend; allein die Tatsache, daß in den Ostseehäfen billiger Roggen zum Kauf angeboten werde, drücke die Preise im ganzen Lande. Die Befürchtung, die Erhebung eines Einfuhrzolls würde die Mehlausfuhr aus den russischen Ostseehäfen nach Finnland erschweren, sei nicht stichhaltig, denn bereits seit 1905 verringerten sich diese Verkäufe. Unbegründet sei auch die Sorge des Ministeriums für Handel und Industrie, daß eine Erschwerung der Einfuhr in den Gebieten, in denen der deutsche Roggen gekauft werde, zu Preissteigerungen führen müßte. Aber selbst wenn dies der Fall wäre, müßten private vor allgemeinen Interessen zurücktreten.[36]

Die Argumente, mit denen Timašev im Juni 1911 die Ausführungen des Ministeriums des Innern und der Hauptverwaltung für Landwirtschaft zurückwies, wiederholten im wesentlichen das von ihm im

33 Bericht Trautmann, 22.4.1911 und beigegebene Übersetzung des Artikels von Rafalovič. In: Ebenda.

34 Anlage zum Bericht Biermann, 8.5.1911. In: Ebenda.

35 Kokovcov an Timašev, 27.2.1911. In: CGIA, f. 23, op. 9, ed 649.

36 Krivošein an Timašev, 22.3.1911. In: Ebenda.

Oktober 1910 Vorgetragene. Beachtung verdient seine Feststellung, daß Rußland 700 Mill. Pud Getreide exportiere und nur 7 Mill. importiere. Rußland gewinne, hob er erneut hervor, nichts bei der Verhinderung der deutschen Roggeneinfuhr, denn im gleichen Ausmaß würde sich die russische Ausfuhr nach Deutschland verringern. Gegen Krestovnikovs Darlegungen polemisierte er direkt; das von diesem angeführte Zahlenmaterial sei falsch.

Timašev ließ jedoch abschließend die Möglichkeit offen, gegen die deutsche Einfuhr Maßnahmen zu ergreifen: „Wenn es sich bei den Beratungen im Ministerrat herausstelle, daß der Import bereits jetzt eine Gefahr darstelle, dann sollte zur Festsetzung der Höhe der Einfuhrzölle beim Ministerium für Handel und Industrie eine interministerielle Kommission gebildet werden."[37] Praktisch hieß das: Die Angelegenheit sei nicht eilig. Derartige Kommissionen pflegten sich in Rußland, wenn nicht besondere Umstände vorlagen, mit ihren Beratungen und der Formulierung der Empfehlungen Zeit, sogar viel Zeit zu lassen.

Das Auswärtige Amt mußte sich einer Flut von Eingaben interessierter Kreise erwehren. Die Wilhelmstraße sollte, das war der Grundtenor dieser Ausführungen, gegen die Zollneuerungen Protest erheben. Da der deutsch-russische Handelsvertrag die einzige Rechtsgrundlage abgab, auf die man sich berufen konnte, schien nur ein Weg gangbar: Von der zaristischen Regierung zu verlangen, Einfuhrzölle auf Mehl und Getreide erst zu erheben, nachdem sie Berlin von diesem Entschluß zwei Jahre vorher verständigt hatte. Die Prämisse, von der man stillschweigend ausging, lautete: Veränderungen in den wichtigsten finnischen Zollsätzen seien einer Einverleibung in das russische Zollgebiet gleichzusetzen.[38] Die weitgehende inhaltliche Übereinstim-

37 Timašev an Ministerrat, 23.6.1911. In: Ebenda.

38 Handelskammer zu Lübeck an Lübecker Senat, 10.6.1911; Vorsteheramt der Kaufmannschaft Königsberg an Kiderlen-Wächter, 8.7.1911; Handelskammer für den Regierungsbezirk Posen an Kiderlen-Wächter, 17.7.1911; Vorsteheramt der Kaufmannschaft zu Danzig an Kiderlen-Wächter, 19.7.1911; Handelskammer in Hamburg an die Deputation für Handel, Schiffahrt und Gewerbe, 29.7.1911; Handelskammer zu Thorn an Kiderlen-Wächter, 9.8.1911; Handelskammer Graudenz an Kiderlen-Wächter, 13.9.1911; Deutscher Handelstag an Kiderlen-Wächter, 16.9.1911. In: BA Potsdam, AA 6369.

mung und die häufige Berufung auf Stellungnahmen anderer Handelskammern macht es mehr als wahrscheinlich, daß die ganze Aktion gelenkt wurde.

Im Reichsamt des Innern versprach man sich im Frühjahr 1911 und in den darauffolgenden Monaten von Vorstellungen in Petersburg oder gar Vergeltungsmaßnahmen aus Anlaß der Erhöhung finnischer Zollsätze keinen Erfolg, eine Ansicht, die vom Auswärtigen Amt geteilt wurde.[39] In der Wilhelmstraße war man letztlich überzeugt, daß der Handelsvertrag keine Handhabe biete, um gegen partielle Zollerhöhungen in Finnland Protest zu erheben.

Das Auswärtige Amt empfahl daher einer Delegation des Vereins Deutscher Handelsmüller und des Verbandes Deutscher Müller, „finnländische Interessenten gegen die geplanten Zollerhöhungen mobil zu machen".[40] Vertreter der ostdeutschen Mühlenindustrie suchten auch in diesem Sinne die finnische Presse zu beeinflussen – wenn man ihren Versicherungen Glauben schenken darf, nicht ohne Erfolg.[41] Am 26. September 1911 wiederholte Koerner im Namen des Auswärtigen Amts gegenüber Dr. Linde, dem Vertreter des Deutschen Handelstags, daß eine Preßkampagne des Deutschen Handelstags nicht zweckmäßig wäre.[42]

Die von General Zejn, dem Generalgouverneur von Finnland, an Timašev im September 1911 übersandte Denkschrift trat entschieden für die Einführung von Mehl und Getreidezöllen ein. Dabei wurde die politische Bedeutung der zu treffenden Maßnahmen hervorgehoben. „Die politischen Interessen Rußlands erfordern gebieterisch, den russischen Einfluß in Finnland zu vergrößern und die Bande zu verstärken, mit denen die finnischen Randgebiete an die übrigen Teile des Kaiserreichs verknüpft sind. Jegliche Zunahme des ausländischen Einflusses in Finnland", wurde dann weiter ausgeführt, „ist für die russischen Interessen schädlich und gefährlich, insbesondere im Hinblick auf den

39 Richter, Unterstaatssekretär im RdI, an Kiderlen-Wächter, 27. 4.1911; Lehmann an Delbrück, 13.5.1911. In: Ebenda, 6264; Delbrück an Kiderlen-Wächter, 12.12.1911. In: Ebenda, 6370.

40 Notiz auf dem Schreiben des Vereins Deutscher Handelsmüller an Koerner, 24.7.1911. In: Ebenda, 6369.

41 Königsberger Walzmühle an Koerner, 2.9.1911. In: Ebenda.

42 Randbemerkung Koerners auf dem Konzept seines Schreibens an den Deutschen Handelstag v. 23.9.1911. In: Ebenda.

Separatismus der Finnen und deren Bestrebungen, im Ausland Unterstützung zu suchen. Man dürfe nicht vergessen, daß die ökonomische Eroberung häufig auch der politischen den Weg bahne und deren Erfolge erleichtere."

Die ökonomischen Erfolge deutscher Firmen führte Zejn vor allem darauf zurück, daß sie kapitalkräftiger als die russischen wären, eigene Agenten besäßen und von den angeforderten Waren jede beliebige Menge in der gewünschten Qualität liefern könnten. Von russischen Firmen kämen nur Libauer und Revaler den Wünschen der Finnen entgegen. Die Lage des russischen Handels wird dadurch erschwert, daß er sich im Großfürstentum nicht auf russische Banken stützen könne. Auch werde das ausländische Getreide und Mehl zu billigeren Preisen angeboten, was zum Teil darauf zurückzuführen sei, daß sich die ausländischen Firmen mit einer geringeren Gewinnspanne begnügten. Den Hauptgrund für den wachsenden deutschen Import bilden allerdings die Einfuhrscheine.[43]

Der zaristische Ministerrat befaßte sich erneut mit dem Fragenkomplex am 28. Dezember 1911. In der Sitzung setzten sich der nunmehrige Ministerpräsident Kokovcov und Timašev im Prinzip durch. Nach dem Protokoll zu urteilen, das allerdings, wie üblich, die Diskussion nur summarisch zusammenfaßte und entgegengesetzte Auffassungen nur andeutungsweise hervortreten ließ, bewirkte das vor allem Kokovcov. Der Erhebung von Einfuhrzöllen auf Getreide und Mehl in Finnland wollte er nur dann zustimmen, wenn Preisherabsetzungen der russischen Produkte wirkungslos bleiben sollten. Der Ministerrat beschloß, die Einfuhr ausländischen Getreides nach Rußland nicht zu erschweren. Die Angelegenheit wurde aber nicht von der Tagesordnung abgesetzt. Da, wie es im Protokoll hieß, die Einfuhr von Roggen alles andere als normal sei und in der Öffentlichkeit Besorgnis hervorrufe, akzeptierte der Ministerrat Timaševs Vorschlag, eine interministerielle Kommission einzuberufen. Diese sollte Maßnahmen erörtern, um die Einfuhr von Getreideprodukten nach Rußland zu verhindern und den finnischen Markt für russische Getreideprodukte zu sichern. Die Kommission wurde auch beauftragt, eingehend zu prüfen, ob

43 Zejn an Timašev, 2.9.1911 u. Anlage. In: CGIA, f. 23, op. 9, d. 649.

durch die Erhebung von Einfuhrzöllen auf Getreide und Mehl in Finnland Punkt 3 des Protokolls zur Zusatzkonvention von 1904 berührt werde und Deutschland zwei Jahre vorher verständigt werden müßte.[44] Die Anweisung beweist, daß man in Petersburg, ebenso wie in Berlin, keine klare Vorstellung besaß, was die Bestimmung über Finnland in der Zusatzkonvention aussage.

Hinsichtlich des Großfürstentums traf der zaristische Ministerrat am 14. März 1912 eine Vorentscheidung. In der Diskussion sprachen sich alle Minister für die Zolleinheit Finnlands mit dem Russischen Reich aus. Als offen wurde hingegen bezeichnet, ob zwischen dem Großfürstentum und Rußland weiterhin die Zollgrenze bestehen bleiben solle. Mit diesem widerspruchsvollen und verwirrenden Beschluß verfolgten die Befürworter der Zollgrenze offensichtlich den Zweck, die russische Industrie vor der Konkurrenz der finnischen zu schützen. Sie müssen dabei von der Voraussetzung ausgegangen sein – das Protokoll nennt nicht die von ihnen angeführten Gründe –, daß die nach dem Großfürstentum aus dem Ausland importierten Waren nach dem für Rußland geltenden Tarif zu verzollen wären, was sich, allerdings etwas willkürlich, bereits als Zolleinheit interpretieren ließ. Im russisch-finnischen Handelsverkehr würde hingegen die Festlegung der Zollsätze dem Ermessen der dafür zuständigen russischen Behörden überlassen bleiben. Mehl hätte demnach aus Rußland zollfrei oder nur mit einem geringen Zoll belastet nach Finnland importiert werden können, während der Zoll auf finnische Industrieprodukte bei der Einfuhr nach Rußland unter Berücksichtigung der Wünsche russischer Industrieller festzulegen gewesen wäre.[45]

Wenn der Beschluß in Kraft blieb, mußte die zollfreie Mehlausfuhr aus Deutschland nach Finnland in absehbarer Zeit ein Ende finden. Hinsichtlich der Roggenzölle war damit allerdings noch keine Entscheidung gefallen. Aus dem Protokoll der Ministerratssitzung geht nicht hervor, worauf der Auffassungswandel Kokovcovs und Timaševs zurückzuführen war. Angesichts anhaltender Angriffe großer Teile der besitzenden Klassen auf die Wirtschaftspolitik der Regie-

44 Protokoll der Ministerratssitzung v. 28. 12. 1911. In: Ebenda, op. 27, d. 444.

45 Protokoll der Ministerratssitzung v. 14. 3. 1912. In: Ebenda, f. 1276, op. 20, d. 57.

rung kamen sie durch diesen auch gegen die deutsche Handelspolitik gerichteten und daher populären Schritt den Wünschen eines nicht unbedeutenden Teiles der Bourgeoisie- und Gutsbesitzerschichten entgegen. Im Auswärtigen Amt wußte man nach einigen Wochen – wahrscheinlich an Hand russischer Pressemitteilungen – über die in der Ministerratssitzung am 14. März gefaßten Beschlüsse einigermaßen Bescheid.[46]

Der Beschluß vom 14. März 1912 entsprach der nationalistischen Regierungspolitik der letzten Jahre. Er spiegelte jedoch auch die Haltung breiter Interessentenkreise wider. Diese behaupteten jedoch in Rußland nicht unangefochten das Feld. Sehr bezeichnend ist in dieser Hinsicht ein Bericht des russischen Konsuls in Königsberg, Poljanovskij. Dieser ging von der richtigen, in Rußland 1912 aber noch nicht allgemein anerkannten Feststellung aus, daß die hohen deutschen Agrarzölle, solange Rußland die Meistbegünstigung genoß, die Einfuhr seines Getreides durchaus nicht behindern und gänzlich oder zum überwiegenden Teil von deutschen Konsumenten getragen würde. Es wäre daher ein Fehler, folgerte Poljanovskij, wenn bei den bevorstehenden Handelsvertragsverhandlungen Rußland die Herabsetzung der deutschen Getreidezölle und die Beseitigung der Einfuhrscheine verlangen und womöglich durch Herabsetzung der Einfuhrzölle auf Industriewaren erkaufen würde. Auch hinsichtlich des deutschen Roggenexports sähe man die Dinge in Rußland nicht richtig. Sicher sei es zutreffend, daß erst die Einfuhrscheine diese Ausfuhr ermöglichten; bei der starken Bevölkerungszunahme und den nicht erweiterungsfähigen Anbauflächen werde sie in den nächsten Jahren jedoch von selbst zurückgehen.[47] Derartige Ansichten beeinflußten in Rußland allmählich die Diskussion über den mit Deutschland neuabzuschließenden Handelsvertrag.

Am 9. November 1912 trat unter dem Vorsitz des stellvertretenden Finanzministers, N. P. Langovoj, die interministerielle Kommission zum ersten Male zusammen. An der Sitzung nahmen Vertreter verschiedener Interessentengruppen teil. darunter auch Finnen. In der Diskussion wurde, von wenigen Ausnahmen abgesehen, die Erhebung

46 Aufzeichnung Nadolny, 27.4.1912. In: BA Potsdam, AA 6265.
47 Bericht Poljanovskij, 18.6.1912. In: CGIA, f. 23, op. 8, d. 54.

von Einfuhrzöllen auf Getreide in Rußland und auf Getreide und Mehl in Finnland gefordert. Gegen die Einfuhrzölle sprachen sich nur die Finnen und E. S. Kalašnikov, der Vertreter des Börsenkomitees in Rybinsk, eines der Zentren des russischen Getreidehandels, aus.[48]

Die am 13. März 1913 zum zweiten Male zusammengetretene Kommission billigte die von der Novembersitzung empfohlene Höhe der Einfuhrzölle. Die Frage, ob Deutschland, falls es zur Einführung der Zölle in Finnland käme, zwei Jahre vorher verständigt werden müsse, wurde einstimmig verneint. Sich der Zustimmung des finnischen Landtags für die zu ergreifenden Maßnahmen zu vergewissern, wurde als nicht notwendig erachtet.[49] Ein Vertreter des Ministeriums der auswärtigen Angelegenheiten wohnte der Sitzung nicht bei.

Die Empfehlungen der Kommission wurden bald in der russischen Presse erörtert. Biermann bemühte sich kräftig dazu beizutragen, daß man in Berlin die sich abzeichnende Entwicklung nicht hinnähme. Getreide und Mehl würden ein Viertel des deutschen Gesamtexports nach Finnland ausmachen, die beabsichtigten Maßnahmen könnten daher nicht als „eine gelegentliche Erhöhung einzelner Zollsätze" angesehen werden, die sich hinnehmen ließe. „Würde die geplante Gesetzgebung jetzt", fuhr er fort, „ohne daß wir dagegen protestieren, zugelassen werden, so kann es bald geschehen, daß auch die übrigen finnischen Zölle auf die Höhe der russischen gebracht werden und das würde eine Situation herbeiführen, die für Finnland und für uns schlimmer wäre, als eine formelle, bedingungslose Einverleibung Finnlands in den russischen Zollverband, mit Aufhebung der Zollgrenze zwischen ihnen".[50]

In Deutschland lösten die im April bekannt gewordenen Empfehlungen der Kommission eine neue Welle von Eingaben aus, in denen das Auswärtige Amt um die Abwendung der drohenden Maßnahmen ersucht wurde.[51] Auch der Bund der Landwirte wandte sich in dieser

48 Protokoll der Kommissionssitzung v. 9.11.1912. In: Ebenda, op. 9, d. 649.

49 Protokoll der Kommissionssitzung v. 13.3.1913. In: Ebenda.

50 Bericht Biermann, 10.4.1913. In: BA Potsdam, AA 6371.

51 U.a.: Vorsteheramt der Kaufmannschaft in Königsberg an AA, 14. 4.1913; Deutscher Handelstag an AA, 19.4.1913. In: Ebenda; Verein Deutscher Handelsmüller und Verband Deutscher Müller an Jagow, 24. 4.1913. In: Ebenda, 6372.

Angelegenheit an den Reichskanzler. Die Durchführung der empfohlenen Maßnahmen würde in Deutschland eine Senkung der Getreidepreise „und damit wiederum einen Rückschlag auf den Wert der landwirtschaftlichen Anwesen namentlich an der Grenze, die davon am schwersten betroffen werden würden", zur Folge haben.[52]

Das Auswärtige Amt beeindruckten weder Eingaben noch Zeitungsartikel. Pourtalès wurde mitgeteilt, Deutschlands Anspruch auf Benachrichtigung beziehe sich nur auf die Verschmelzung des finnischen Zollgebiets mit dem russischen, so „daß wir sonach kein Recht haben, die vorherige Anzeige einer beabsichtigten Änderung einzelner finnischer Zollpositionen zu verlangen". Der Botschafter sollte jedoch in Petersburg, allerdings „in vorsichtiger und unverbindlicher Weise", den entgegengesetzten Standpunkt vertreten, also darauf beharren, daß jede zollpolitische Maßnahme, die zur wirtschaftlichen Vereinigung mit Rußland hinführe, in Berlin angezeigt werden müsse.[53]

Pourtalès sprach über die an ihn im April 1913 ergangenen Weisungen u.a. mit Bark, dem Stellvertreter des Ministers für Handel und Industrie und späteren Nachfolger Kokovcovs als Finanzminister. Bark vertrat Pourtalès gegenüber die Ansicht der Kommission: Veränderungen im finnischen Zolltarif bräuchten in Berlin nicht angezeigt zu werden. Bark suchte jedoch den Botschafter zu beruhigen: Bei der Uneinigkeit in der Kommission könnten noch Jahre vergehen, ehe Beschlüsse gefaßt würden. Kokovcov, mit dem der deutsche Geschäftsträger Lucius die Frage am 19. Mai erörterte, „äußerte sich ungefähr in demselben Sinne wie Herr Bark und glaubte, daß eine endgültige Entscheidung für geraume Zeit noch immer nicht getroffen würde." Zur Nervosität bestände in Deutschland kein Anlaß, erklärte der Ministerpräsident.[54]

Kokovcovs Erklärungen wirkten in Berlin auch deshalb beruhigend, weil Meldungen deutscher Konsuln aus Rußland von wachsendem Widerstand der Industrie gegen die Einverleibung Finnlands sprachen. Besondere Bedeutung wurde dabei der Stellungnahme des Moskauer Börsenkomitees beigemessen. Das Börsenkomitee und auch die

52 Bund der Landwirte an Bethmann Hollweg, 23.5.1913. In: Ebenda, 6371.

53 Erlaß an Pourtalès, 18.4.1913. In: Ebenda, 6272.

54 Berichte Pourtalès und Lucius, 13. u. 20.5.1913. In: Ebenda, 6371.

Zeitung „Utro Rossii“ sprachen sich entschieden gegen den zollpolitischen Anschluß Finnlands aus. Die günstigeren Arbeitsverhältnisse, die höhere Besteuerung in Rußland, die billige Wasserkraft und die zollfrei eingeführte maschinelle Ausrüstung der finnischen Fabriken würden diesen noch Jahre hindurch, hieß es in einer Denkschrift des Moskauer Börsenkomitees, im Konkurrenzkampf mit der russischen Industrie Vorteile verschaffen.[55] Die Ablehnung der Zollvereinigung mit Finnland bedeutete natürlich nicht, daß deren Gegner auch gegen die Erhebung von Getreidezöllen in Rußland und von Getreide- und Mehlzöllen in Finnland Stellung bezogen. Das traf weder für das Moskauer Börsenkomitee noch für andere Dachverbände der Industrie und des Handels zu.[56]

In der dem Ministerrat übermittelten Stellungnahme identifizierte sich Timašev mit den Vorschlägen der Kommission: Getreide sollte mit einem Einfuhrzoll von 30 Kopeken belegt, der Einfuhrzoll auf Mehl von 45 Kopeken pro Pud beibehalten werden; durch von der Duma und dem Reichsrat zu beschließende Gesetze sollten diese Einfuhrzölle auch auf das Großfürstentum ausgedehnt werden. Es bestünde keine Notwendigkeit, wurde dann weiter ausgeführt, Deutschland zwei Jahre vor der Durchführung der Maßnahme zu benachrichtigen. Timašev wies jedoch auch darauf hin, daß die Getreideeinfuhr aus dem Ausland 1912 den niedrigsten Stand seit 1907 erreichte und ihr insgesamt keine größere Bedeutung zukäme.[57]

In russischen, finnischen und deutschen Zeitungen erschienen fortlaufend Nachrichten über die bevorstehende Einführung der einschlägigen Zollgesetze auf dem Verordnungswege. So wurde es in Berlin fast mit Erleichterung registriert, als Mitte August im „Novoe Vremja“ eine ihren offiziellen Charakter nicht verleugnende Notiz erschien,

55 Bericht Kohlhaas, 8.5.1913. In: Ebenda.

56 Vgl. etwa Industrie- und Handelsverband an Timašev, 17.5. 1913. In: CGIA, f. 23, op. 18, d. 110.

57 Timašev an Ministerrat, 20.6.1913: „Neobchodimo skazat', čto privoz inostrannogo chleba predstavljaetsja ničtožnym, po sravneniju so sborami chlebov u nas i s našim eksportom, i ne možet, kazalos' by, okazat' kakoe libo vlijanie na naše sel'skoe chozjajastvo i torgovlju.“In: Ebenda, op. 27, d. 444.

daß entgegen anders lautenden Gerüchten Timašev nicht beabsichtige, die Zolltarifveränderungen mit Hilfe des Artikels 87 der Grundgesetze, also auf dem Verordnungswege, durchzuführen.

Dem Auswärtigen Amt genügten diese letzthin unverbindlichen Auskünfte jedoch nicht. Pourtalès sollte die russische Regierung veranlassen, über ihre Stellungnahme zu den Getreide- und Mehlzöllen in Finnland eine Erklärung zu veröffentlichen.[58] Kokovcov erklärte dem Botschafter am 26. August, daß der Ministerrat prüfen werde, ob das Vorgehen Rußlands nicht gegen den Handelsvertrag mit Deutschland verstoße. Sollte sich die Regierung zu der Einführung der Zölle entschließen, so könnten die entsprechenden Vorlagen jedoch nicht vor Januar 1914 Gesetzeskraft erlangen. Der Ministerpräsident lehnte die Veröffentlichung der gewünschten Erklärung ab. Er wäre allerdings damit einverstanden, wenn in einer offiziösen deutschen Verlautbarung gesagt würde, „daß nach Auskunft an amtlicher russischer Stelle die Einführung von Zöllen für Finnland jedenfalls für diesen Herbst nicht in Aussicht stehe".[59]

Die in Petersburg bevorstehende Entscheidung ließ die Wilhelmstraße aktiv werden. Pourtalès wurde angewiesen, gegenüber russischen Ministern die Erhebung der Getreide- und Mehlzölle in Finnland als unzulässig zu bezeichnen, wenn die Neuerung Berlin nicht zwei Jahre vorher angezeigt worden sei.[60]

Der russische Ministerrat befaßte sich mit der Einführung der Getreide- und Mehlzölle in Finnland am 10. September 1913. Offenem Widerspruch begegnete die von Timašev begründete Maßnahme nur bei A. A. Neratov, dem Stellvertreter des Ministers für auswärtige Angelegenheiten. Dieser erhob, wie Kokovcov dem deutschen Botschafter erklärte, „schwerwiegende Bedenken gegen die in Aussicht genommene Maßnahme" und begründete seine Auffassung damit, „daß nach seiner Ansicht die Einführung von Getreide- und Mehlzöllen in Finnland mit Rücksicht auf den Handelsvertrag mit Deutschland unzulässig sei". In Anbetracht dieser Meinungsverschiedenheit traf der Ministerrat keine endgültige Entscheidung.[61] Unge-

58 Erlaß an Pourtalès, 16.8.1913. In: BA Potsdam, AA 6372.

59 Bericht Pourtalès, 27.8.1913. In: Ebenda.

60 Erlaß an Pourtalès, 8.9.1913. In: Ebenda.

61 Berichte Lucius und Pourtalès, 11. u. 23.9.1913. In: Ebenda.

klärt blieb vor allem die Frage, ob Berlin von der Einführung der Zölle zwei Jahre vorher zu verständigen sei.

Im russischen Ministerrat fand daher eine Verschiebung der Fronten statt. Der Widerstand gegen die vorsätzliche Nichtbeachtung etwaiger Proteste Deutschlands ging jetzt nicht mehr von dem Handels- und dem Finanzministerium, sondern von der Sängerbrücke aus. Welche Motive für deren Haltung den Ausschlag gaben, ist nicht eindeutig klar. Es ist denkbar, daß das Ministerium losgelöst von Erwägungen der „Großen Politik", darauf bedacht war, Rußland gegenüber Deutschland formell nicht ins Unrecht zu setzen.

Kokovcov war überzeugt, daß der Widerstand der Sängerbrücke nicht lange anhalten würde. Um sich der Mehrheit im Ministerrat zu widersetzen, besaß Neratov, der in Vertretung Sazonovs das Ministerium leitete, nicht genügend Autorität. Von der Presse wegen der von ihm geäußerten „ängstlichen Befürchtungen" angegriffen,[62] stimmte Neratov bereits am 23. September Getreide- und Mehlzöllen in Finnland zu. Er bestand nur darauf, daß die Erhebung von Mehl- und Getreidezöllen in Finnland und die Erhebung des Getreidezolles in Rußland in verschiedenen Gesetzen geregelt würde; damit entzöge man Deutschland die Grundlage, von einer Vereinheitlichung der beiden Zollgebiete zu sprechen.[63] Das war wohl alles nicht allzu ernst gemeint. Beachtung hingegen verdient, daß man im russischen Ministerium für auswärtige Angelegenheiten mit dem Finnlandparagraphen der Zusatzkonvention von 1904 nicht besser als in der Wilhelmstraße zurechtkam und, was am meisten verwundert, zumindest zeitweise die sich daraus für Deutschland ableitenden Rechte fast für gewichtiger als im Auswärtigen Amt hielt. Timašev berücksichtige Neratovs Einwände. Für Rußland und Finnland wurden voneinander abweichende Gesetzesentwürfe vorgelegt, die auch in den Zollsätzen geringe Unterschiede aufwiesen.[64]

62 Bericht Pourtalès, 21.9.1913. In: Ebenda, 6273.

63 Neratov an Bark, 23.9.1913. In: CGIA, f. 23, op. 18, d. 110.

64 Im Ministerium für Handel und Industrie angefertigte Aufzeichnung (Spravka) o.D. In: Ebenda, Bl. 50; Bericht Pourtalès, 20. 12. 1913. In: BA Potsdam, AA 6372.

Das Auswärtige Amt wollte die Rückkehr Sazonovs abwarten, ehe es in Petersburg weitere Schritte unternahm. Neratov genoß in der Wilhelmstraße seit den sich 1911 monatelang hinschleppenden Verhandlungen über Persien und die Bagdadbahn, die er in Petersburg wegen der Erkrankung Sazonovs leitete, keinen guten Ruf. Als Lucius aber meldete, daß die abschließenden Beratungen der Gesetzesvorlage in Kommissionssitzungen zwischen Vertretern der Ministerien für Handel und Industrie und für auswärtige Angelegenheiten Anfang Oktober beginnen würden, änderte Koerner seine Ansicht.[65] Schließlich wurde es Pourtalès überlassen zu entscheiden, ob eine offizielle Demarche zweckmäßig sei.[66]

Die Botschaft richtete an die Sängerbrücke eine Note, in der die Hoffnung ausgesprochen wurde, daß die Reichsleitung zwei Jahre vor der Einführung der Zölle in Finnland verständigt werden würde. Lucius suchte der Note mehr Nachdruck zu verleihen, indem er bei der Überreichung Neratov erklärte, daß „nach Ansicht deutscher Interessenten die geplanten russischen Maßnahmen leicht zu Boykottbewegungen gegen das russische Getreide zugunsten des argentinischen in Deutschland führen könnten". Der Ministerstellvertreter bestritt, daß es sich bei den geplanten Maßnahmen um eine „incorporation" handle. Er befürchte, schloß Lucius seine Ausführungen, „daß der hiesige Minister des Äußern, entgegen seiner früheren Stellungnahme, seinen Widerstand gegen die geplanten Maßnahmen aufzugeben im Begriff steht".[67] Ende Oktober 1913 publizierte die Regierung ein Verzeichnis der Gesetzesentwürfe, die der Reichsduma und dem Reichsrat zugehen würden oder zugegangen sind. Darunter befand sich auch die Vorlage Timaševs über die Einführung von Getreidezöllen.[68]

Damit schien die Entscheidung gefallen zu sein. Dem Auswärtigen Amt kam es jetzt darauf an, das Inkrafttreten des Gesetzes möglichst lange hinauszuschieben. „Sie können sich auch für ermächtigt halten",

65 Randbemerkung Koerner zum Bericht Lucius, 2.10.1913: „Dann dürfte es sich vielleicht doch empfehlen, mit unseren Vorstellungen nicht bis zur Rückkehr Sasonoffs zu warten." In: BA Potsdam, AA 6372.

66 Erlaß an Pourtalès, 6.10.1913. In: Ebenda.

67 Lucius an Neratov, 10.10.1913; Bericht Lucius, 11.10.1913. In: Ebenda, 6273.

68 Bericht Biermann, 31.10.1913. In: Ebenda, 6372.

hieß es in dem an Pourtalès ergangenen Erlaß, „darauf hinzuweisen, daß eine Entschließung in dieser Richtung [Nichtanerkennung der zweijährigen Benachrichtigungsfrist] sich kaum in das so erfreuliche Gesamtbild der deutsch-russischen Beziehungen einfügen würde.“[69] Was sich Unterstaatssekretär Zimmermann gedacht haben mag, als er den Erlaß unterzeichnete, bleibt sein Geheimnis. Auf dem Höhepunkt der Liman-v.-Sanders-Krise, die die Beziehungen zwischen Berlin und Petersburg fast bis zum Zerreißen spannte, von einem „so erfreulichen Gesamtbild der deutsch-russischen Beziehungen“ zu sprechen, entbehrte nicht eines Anflugs von makabrem Humor.

Seit der Liman-v.-Sanders-Krise bis zum Ausbruch des ersten Weltkrieges vermochte sich das deutsch-russische Verhältnis nicht mehr zu normalisieren. Eine nicht abreißende Kette von Zwischenfällen belastete in diesen Monaten die zwischenstaatlichen Beziehungen schwer. Dadurch wurde auch das wirtschaftspolitische Verhältnis beider Länder negativ beeinflußt. Die ökonomischen Auseinandersetzungen wirkten ihrerseits auf das politische Klima zurück.

Von Petersburg aus heizte Biermann die Spannungen an: Wenn die Pressemeldungen über die Einbringung der russisch-finnischen Mehl- und Getreidezölle zuträfen, „dann darf man an der bona fide der russischen Regierung stark zweifeln“, da ihre Auslegung der Abmachungen von 1894 und 1904 darauf hinauslaufe, daß diesen überhaupt keine Bedeutung zukomme. Die Absicht, zwischen den finnischen und russischen Zöllen eine kleine Differenz bestehen zu lassen, bezeichnete er als einen „Kniff . . ., um auch das als ein Argument gegen die deutsche Auffassung von der Vertragswidrigkeit der Maßregel zu gebrauchen. Wir hätten wirklich allen Anlaß, diese Unzuverlässigkeit der russischen Regierung ihren vertraglichen Pflichten gegenüber auch öffentlich zu rügen und die Sache nicht auf sich beruhen zu lassen.“[70]

Auf diese Weise beleuchtete Biermann bis zum Kriegsausbruch die sich seit Anfang 1914 häufenden deutsch-russischen wirtschaftspolitischen Zerwürfnisse. Ungeachtet der Hartnäckigkeit, mit der er in den vorhergegangenen Jahren die ihm anvertrauten Anliegen in Petersburg vertrat, bewahrte er sich bis dahin bei der Beurteilung wirtschaftspoli-

69 Erlaß an Pourtalès, 15.12.1913. In: Ebenda.
70 Bericht Biermann, 2.1.1914. In: Ebenda, 6373.

tischer Belange in der Regel einen ungetrübten Blick.[71] Das änderte sich im Zusammenhang mit der Liman-v.-Sanders-Krise völlig. Anscheinend verlor er den Glauben, daß sich die deutsch-russischen Beziehungen wieder korrekt gestalten ließen. Und da es während des ersten Halbjahres 1914 fast unmöglich wurde, die zwischen Deutschland und Rußland zur Diskussion stehenden ökonomischen Fragen von politischen zu trennen, scheint auch ein Vergleich der Berichterstattung Biermanns mit der Sverbeevs, des zaristischen Botschafters in Berlin, nicht zu weit hergeholt. Auch Sverbeev muß überzeugt gewesen sein, daß die Beziehungen zwischen Petersburg und Berlin sich nicht mehr werden normalisieren lassen.

Im Unterschied zur Berichterstattung des Petersburger Generalkonsuls war Pourtalès bestrebt, das äußerst gespannte Verhältnis zwischen beiden Ländern nicht durch ein Hochspielen berechtigter oder unberechtigter deutscher ökonomischer Forderungen weiter zu komplizieren. Die an ihn am 15. Dezember ergangene Weisung veranlaßte ihn nicht zum Handeln, ebensowenig wie ein Erlaß vom 9. Januar 1914, in dem er aufgefordert wurde, die Antwort der russischen Regierung auf seine Vorstellungen mitzuteilen.[72]

Erst als Staatssekretär Jagow erneut zur Eile drängte,[73] wandte sich Pourtalès an den Ministerpräsidenten. „Obgleich ich mir von vornherein von neuen Schritten in der Frage der Einführung von Getreide und Mehlzöllen in Finnland keinen Erfolg versprach", führte er zur Erklärung seines Verhaltens aus, „habe ich die Angelegenheit gelegentlich eines Besuches bei Herrn Kokowtzow vor einigen Tagen wiederum zur Sprache gebracht. Ich hatte es für angezeigt gehalten, bevor ich diesen Schritt tat, abzuwarten bis sich hier die Aufregung über die Mission Generals Liman von Sanders in der Türkei etwas gelegt hätte." Kokovcov erwiderte, keine befriedigende Antwort erteilen zu können. Kompetente Sachverständige hätten eindeutig erklärt, daß die Einführung von Mehl- und Getreidezöllen in Finnland nicht gegen den deutsch-russischen Handelsvertrag verstoße.[74]

71 Vgl. Lemke, H.: Politik und Ökonomie in den deutsch-russischen Beziehungen vor dem ersten Weltkrieg. In: Klein, F., Hg.:Neue Studien zum Imperialismus vor 1914. Berlin 1980, 76f.

72 Erlaß an Pourtalès, 9.1.1914. In: BA Potsdam, AA 6373.

73 Erlaß an Pourtalès, 17.1.1914. In: Ebenda.

74 Bericht Pourtalès, 19.1.1914. In: Ebenda.

Indem Pourtalès zwischen den finnischen Getreide- und Mehlzöllen und der „Großen Politik" nicht nur einen Zusammenhang herstellte, sondern hervorhob, daß sich ökonomische Forderungen und Wünsche in Petersburg nicht losgelöst vom allgemeinen Barometerstand der deutsch-russischen Beziehungen durchsetzen ließen, übte er an der von ihm vom Auswärtigen Amt vorgeschriebenen Marschroute deutlich Kritik. Bis zu einem bestimmten Grade mag es noch verständlich erscheinen, daß der Handelspolitischen Abteilung bei der Beurteilung der Opportunität mancher an der Neva zu unternehmenden Schritte hinsichtlich des Zeitpunktes gelegentlich Fehlschlüsse unterlaufen konnten. Staatssekretär Jagow und Unterstaatssekretär Zimmermann unterzeichneten aber gleichfalls Erlasse, von denen sie wissen mußten oder zumindest hätten wissen sollen, daß sie undurchführbar waren.

Koerner schob die Entscheidung, wie man den russischen Maßnahmen zu begegnen habe, dem Reichsamt des Innern zu: Sollte der Staatssekretär des Innern der Ansicht sein, „daß im Falle des Inkrafttretens der finnischen Zölle von unserer Seite mit Gegenmaßnahmen zu antworten wäre", war er bereit, eine kommissarische Beratung der beteiligten Ressorts einzuberufen. Das Reichsamt des Innern stimmte den Besprechungen zu.[75]

Seit Anfang 1914 schlugen die Presseorgane der Agrarier in ihren Stellungnahmen gegen die geplanten Maßnahmen der russischen und den „Langmut" der eigenen Regierung einen immer rüderen Ton an. Die Führer der Agrarier waren entschlossen, die angekündigten russischen Zollmaßnahmen zum Anlaß zu nehmen, um mit der Regierung die Vorgeplänkel über die abzuschließenden Handelsverträge fortzusetzen. Diese bereiteten den Managern des Bundes der Landwirte Sorgen. „Bei der ganzen Art des Herrn Bethmann", teilte Wangenheim im Juni 1913 dem zweiten gleichberechtigten Vorsitzenden des Bundes der Landwirte Roesicke mit, „müssen wir immer damit rechnen, daß wir mindestens in einem stillen Kampf gegen ihn stehen, wenn derselbe auch nicht in derselben Schärfe bisher zum Ausdruck kommt wie bei Caprivi; ich fürchte aber, daß auch noch dieser Fall eintreten wird, wenn wir erst an die neuen Handelsverträge herankommen und daß wir mit diesem Reichstag und mit dem Reichsamt des Innern auf

75 Koerner an Delbrück, 31.1.1914; Richter an Jagow, 24.2.1913. In: Ebenda.

alles gefaßt sein müssen."[76] Die Schriftleitung der „Deutschen Tageszeitung" suchte hingegen noch Mitte Januar den Eindruck zu erwekken, daß sie die Lage durchaus zuversichtlich beurteile. „Wir können also mit Ruhe einer Entwicklung entgegensehen", hieß es in dem „Die russische Drohung" überschriebenen Artikel, „bei welcher Deutschland als der bei weitem stärkere Teil nur zu gewinnen hat."[77]

Nach diesen noch zu Beginn des Jahres in Berlin vernehmbaren Fanfarenstößen überrascht es, daß bereits im März Schamade geblasen wurde. Nicht ohne Einfluß hierauf scheint die Stellungnahme des Deutschen Landwirtschaftsrates gewesen zu sein. Dessen Präsidenten, dem Grafen Schwerin-Löwitz, der auch Präsident des preußischen Abgeordnetenhauses war, übermittelte das Auswärtige Amt am 23. Februar eine Aufzeichnung, die ihn auf Grund der einschlägigen Berichte von Pourtalès über die finnischen Einfuhrzölle informierte. Der Landwirtschaftsrat bezog, wie nicht anders zu erwarten, gegen die Erhebung von Getreide- und Mehlzöllen in Finnland Stellung. Wichtiger war, daß der ganze Tenor der Stellungnahme deutlich machte, daß der Landwirtschaftsrat der ganzen Angelegenheit keine erstrangige Bedeutung einräumte.[78]

Die Stellungnahme des Landwirtschaftsrates war von Staatssekretär Delbrück für die kommissarische Sitzung der beteiligten Reichsämter und preußischen Ministerien am 10. März angefordert worden. Die Beratung sollte entscheiden, „ob und gegebenenfalls welche Gegenmaßregeln deutscherseits im Falle des Inkrafttretens der finnischen Zölle auf Getreide und Mehl zu ergreifen wären."[79]

Das einleitende, den Verlauf der Sitzung bestimmende Referat hielt der Leiter des Osteuropäischen Handelsreferats in der Handelspolitischen Abteilung des Auswärtigen Amtes Goebel von Harrandt. Überraschend ist, daß darin in einer viel eindeutigeren Weise als in den vorhergegangenen Jahren die Berechtigung des Vorgehens der russischen Regierung anerkannt wurde. Zu der entschiedenen Stellungnah-

76 Wangenheim an Roesicke, 20.6.1913. In: Ebenda, Nachlaß Wangenheim, Nr. 8.

77 Deutsche Tageszeitung, 13.1.1914.

78 Deutscher Landwirtschaftsrat an Delbrück, 9.3.1914. In: BA Potsdam, AA 6373.

79 Protokoll der Sitzung v. 10.3.1914. In: Ebenda; auch zum Folgenden.

me trug offensichtlich bei, daß im Auswärtigen Amt nun doch Aufzeichnungen aufgefunden wurden, aus denen die Berechtigung des russischen Standpunktes einigermaßen klar hervorging.[80]

Goebel vertrat allerdings nur die Ansicht, daß „von einer direkten russischen Willkürlichkeit bei Auslegung der Protokollarbestimmungen von 1904 nicht wohl gesprochen werden könne“; ob das geplante russische Vorgehen mit dem Geist des Vertrages vereinbar und ob Gegenmaßnahmen zu ergreifen seien, ließ er offen. In der anschließenden Diskussion sprachen sich alle Teilnehmer bis auf den Vertreter des Ministeriums für Landwirtschaft gegen die Ergreifung von Gegenmaßnahmen aus; einige erklärten ausdrücklich, sie könnten in den finnischen Zöllen keine Vertragsverletzung erblicken.

Das Beratungsergebnis überrascht zunächst. Es bedeutet die Hinnahme einer Maßnahme, die sich für das deutsche Mühlengewerbe nachteilig auswirken mußte und den Roggenexport erheblich erschwerte. Zu fragen bliebe, ob für dieses Sichabfinden allein die veränderte Beurteilung der einschlägigen Bestimmungen des Handelsvertrages den Ausschlag gab. Offensichtlich war dies der Fall, auch wenn diese Antwort nicht ganz befriedigt. Das Auswärtige Amt trat in der Regel für eine zumindest formale Einhaltung der Verträge ein, suchte offene Vertragsbrüche zu vermeiden und widersetzte sich gelegentlich auch der Erhebung von Forderungen anderer Ressorts, die sich mit den Bestimmungen der Handelsabkommen nicht begründen ließen. Trotzdem wird man nicht ausschließen können, auch wenn im Protokoll jeder Hinweis darauf fehlt, daß nach dem Abflauen der Liman v. Sanders Krise zeitweise politische Gründe dafür sprechen mochten, keine Repressivmaßnahmen gegen die russische Einfuhr zu ergreifen.

80 Goebel führte u.a. aus: Die Verhandlungen in Norderney „seien zwischen dem deutschen Reichskanzler Fürsten von Bülow und dem Grafen Witte fast ausschließlich allein geführt worden und es seien auf Befehl des Reichskanzlers sukzessive vier Notenentwürfe aufgestellt worden, in denen stets von ‚incorporation‘ des finnischen Zollgebiets in das russische gesprochen werde. In den drei ersten Entwürfen sei außerdem vorgesehen gewesen, daß ‚changements‘ im finnischen Zollwesen der deutschen Regierung zuvor mitzuteilen seien; im vierten Entwurf jedoch, der die Grundlage für die Ziffer 3 des Protokolls vom 28. Juli bilde, erscheine ein Passus wegen der Ankündigung von ‚changements‘ nicht mehr“.

Die Vorlage über die Einführung von Getreidezöllen in Rußland und Finnland sowie von Mehlzöllen in Finnland wurde am 16. März 1914 in einer gemeinsamen Sitzung von der Finanz- und Landwirtschaftskommission der Duma angenommen. Die Duma beschloß das Gesetz über die Einführung der Getreidezölle in Rußland am 9. April, der Reichsrat am 9. Mai. Timašev drängte, daß auch die betreffenden Finnlandvorlagen möglichst rasch von der Duma verabschiedet würden.[81] Die Annahme erfolgte dann am 15. Juni gegen den Widerspruch einiger Sozialdemokraten, der Reichsrat schloß sich am 22. Juli an.

Diese Entwicklung löste eine neue Welle von Petitionen deutscher Interessenten aus, die das Auswärtige Amt ersuchten, zumindest eine halbjährige Übergangsfrist vor der Inkraftsetzung der Gesetze von der russischen Regierung zu erwirken.[82] Daraufhin wurde Pourtalès aufgefordert, einen Versuch zu unternehmen, „ob nicht zu erreichen ist, daß für Lieferungen von Mehl, die nachweisbar auf Grund bestehender Verträge erfolgen, eine angemessene Übergangszeit gewährt wird."[83] Sazonov sagte dem Botschafter zu, diesen Wunsch eingehend zu prüfen. Ein positiver Entscheid wurde dem Ersuchen jedoch bis zum Kriegsausbruch nicht zuteil.[84]

81 Timašev an Rodzjanko, 25.5.1914. In: CGIA, f. 23, op. 18, d. 110.

82 Eingaben von Handelskammern und Großmühlen aus der zweiten Junihälfte 1914. In: BA Potsdam, AA 6374.

83 Erlaß an Pourtalès, 19.6.1914. In: Ebenda.

84 Bericht und Telegramm Pourtalès, 1. u. 21.7.1914. In: Ebenda.

Detlef Brandes

Die Schwarzmeer-Deutschen: Ihr Verhältnis zu anderen ethnischen Gruppen und zum russischen Staat, 1787 bis 1914

Weder eine gemeinsame Herkunft noch Konfession verband die deutschen Einwanderer, die sich seit 1786 in der südrussischen Steppe und auf der Krim niederließen. Die ersten Siedler verließen zur Regierungszeit Katharinas II. Danzig und den Werder. Die meisten von ihnen waren Mennoniten, die eine Anzahl von Dörfern, sog. Kolonien am Dnepr südlich von Ekaterinoslav gründeten, das Gebiet Chortica. Die großen Gruppen mennonitischer Einwanderer der Jahre 1804–1806 und die kleineren der folgenden Jahrzehnte wurden dagegen in das Gouvernement Taurien dirigiert und legten ihre Dörfer östlich des Flusses Moločna an, der in das Azovsche Meer fließt. In den Jahren 1803/04 und 1808/09 folgten größere Partien von Lutheranern, Reformierten und Katholiken aus dem Südwesten und Westen Deutschlands, des Elsaß' und der Schweiz der Einladung der russischen Regierung. Ihre Dörfer verteilten sich auf das Westufer der Moločna, das Hinterland von Odessa, den unteren Dnepr und die Krim. Im Jahre 1813 stieß Alexander I. im Herzogtum Warschau auf deutsche Dörfer, die württembergische und niederdeutsche Siedler unter preußischer Herrschaft angelegt hatten, und erlaubte ihnen die Umsiedlung in die neue Provinz Bessarabien. Chiliastische Hoffnungen und wirtschaftliche Not bewogen eine große Zahl von Württembergern, sich in den Jahren 1816–1818 auf den Weg zum Berg Ararat zu machen. Ein Teil der Einwanderer akzeptierte aber das Angebot der Regierung, in Neurußland und Bessarabien zu bleiben. Lutherische und katholische Emigranten aus Westpreußen, Baden und Hessen erhielten in den Jahren 1823–1842 Land nördlich von Mariupol'.

1. Das Verhältnis der deutschen Kolonisten zu den übrigen ethnischen Gruppen.

Die Kolonisten wurden zwar in menschenarmen, aber keineswegs in menschenleeren Gebieten angesiedelt. Die ukrainisch-russischen Bauern und die muslimischen Nogajer und Tataren mußten einen Teil ihrer Weideflächen zugunsten der deutschen Kolonisten räumen, was in manchen Fällen zu Zusammenstößen führte. Die Verwaltung zwang Staatsbauern, den ersten deutschen Einwanderern Quartier zu geben, bis deren Hütten fertiggestellt waren, was bis zu vier Jahre dauern konnte. Die eingesessene Bevölkerung empfand diese Verpflichtung als Last. Konflikte waren die Folge.[1]

Mit der Gründung, Verwaltung und wirtschaftlichen Förderung der Kolonien wurde ein „Fürsorge"-Kontor, später -Komitee beauftragt. In den meisten Fällen legten diese nicht nur eine, sondern mehrere Kolonien auf einem großen staatlichen Grundstück an. Deutsche Schulzen bzw. Oberschulzen standen an der Spitze der Verwaltung dieser ethnisch und meist auch konfessionell homogenen Gemeinden und „Gebiete". Als das von der Regierung zugewiesene Land die stark gewachsene Bevölkerung der Altkolonien nicht mehr ernähren konnte, kauften Gemeinden, Siedlergenossenschaften sowie einzelne Kolonisten Ländereien, auf denen sie Tochterkolonien sowie Gutswirtschaften anlegten. Nach der Aufhebung der Sonderverwaltung wurde ein Teil dieser neuen Kolonien ethnisch gemischten Amtsbezirken (Volosti) zugewiesen, wo die Kolonisten ihre Interessen gegenüber einer andersnationalen Mehrheit und in deren Sprache, d.h. meist in ukrainischer oder tatarischer Sprache vertreten mußten.[2] Sie versuchten aber, ihre Streitigkeiten möglichst untereinander zu regeln und in national gemischten Volosti den Gang zum übergeordneten Volost'-Gericht zu

1 Goerz, H.: Die Molotschnaer Ansiedlung. Entstehung, Entwicklung und Untergang. Steinbach, Man. 1950f., 15; Die Gemeindeberichte von 1848 der deutschen Siedlungen am Schwarzen Meer. Bearb. v. Margarete Woltner 97f., 126.

2 Bericht Arcimovič v. 30.11.1890. In: Central'nyj Gosudarstvennyj Istoričeskij Archiv (Leningrad), F1291/70/352a–1890g.; Bericht Mojseenko-Velikij v. 5.11.1890 – /354; Bericht Carusin v. 25.10.1890 – /353.

vermeiden.[3] Bis 1890 war in den ethnisch gemischten Amtsbezirken Tauriens noch nicht ein einziger Deutscher in eine Volost'-Funktion gewählt worden.[4] Im Gouvernement Ekaterinoslav wurden dagegen Deutsche in Ausnahmefällen zu Ältesten[5], wohl aber zu Rechnungsprüfern (učetniki) und volost'-Richtern gewählt, da sie als unbestechlich und gerecht galten.[6] In national gemischten Gemeinden Bessarabiens baten Ukrainer und Moldauer deshalb manchmal um die Revision einer Entscheidung durch ein übergeordnetes deutsches volost'-Gericht.[7]

Die Kolonisten bemühten sich um ein gutes Verhältnis zu den Bewohnern von Nachbargemeinden und unterstützten diese zuweilen, besonders nach Mißernten durch Saatgut oder Lebensmittel- und Geldspenden.[8] Als Pächter, Erben und Ehepartner akzeptierten sie nur Deutsche ihrer Konfession. „Eifersüchtig hüten die Kolonisten ihre Nationalität und verbieten besonders ihren Töchtern die Heirat mit Russen", schrieb ein russischer Revisor im Jahre 1890.[9] Die deutschen Großbauern beschäftigten Russen und Ukrainer als Knechte und Saisonarbeiter, deutsche Handwerker und Fabrikanten als Arbeiter. In einigen deutschen Industriedörfern wurden für die orthodoxen Arbeiter auf Gemeindekosten Kirchen und auf Rechnung der Unternehmer Schulen errichtet.[10] Der deutsche Großbauer bzw. Gutsbesitzer arbeitet mit seiner großen Familie selbst mit, leitet die Verwaltung und schaut selbst nach dem Rechten. Der Kolonist setzt dem Arbeiter eine kräftige Speise vor, ißt, trinkt mit ihm und zahlt ihm meist das Anderthalbfache des ortsüblichen Lohnes, schrieb ein anderer Revisor.[11] Bei Zusammenstößen mit ihren Landarbeitern scheuten sich die deutschen Bauern jedoch nicht, den Stock zu benutzen.[12]

3 Bericht Mojseenko-Velikij 7f.
4 Ebenda, 7.
5 Bericht Arcimovič 23f.
6 Ebenda, 23; Kamenskij, P.V.: Vopros ili nedorazumenie? K voprosu ob inostrannych poselenijach na juge Rossii. Moskau 1895, 85f.
7 Bericht Kign v. 1890. In: F1291/70/356/–1890g., 12f.
8 Bericht Arcimovič 153ff.; Kamenskij 26f.
9 Bericht Carusin 74.
10 Bericht Arcimovič 124f.
11 Ebenda, 19.
12 Bericht Carusin 81.

Die Ukrainer schauten auf die deutschen Kolonisten mit „großem Haß und voller Mißgunst", hatte der Verfasser einer historisch-statistischen Darstellung der Gouvernements Cherson schon im Jahre 1863 festgestellt, und hätten nicht erkannt, daß deren Wohlstand auf ihrer sittlichen Überlegenheit, klugen und umsichtigen Arbeitsweise und der Aufsicht der Gemeinde über die einzelnen Wirte beruhe.[13] Die Mennoniten Neuenburgs beklagten sich Ende der 1870er Jahre, daß die frühere Freundlichkeit der ukrainischen Nachbarn in Feindschaft umgeschlagen sei. Denn diese sahen in den Kolonisten inzwischen vor allem Konkurrenten bei Kauf oder Pacht von Land.[14] Die ukrainischen Bauern hätten keine Vorurteile gegenüber den Kolonisten, meinte der den Deutschen wohlgesinnte Revisor Arcimovič im Jahre 1890, betrachteten sie jedoch als einen höheren Stand. Beide Stände seien „einander fremd".[15] Ukrainische Arbeiter ließen sich ihren Lohn oft mit der Post nachschicken, da sie auf die Ehrlichkeit ihrer mennonitischen Herren vertrauten. Andererseits konnten dieselben Arbeiter betrunken durch die Kolonien ziehen und rufen: „Bald jagen wir euch Deutsche alle von hier weg."[16] In der Nacht vom 1. zum 2. Mai 1881 zog eine aufgehetzte Menge durch die mennonitische Kolonie Schönwiese und zerstörte anschließend die jüdischen Geschäfte in der Stadt Aleksandrovsk.[17] Nach diesem Vorfall fürchteten die Chorticaer Mennoniten, daß sie Opfer ähnlicher Progrome wie die Juden werden könnten.[18] Während der Revolution von 1905 richtete sich der soziale Protest der ukrainischen und russischen Bauern überwiegend gegen die adligen Grundbesitzer und weniger gegen die deutschen Kolonisten, die ihren Boden selbst, wenngleich mit Hilfe von Lohnarbeitern bewirtschafteten.

13 Materialy dlja geografii i statistiki Rossii, sobrannye oficerami gen. štaba. Chersonskaja gubernija. Sost. gen.st. podpolk. A. Šmidt. S. Peterburg 1863. Tom I, 526.

14 Avgustinovič, Ed.: Po selenijam i kolonijam v Novorossii. In: Trudy Imp. Volno-Ekonomičeskogo Obščestva 1882 g., 161f.

15 Bericht Arcimovič 23f., 30.

16 Postnikov, V.E. Južno-russkoe krest'janskoe chozjajstvo. Moskau 1891, 292.

17 Epp, G.K.: The emergence of German industry in the South Russian colonies. In: Mennonite Quarterly Review 55 (1981), 357.

18 Bericht Arcimovič 112; Postnikov 291.

Mit wenigen Ausnahmen befanden sich alle Schnapsbuden Neurußlands auch in den deutschen Kolonien in den Händen jüdischer Pächter des Schankrechts. Pastoren predigten und Schulzen wetterten gegen die Ausbreitung der Trunksucht und gaben den jüdischen Schankwirten einen Teil der Schuld.[19] Juden, die nicht zu diesen Pächtern gehörten, war es nicht gestattet, in den Kolonien dauerhaft oder gar in eigenen Häusern zu wohnen. Als Händler durften sie nur an den Markttagen in die deutschen Dörfer kommen.[20] Kurz nach einem ukrainischen Judenprogrom im Mai 1881 schilderte der Liebentaler Oberschulz in einem Gutachten für den Generalgouverneur Neurußlands den Einfluß der Juden auf die örtliche Bevölkerung „in äußerst grellen Farben" und kam zu dem Urteil: „Einen Nutzen gibt es von den Juden nicht, weshalb die Beschränkung ihrer Rechte und vollständige Aussiedlung in einige bestimmte Gouvernements erwünscht wäre."[21]

2. Deutscher Einfluß auf andere ethnische Gruppen

In den Jahren 1808–57 wurden im Gouvernement Cherson 21 jüdische Kolonien angelegt und dem Ausländerkontor bzw. dem Fürsorgekomitee unterstellt. 1847 suchte das Komitee nach deutschen Kolonisten, die bereit waren, sich in jüdischen Kolonien als Musterwirte niederzulassen. Die ersten Deutschen wurden noch im selben Jahr, die meisten im Jahre 1851 in den jüdischen Dörfern angesiedelt. 1858 lebten in 20 jüdischen Kolonien 272 Mennoniten und 178 andere deutsche Kolonisten.[22] Das Fürsorgekomitee setzte die Deutschen als Schulzen ein, die die Juden im Ackerbau praktisch unterrichten sollten.[23]

Nach dem Krimkrieg wurden Bulgaren aus Bessarabien in deutschen Kolonien Tauriens untergebracht. Mennoniten übernahmen ihre

19 Stach, J.: Was die Alten erzählen. Geschichte der ältesten Kolonien in Neurußland: Alt-Schwedendorf . . . In: Jahrbuch des Landwirt 3 (1915), 160f.

20 Rundschreiben Inspektor Kotovič an die Gebietsämter Klöstitz, Malojaroslavec und Saratov v. 3. 3. 1836. In: Hoover Institution on War and Peace, Nachlaß Unruh 2/8.

21 Kugler, Ch.: Großliebental. Leipzig 1939, 100.

22 Materialy II 364ff.

23 Odessaer Zeitung, 25. 6. 1903.

Verpflegung bis zur ersten Ernte und statteten sie mit Pflügen und Leiterwagen eigener Produktion aus, vor die die Umsiedler Pferde spannten. Die Bulgaren hielten auch deutsche Milchkühe. In ihren Dörfern konnte man die typisch mennonitischen langgestreckten Wohn- und Wirtschaftsgebäude unter einem Dach sehen.[24] Die Deutschen Tauriens wiederum lernten von ihren bulgarischen Nachbarn, die Brache mit Mais zu bepflanzen, den sie vorwiegend als Viehfutter verwendeten.[25]

Trotz der Abneigung der ukrainischen Bauern gegenüber den deutschen Kolonisten verzeichnet ein russischer Autor Aussprüche wie folgenden: „Das mache ich nicht, weil es auch die Deutschen nicht machen, ich schaue auf die Deutschen".[26] Ein deutscher Verfasser schreibt, daß die Russen und Bulgaren die Wirtschaftsweise der Deutschen so sehr nachahmten, „daß heute (1898) eine russische Wirtschaft kaum mehr von einer deutschen zu unterscheiden ist".[27] Nach einiger Zeit übernahmen manche ehemalige ukrainische Knechte und Saisonarbeiter die deutsche „Manie", Land zu kaufen. Sie bildeten Genossenschaften, deren Vertreter ebenfalls in die Nachbarkreise ausschwärmten, immer auf der Suche nach großen Landstücken, auf denen sie Vorwerke gründeten und diese nach deutscher Art bewirtschafteten.[28] Ursprünglich kannten ukrainische und russische Gemeinden nicht die Einrichtung eines Pachtartikels, aus dessen Erträgen gemeindliche Ausgaben bestritten werden konnten. Nach dem Vorbild der Kolonisten reservierten seit den 1890er Jahren auch ukrainische Gemeinden ein bestimmtes Grundstück als Pachtartikel und erwarben mit Unterstützung der Kreditbanken und einzelner Gläubiger Güter in der Nähe ihres Dorfes, aber auch in anderen Gouvernements, um ihre Landlosen unterzubringen.[29]

24 Podpolknik Dembrovskij an General'nyj Gubernator Stroganov v. 2. 3. 1862 – F383/1862g/26/38833, 2ff.

25 Postnikov 179.

26 Ebenda, 165.

27 Prinz, J.: Die Kolonien der Brüdergemeinde. Ein Beitrag zur Geschichte der deutschen Kolonien Südrußlands. Moskau 1898, 153.

28 Bericht Arcimovič 5; Bericht Mojseenko-Velikij 19.

29 Bericht Mojseenko-Velikij 77; Sbornik statističeskich svedenij po Tavričeskoj gubernii. T. 1, vyp. 2. Moskva 1887, 96.

Der deutschfreundliche Gutsbesitzer Kamenskij fand die Dörfer in der Nähe der deutschen Kolonien regelmäßiger angelegt, ihre Häuser in besserem Zustand, ihr Inventar reichhaltiger als das derjenigen Bauern, die nicht dem unmittelbaren Einfluß der Deutschen ausgesetzt waren. Im Gegensatz zu diesen hätten jene den Wert des Boden, moderner Geräte und gründlicher Bearbeitung erkannt.[30] Tatsächlich kauften Bauern im Süden des Kreises Ekaterinoslav Geräte, wie sie die Kolonisten der benachbarten mennonitischen Volosti benutzten, und begannen in den 1890er Jahren einen kleinen Teil ihrer Äcker nach deren Vorbild zu düngen.[31] Als die Postdienstpflicht in natura aufgehoben war, entschlossen sich viele ukrainische Bauern zur Anschaffung von Pferden und deutschen Wagen mit hohen Seitenwänden und großen und schmalen Rändern auf Eisenachsen. Gegen Ende des 19. Jahrhunderts bildeten Pferde schon 3/4 des Arbeitsviehs auch der ukrainischen Bauern des Gouvernements Taurien.[32] Der Verzicht auf Zugochsen erleichterte den Bauern auch die Entscheidung zugunsten der „roten deutschen" Rinder mit hoher Milchleistung. Ihre bisherigen „grauen ukrainischen" Rinder hatten wenig Milch gegeben, aber größere Zugkraft besessen und hochwertiges Fleisch geliefert.[33]

Von den deutschen Kolonisten, besonders den Mennoniten, übernahmen ukrainische und bulgarische Bauern den Eisenpflug, in den 1860er Jahren den dreischarigen Saatpflug, in den 1870er Jahren Ernte- und andere Maschinen. In zwei Dörfern, deren Bauern 1882 noch keine Mähmaschinen besessen hätten, fand ein Besucher fünf Jahre darauf 800 Stück. Die ukrainischen Bauern des Kreises Ekaterinoslav besaßen im Jahre 1898 5 318 Erntemaschinen, mit denen sie rund zwei Drittel ihres Getreides mähen konnten. Die Bauern konnten sich darüber hinaus darauf verlassen, daß die deutschen Handwerker die Maschinen jederzeit zu reparieren vermochten. Zudem verfügten

30 Kamenskij 109ff.

31 Materialy k ocenke zemel' Ekaterinoslavskoj gubernii. T. 1. Ekaterinoslavskij uezd. Ekaterinoslav 1899, I 27f.

32 Sbornik statist. svedenij. T. 1, vyp. 1, 102; Markovskij, A.: Krest'janskoe chozjajstvo Južnoj Rossii i mery k ego ulučšeniju. In: Sel'skoe chozjajstvo i lesovodstvo 1900, c. 7, 11.

33 Postnikov, 186; Materialy k ocenke zemel' Ekaterinoslavskoj gubernii, II 129.

manche Gemeinden über Handwerker, die sich die für die Reparaturen nötigen Kenntnisse in deutschen Werkstätten angeeignet hatten. Nur wo deutsche Kolonien fehlten, wie im Westteil des Dnepr-Kreises, verbreiteten sich solche Kenntnisse kaum. Da nun die Arbeit mit dem Bukker vier- und der Erntemaschine sechsmal schneller voranging, konnten sie mehr Staats- und Gutsbesitzerland hinzupachten. Ebenso wie die Deutschen düngten sie einige Felder vor der Gersten-Saat.[34]

Die Mehrzahl der deutschen Kolonisten „weiß nichts von Deutschland, will aber auch nichts mehr davon wissen", meinte ein deutscher Reisender im Jahre 1862. Ihre Vorstellungen und Zukunftsträume seien russisch, wenngleich sie an ihren Gebäuden, Geräten, Trachten, Vornamen und Dialekten festhielten. Sie hätten aber den russischen Schafspelz, russische Speisen und Getränke übernommen. „Der Colone baut Wassermelonen und Mais, weiß die Zwiebeln und den Quaß zu schätzen, wie der echteste Russe, und den Branntwein leider manchmal fast noch besser als dieser."[35] Charuzina fand in den Häusern der Deutschen des Kreises Oberdnepr den großen Ofen, den die Kolonisten selbst den „russischen" nannten.[36]

3. Die Einstellung der Kolonisten zu Staat und Verwaltung

Die Kolonisten wollten sich selbst verwalten und von der staatlichen Administration in Ruhe gelassen werden. Deshalb gingen sie Konflikten mit den Behörden aus dem Wege und erfüllten ihre Pflichten mit Genauigkeit und „mit bewundernswerter Schnelligkeit", wie Revisoren im Jahre 1890 nach St. Petersburg berichteten. Die Finanzbehörden hatten keine Mühe mit der Eintreibung der Steuern und Abgaben. Die Polizei hatte selten in ihren Gemeinden zu tun, da Verbrechen

34 Bericht Arcimovič 40; Kamenskij, 118f.; Markovskij, 8ff.; Postnikov, 5f.

35 Hamm, W.: Südöstliche Steppen und Städte. Nach eigener Anschauung geschildert. Frankfurt/M. 1862, 224ff.

36 Charuzina, V.N.: Zametki o krest'janskom žilišče v Verchnedneprovskom uezde Ekaterinoslavskoj gubernii. In: Etnografičeskoe obozrenie 17 (1905), c. 2–3, 128.

kaum vorkamen. Der Kolonist gehe in der kleinen Welt seines Dorfes auf, das Leben außerhalb der Gemeinde sei ihm fremd. Kirche, Schule und Gemeinde seien der einzige Inhalt seines geistigen und sozialen Lebens.[37]

Mehr oder weniger freiwillig dokumentierten die Kolonisten ihre Untertanentreue. Im Türkenkrieg von 1828–30 gaben besonders die Deutschen Bessarabiens durchziehenden russischen Truppen Quartier, leisteten Fuhrdienste und lieferten Proviant und Futter. Im Revolutionsjahr 1848 bekundeten die Moločnaer Mennoniten „unser Festhalten und unsere treue Anhänglichkeit an Thron und Vaterland, an der bestehenden gesetzlichen Ordnung und Regierung“.[38] Der Krimkrieg spielte sich in der Nähe der deutschen Kolonien ab. Von März bis Mai 1855 wurden allein in einem ihrer Gebiete über 22 000 Soldaten einquartiert, die den Typhus einschleppten.[39] Die Kolonisten stellten Geld, Nahrung und Futter für die Kriegführung zur Verfügung und belieferten zudem in der Nähe stationierte Truppen. Sie erfüllten ihre Pflicht, mit einer bestimmten Zahl von Fuhrwerken Truppen und Kranke von der Krim abzutransportieren, richteten in ihren Dörfern Lazarette ein und betreuten die Verwundeten.[40] Der Krieg inspirierte selbst den Mennoniten Heinrich Heese zu patriotischen Gedichten, in denen er emphatische Bekenntnisse zu Rußland und zum Zaren ablegte.[41]

Die Aufhebung ihrer Privilegien im Jahre 1871 brachte den Kolonisten die Wehrpflicht. Im Türken-Krieg von 1877/78 dienten Deutsche erstmals in der Armee und wurden auch mit Orden ausgezeichnet. Besonders die Mennoniten lieferten der Armee Pferde zu den niedrigen staatlichen Ankaufpreisen, spendeten Getreide für Soldaten-Familien,

37 Bericht Carusin 39; Bericht Mojseenko-Velikij 9f.; Bericht Arcimovič 17; Bericht Kign 21.

38 Unterhaltungsblatt für die deutschen Ansiedler im südlichen Rußland. Odessa 1848, 81ff.

39 Stach, 355.

40 Kamenskij, 6ff.; Prinz, 146f.

41 Epp, George K.: Russian patriotism among the nineteenth-century Russian Mennonites. In: Journal of Mennonite Studies 4 (1986), 127ff.

Geld für Soldaten-Witwen und übernahmen die Pflege von Verwundeten 145 junge Kolonisten aus Bessarabien begleiteten die russischen Truppen als Sanitäter.[42] Der mennonitische Älteste Bernhard Harder identifizierte sich in diesem Krieg mit der Sache Rußlands in Gedichten, die während des sonntäglichen Gottesdienstes nach alten Melodien gesungen wurden.[43]

Die Reform von 1871 ermöglichte den Kolonisten erstmals, sich am politischen Leben außerhalb ihrer Gemeinden, nämlich an den Wahlen zu den Kreis- und den Gouvernements-Zemstvo zu beteiligen. Durch ihre hohe Wahlbeteiligung waren die deutschen Landbesitzer in den Kreis-Zemstvo überproportional stark vertreten. In Kreisen mit einem hohen Anteil an Kolonisten nahmen einzelne Deutsche führende Positionen in der Zemstvo-Verwaltung ein.[44]

Ende der 1880er Jahre begannen russische Nationalisten, sich mit der „deutschen Gefahr" im eigenen Lande zu beschäftigen. Velicyn, der Verfasser des bekanntesten Pamphlets, bezeichnete die deutschen Kolonisten Südrußlands als „gehorsames und aktives Werkzeug" des Germanismus. Ohne Waffen und Blutvergießen eroberten sie Rußland, erklärte er, unterdrückten es wirtschaftlich und geistig und eigneten sich seine besten Ländereien an. „Wir brauchen weder sie, noch ihre Saatpflüger oder Dreschmaschinen, sollen sie doch dahin gehen, woher sie gekommen sind." Auf jeden Fall müsse ihnen jedoch der weitere Landerwerb verboten werden. Bulgaren, Serben und Griechen seien den Russen nicht so fremd; außerdem stehe hinter ihnen nicht solch eine bewaffnete Großmacht wie das Deutsche Reich.[45] Die Regierung schickte im Jahre 1890 Beamte in die neurussischen Gouvernements, die keine Hinweise auf eine politische Unzuverlässigkeit der deutschen Siedler fanden. Die Kolonisten sympathisierten nicht mit den Deutschen im Ausland und unterhielten mit ihnen auch keine Beziehungen. Aus dem Reich abonnierten sie religiöse, nicht aber

42 Kamenskij, 19; Mutschall, W.: Geschichte der Gemeinde Tarutino von 1814 bis 1914. Tarutino 1934, 95f.

43 Epp, Russian patriotism, 127ff.

44 Bericht Kign 15ff.; Bericht Carusin 118; Odessaer Zeitung, 8. 3. 1870.

45 Velicyn, A.; Nemcy v Rossii. Očerki istoričeskogo razvitija i nastojaščego položenija nemeckich kolonij na juge i vostoke Rossii. S. Peterburg 1893, 6ff., 31f., 179.

politische Zeitschriften. Die Presse-attacken der letzten Zeit hätten sie „sehr verbittert und beleidigt". Sie wehrten sich gegen die Beschuldigungen und erklärten, daß „sie Rußland lieben und glauben, daß es ihnen nirgendwo so gut gehen werde wie in Rußland".[46] Eine Gelegenheit, ihre Zaren- und Staatstreue erneut zu beweisen, bot der Krieg gegen Japan, der auch deutsche Kolonisten in die Mandschurei brachte. Wieder spendeten Mennoniten für verwundete und kranke Krieger und entsandten Freiwillige als Sanitäter an die Front.[47]

Zwei Tage nach dem Erlaß des Oktober-Manifests, am 19. Oktober 1905, gründeten 90 Vertreter neurussischer und kaukasischer Kolonien in Odessa den „Südrussischen Deutschen Bildungsverein" und wählten einen Vorstand, der aus je einem lutherischen und katholischen Geistlichen und einem Mennoniten bestand. Die Mennoniten spalteten sich jedoch schon im nächsten Jahr ab. Die Deutschen Odessas schufen den „Südrussischen Deutschen Verein", der es ablehnte, unter den Kolonisten Interessenten für eine Ansiedlung im Baltikum zu sammeln. Die katholischen Vertreter traten 1908 aus dem Vorstand des Bildungsvereins aus.[48]

Während die Wolgadeutschen mithalfen, die Partei der Konstitutionellen Demokraten zur stärksten Partei in der 1. Duma zu machen, unterstützten die Schwarzmeerdeutschen mehrheitlich den Verband vom 17. Oktober. Am Programm der Kadetten gefielen den südrussischen Kolonisten die klaren Aussagen zum muttersprachlichen Unterricht, für die Oktobristen entschieden sie sich, weil diese nur in Fällen von „staatlichem Interesse" Privatländereien enteignen wollten.[49] In der Duma schlossen sich die zwei bis vier Abgeordneten der Schwarzmeerdeutschen den locker organisierten Oktobristen an. Mit dessen Unterstützung konnten sie zwei Versuche der Regierung abwehren, ihnen den weiteren Kauf von Land zu verbieten, doch gab es selbst in

46 Bericht Arcimovič 27.

47 Widmer, A.: Denkwürdigkeiten aus der Geschichte der deutschen Kolonien in Bessarabien. In: Jahrbuch des Landwirt 1914, 141f.; Odessaer Zeitung, 14. 2., 3. 3., 6. 5., 19. 9. 1904.

48 Sommer, E.F.: Die Einigungsbestrebungen der Deutschen im Vorkriegs-Rußland (1905–1914). Leipzig 1940, 12ff.

49 Odessaer Zeitung, 6. 4. 1906.

ihren eigenen Reihen Kritik am Umfang der deutschen Landkäufe. Als unter den Moskauer Deutschen Stimmen laut wurden, sich der Opposition anzuschließen, warnte ein südrussischer Duma-Abgeordneter:

„Die Deutschen sind loyale Untertanen und darauf beruht ihr ganzes Ansehen, ihre Stütze ist immer der Thron gewesen und darauf muß auch ferner ihre Zukunft gegründet werden.“[50]

Am 22. Juli 1914 riefen die Schriftleitung der Odessaer Zeitung und der Duma-Abgeordnete Lutz die deutschen Kolonistensöhne auf, in den Kampf gegen Deutschland zu ziehen „beseelt von dem Gedanken, entweder zu siegen oder für das teuere Vaterland zu sterben“.[51]

50 Ebenda, 6. 6. 1912.
51 Ebenda, 22. 7. 1914.

Gerd Voigt

Der Historiker Alexander Brückner 1834–1896

Den konservativen deutschen Historikern aus der Mitte des 19. Jahrhunderts stellte sich die russische Geschichte als Entfaltung eines mächtigen Staates dar, dessen enge historische Verzahnung mit den Angelegenheiten Gesamteuropas für sie außer Frage stand. Eine innere Kontinuität der russischen Geschichte blieb in dieser Sicht gewahrt, tiefe historische Brüche wurden verworfen. Mit der Vorstellung von Rußland als einem geschichtlich gewachsenen und in den Befreiungskriegen auch welthistorisch bewährten starken Staat verband sich die Übertragung des konservativen Autoritätsbegriffs auf die russische Geschichte und Gegenwart – Einbindung des Einzelnen, Pflege der gottgegebenen Unterschiede, Integration des Menschen in seine Umwelt. Rußland erschien als lebendiger Beweis für die konservative Annahme, daß jede Gesellschaft nicht nur für ihren inneren Zusammenhalt einer starken Autorität bedürfe, sondern durch sie erst Geltung nach außen erhalte. Zwischen etwa 1830 und etwa 1860/70 vergrößerte sich das deutsche Angebot an Rußlandkonzepten. Für Ernst Herrmann und August von Haxthausen war Kontinuität in der russischen Geschichte identisch mit dem Walten einer zentralen durchdringenden Idee, die sich in der Geschichte materialisiert. Herrmann begriff in der russischen Geschichte den Geist der Unfreiheit, das Prinzip erzwungener Unterordnung als Zentrum, für Haxthausen ging in der russischen Geschichte die Realisation eines spezifischen Volksgeistes vor sich. Während für Haxthausen die Zugehörigkeit Rußlands zu Gesamteuropa nie außer Frage stand, sah der Münchener Orientalist Fallmerayer den Staat des Zaren als Erben des byzantinischen Kaiserreiches an, den uralten Gegensatz zwischen Rom und Byzanz folglich verlängert in die Auseinandersetzung der europäischen Mächte mit dem Rußland Nikolaj I. Zu diesen durchaus konträren Denkmustern über das Verhältnis Rußlands gegenüber West- und Mitteleuropa gesellte sich der Gefahr- und Bedrohungskomplex, der in der Etappe der europäischen Revolutionen 1848/1849 infolge der russischen Interventionspolitik vor allem unter dem Besitzbürgertum Deutschlands Anklang fand, später parallel zur Ausbreitung nationalistischen Denkens und bei der steigenden Bedeutung, die der Tagespresse zukam, ein sehr vielseitig verwendbares Schema wurde. Rußland erschien in dieser Sicht als latente Gefahr für die Sicherheit der europäischen Staaten und als ständige Bedrohung, die über der europäischen Zivilisation schwebe. Für den 1871 entstandenen deutschen Staat und die Diplomatie Bismarcks war Rußland ein notwendiger Partner bei der Erhaltung des Status quo in Mitteleuropa und für die Fortdauer der Teilung Polens, zugleich auch ein Gebiet zunehmenden ökonomischen Interesses und einer unsicheren politischen Zukunft. Die Furcht vor dem Zweifrontenkrieg bewog die Wilhelmstraße, den Draht nach Petersburg nicht abreißen zu lassen. Bismarck ließ es nicht zu, daß die in den baltischen Gouvernements aufkommende rußlandfeindliche Haltung vieler Deutschbalten zu einem Spannungsherd zwischen den beiden Staaten eskalierte. Eine große Zahl Intellektueller aus diesen Gebieten, die nicht im russischen Staatsdienst standen, orientierte sich politisch auf das Kaiserreich. Etliche von ihnen verlegten ihren Wohnsitz nach Deutschland, wo sie journalistische oder redaktionelle Tätigkeiten übernahmen und die in der deutschen Rußlandpublizistik gegebene sehr kritische Sichtweise noch verstärkten. Bekannte Namen aus dieser Gruppe waren die Historiker Julius von Eckardt (Umsiedlung 1867), Carl Schirren (1871) und Theodor Schiemann (1887).

Der Historiker Alexander Brückner (Aleksandr Gustafovič Brikner, 1834–1896) war ein außerordentlich arbeitsamer und kenntnisreicher Gelehrter, der sich neben seiner Tätigkeit als Forscher und angesehener Hochschullehrer sehr um die Vermittlung russischer geschichtswissenschaftlicher Leistungen nach Deutschland bemühte. Im Reformjahr 1861 begann seine Tätigkeit als Hochschuldozent in Rußland, ab 1871 war er an der Universität Dorpat tätig, und nach der vorgeschriebenen 25jährigen Dienstzeit, über die hinaus er noch weitere fünf Jahre lehrte, reiste er schließlich 1891 nach Deutschland, wo er in Jena seinen letzten Lebensabschnitt verbrachte.

Brückners fast immer kulturgeschichtlich angelegte zahlreiche Untersuchungen zur russischen Geschichte des 17. und 18. Jahrhunderts erschienen in russischen und deutschen Verlagen, viele Aufsätze in den führenden deutschen historischen Zeitschriften oder der verdienstvollen „Russischen Revue“, die von 1872 bis 1891 in St. Petersburg herausgegeben wurde und in Deutschland hinreichend bekannt war. Eine wohl kaum vollständige Bibliographie seiner Arbeiten, die Šmurlo zusammenstellte, nennt 241 Titel, und mit einem gewissen Unterton rühmten die Verfasser der Nekrologe Brückners Gabe, in beiden Sprachen leicht und rasch geschrieben zu haben. Der Unterton war berechtigt, denn allein an deutschsprachigen Monographien hat Brückner mindestens 15 teilweise mehrbändige Arbeiten verfaßt: Die Familie Braunschweig in Rußland im XVIII Jahrhundert, St. Petersburg 1876; Iwan Possoschkow. Ideen und Zustände in Rußland zur Zeit Peters des Großen, Leipzig 1878; Kulturhistorische Studien, Riga 1878; Peter der Große, Berlin 1879; Der Zarewitsch Alexei (1690–1718), Heidelberg 1880; Illustrierte Geschichte Peters des Großen, 2 Bde, 1882; Katharina die Zweite, Berlin 1883; Beiträge zur Kulturgeschichte Rußlands im 17. Jahrhundert, Leipzig 1887; Die Europäisierung Rußlands. Land und Volk, Gotha 1888; Potemkin, St. Petersburg 1891; Kaiser Pauls I. Ende, Stuttgart 1897 (postum veröff. unter R.R., russ. 1907). In russ. erschienen ferner: Vojna Rossii s Šveciej v 1788–1790 godach, St. Petersburg 1869; Materialy dlja žizneopisanija gr. N.P.Panina (1770–1837), izd. A. Briknera, 7 Bde, St. Petersburg 1888–1892; Illustrirovannaja istorija Petra Velikogo, 2 Teile, St. Petersburg 1902/03.

Brückner war Mitarbeiter von mehr als 20 wissenschaftlichen Zeitschriften, darunter in Deutschland der Historischen Zeitschrift, des Historischen Taschenbuchs und der Deutschen Literaturzeitung. In seinem letzten Lebensjahr, 1895, bot er Hans Delbrück, damit den Preußischen Jahrbüchern, einen Artikel über aktuelle Agrarreformen in Rußland an, und nur wenige Wochen vor seinem Tode folgte ein weiteres Angebot aus seinen zu dieser Zeit noch nicht veröffentlichten Untersuchungen über die Ermordung Zar Paul I. (1801), einem Tabu-Thema bis 1907, als die Erörterung durch die Dynastie freigegeben wurde.

Brückner war der erste Historiker, der in der deutschsprachigen wissenschaftlichen Literatur die Geschichte Rußlands nicht nur nach bestimmten Grundsätzen schilderte und sie in ausgewählten Fragen selbst produktiv erforschte, sondern ihr durchgängige Charakterzüge und ein inneres Entwicklungsprinzip beimaß. Er sah das Wesen des eintausendjährigen russischen Geschichtsprozesses in den Auseinandersetzungen mit gegenwärtigen Kultureinflüssen und politischen Gewalten, wobei passive Reaktionen, Bereitschaft zur Aufnahme und konstruktiven Verarbeitung ihm langfristiger bedeutsamer erschienen als eigenes nationales Gestaltungsvermögen, aktive Außenpolitk, Eroberungen oder die Ausstrahlungskraft Rußlands. Die Geschichte Rußlands war für Brückner nicht Nationalgeschichte als historische Entstehung und Entfaltung eines großen Volkes mit eigener Kultur im Rahmen der Universalgeschichte, auch nicht, wie in der Sicht von Ernst Herrmann oder Theodor von Bernhardi, Geschichte des Staates und der Außenpolitik. Sie setzte sich für ihn aus einem Mosaik nichtrussischer Einflußfaktoren zusammen, besonders aus Wellen kultureller Überfremdung, die alle anderen historischen Einzelprozesse in ihrem Wesen bestimmten oder deformierten.

Brückner entwarf drei solcher Wellen, die sich berührten und überschnitten. Nach einem kurzen Vorspiel der Waräger, deren Einfluß er als „relativ unerheblich“ und nicht tiefreichend einstufte, nahm er eine lange byzantinische Einflußperiode an, in der nicht nur das kirchliche Leben des russischen Volkes für immer geprägt, sondern Grundlagen für die Zukunft gelegt worden seien. „Als Geistliche und Lehrer, als Gelehrte und Schriftsteller nahmen die Griechen jahrhundertelang die wichtigsten Stellen ein; sie beherrschten und beeinflußten die verschiedenen sozialen Kreise.“[1] Als nicht weniger gravierend für die gesamte russische Gechichte, nun aber in völlig negativem Sinn, nahm er den Einfluß der Tataren an. Brückner hat nirgends die Begriffe Europa und Asien vom geschichtswissenschaftlichen Standpunkt untersucht und seine Ansicht vorgetragen, immerhin eine erstaunliche Tatsache, da sein kulturhistorischer Deutungsversuch als Antwort auf die ihm gut bekannten und mehrmals erwähnten Auseinandersetzungen zwischen Westlern und Slawophilen um die Inhaltsbestimmung der russischen Geschichte gedacht war und auf sie Bezug nahm. Brückner wich diesem Thema aus und gab sich mit unklaren Alltagsvorstellungen über „Asien“ zufrieden.

1 Brückner, A.: Die Europäisierung Rußlands. Land und Volk, Gotha 1888, 269.

Der Orient erschien in seinen Veröffentlichungen naiv als „seiner Natur nach unhistorisch"[2], es war oft von „alles überrennenden Barbarenhorden" und „Halbwilden" die Rede, und die Ursache für die Invasion der Tataren wurde in völkerpsychologische Vorgänge verlegt, die sich von der Wissenschaft nicht mehr aufklären ließen. Zur Kennzeichnung der Gesamtsituation vom 13. bis 15. Jahrhundert und der nach seiner Ansicht eingetretenen Folgeerscheinungen verwendete Brückner den Begriff einer „Tatarisierung" Rußlands, der die negativen Auswirkungen der Fremdherrschaft erheblich übertrieb und sich in der deutschen Rußlandhistoriographie nicht durchsetzte. Brückner verstand darunter nicht nur den Herrschaftsmechanismus der Tataren mit einem im orientalischen Sinne geregelten Staatshaushalt als Fürstenschatz, einer „gewissen Großartigkeit bei der Zentralisierung der administrativen Geschäfte", einer Staatseinheit mit despotisch organisierter Uniformität und einer das gesellschaftliche Interesse ignorierenden Brutalität, also Zügen, die Brückner als charakteristisch für die spätere russische Geschichte verstanden wissen wollte. In seinen Kommentaren zur „Tatarisierung" als der zweiten großen Prägephase der russischen Geschichte ging er über die staatliche Sphäre weit hinaus. Während viele russische Historiker, darunter Solov'ev, und auch deutsche Autoren die Auswirkungen der Fremdherrschaft sorgfältig abwogen und sich über die anhaltende relative Unberührtheit der sozialen, inneren und kirchlichen Lebensgebiete des russischen Volkes unter den Bedingungen des Tatarenjochs im klaren waren, wußte Brückner infolge der dürftigen Methodologie seiner Forschungen die Begleiterscheinungen einer Feudalgesellschaft, wie sie allgemein auftraten, und die tatsächlichen Folgen der tataromongolischen Unterdrückung nicht voneinander zu trennen. „Tatarisierung" bedeutete daher für ihn Verrohung der Sitten, harte und grausame Kriminaljustiz, Korruption des Staatsapparates, geknechtete gesellschaftliche Stellung der Frau, Steuerdruck ohne Rücksicht auf den Volkswohlstand.

Eine mit dem Tatarisierungsschema verbundene temporäre Zuordnung Rußlands zum Orient und zu Asien, wie sie Brückner ausdrücklich formulierte, und die Fixierung der Tatarenherrschaft als eines absoluten Tiefpunktes der russischen Geschichte, von dem sich die

2 Ebenda, 270.

Hinwendung zu West- und Mitteleuropa dann umso wirksamer abheben ließ, war wissenschaftlich immer unhaltbar und eine tendenziöse Vereinseitigung komplizierter Sachverhalte. Sowohl die Herausbildung des zentralisierten russischen Staates als auch die Konzentration von Grundbesitz, wichtige Prozesse auf dieser Stufe der gesellschaftlichen Entwicklung in Europa, kamen während der Mongolenzeit in den russischen Fürstentümern voran. Viele antifeudale Erhebungen fanden statt. Es war auch Brückner bekannt, daß sich die Eroberer in die sozialen Beziehungen und in das kirchliche Leben der Russen kaum einschalteten.

Die direkten Beziehungen zwischen den russischen Fürstentümern und den Staaten West- und Mitteleuropas, die vor dem Einfall der Mongolen ein beachtliches Niveau besaßen und eine Gleichwertigkeit beider Seiten zum Ausdruck brachten[3], waren durch den Druck der tataro-mongolischen Oberherrschaft zwar weitgehend unterbrochen, lebten aber mit dessen Schwinden wieder auf und blieben dann nicht infolge tatarischer Traditionen, sondern durch die Politik von Polen-Litauen, Livland und schließlich Schweden behindert. Das Tatarenjoch führte zusammen mit dem Erscheinen der Türken auf der Balkanhalbinsel zu einem zeitweisen Bruch in der ehemals ähnlichen Geschichte der östlichen und der westlichen Hälfte Europas, veränderte jedoch die ethnische Struktur des russischen Volkes durch die Integration tatarischer Familien in den Adel nur unwesentlich.

Die Auseinandersetzung mit Brückners Bild einer Tatarisierung Rußlands wird schließlich berücksichtigen müssen, daß wesentliche soziale Züge des russischen Volkes im Laufe einer langen Zeit entstanden, darunter in den Jahrhunderten der Tatarenzeit. Die weitaus überwiegende Mehrheit der Bevölkerung war vom Mittelalter bis zum 18. Jahrhundert Objekt einer harten und primitiven Ausbeutung, ohne an den Angelegenheiten oder Konflikten der herrschenden Schichten Anteil nehmen zu können. Die Politik war Sache kleiner Gruppierungen oder ihrer Beauftragten. Meinung und Hilfe des arbeitenden Volkes waren nur in Zeiten großer nationaler Bedrohung gefragt, wurden dann jedoch entscheidend. Das soziale Alltagsverhalten des russischen

3 Vgl. die Aufsätze von Sverdlov, M. B.: Widera,B. und Pašuto, V.T.: In: Lemke, H., Widera, B., Hg.: Russisch-deutsche Beziehungen von der Kiever Rus' bis zur Oktoberrevolution. Studien und Aufsätze. Berlin 1976.

Volkes wurde unter dieser von West- und Mitteleuropa verschiedenen Konstellation geprägt durch Ausdauer und Zähigkeit, gegenseitige Solidarität und Hilfsbereitschaft, patriarchalische Lebensformen und familiären Zusammenhalt, einfache optimistische Menschlichkeit, Wahrung einer einheitlichen Volkskultur und das Vermögen, aus Schwierigkeiten Auswege zu finden und dabei größere Ziele im Auge zu behalten. Ausländische Beobachter, die Rußland unvoreingenommen bereisten und auf das Leben des Volkes achteten, haben diese naturgemäß weit in die Geschichte zurückreichenden Züge oft bemerkt.[4] Die Slavophilen nahmen sie intensiv wahr.

Brückners Theorie der Europäisierung war von ihm als Antwort und Beitrag zu den Diskussionen um den geschichtlichen Standort Rußlands angelegt[5] und kann nicht abgeleitet werden aus der besonderen Konfliktsituation, in der sich die deutsch-baltische Intelligenz oder speziell die Angehörigen der Universität Dorpat nach der Reichsgründung und angesichts der einsetzenden Russifizierungstendenzen befanden. Brückner brauchte keine Partikularinteressen historisch zu legitimieren, er stand der herrschenden deutschbaltischen Schicht völlig fern. Die spürbare Besessenheit, mit der er den ausländischen Einflüssen in der russischen Geschichte nachforschte, und die geringe Zahl aktualisierter Schlußfolgerungen läßt keinen Verdacht auf Antizipation historisch motivierter europazentristischer Herrschaftsansprüche aufkommen.

Seine Idee einer umfassenden geschichtlichen Beeinflussung des in Jahrhunderten byzantinisch und tatarisch-orientalisch vorgeprägten Rußland durch West- und Mitteleuropa, die dritte Überschichtungswelle, konnte auf eine Fülle historischer Tatsachen verweisen. Europa war das Ursprungsgebiet des Industriekapitalismus und der bürger-

4 Vgl. die gedankenreiche Schrift von Kurella, A.: Ost und (oder) West. Berlin 1948.

5 Brückners Rezension zu dem oberflächlichen Werk des Slavophilen M. O. Kojalovič, Istorija russkogo samozosnanija po istoričeskim pamjatnikam i naučnym sočinenijam, St. Petersburg 1882 (1893, 1901), die er in Deutschland veröffentlichte (HZ 57 (1887) 155–174), zeigt das Maß an Erbitterung, das den Auseinandersetzngen von Slavophilen und Westlern um zentrale Fragen der russischen Geschichte noch Mitte der achtziger Jahre innewohnte.

lichen Gesellschaft. Im 17. Jahrhundert kam in den Niederlanden und in England die Bourgeoisie auf revolutionärem Wege zur Macht, in Frankreich setzten sich im 16. und 17. Jahrhundert frühkapitalistische Ansätze durch, das Bürgertum erstarkte. Das Kolonialsystem beschleunigte die Herausbildung der kapitalistischen Gesellschaftsformation, die auch auf Nordamerika übergriff. In den deutschen Territorien setzte infolge der feudalstaatlichen Zersplitterung und der Zerstörungen im Dreißigjährigen Krieg die manufakturkapitalistische Entwicklung erst um 1700 in stärkerem Maße ein. Die Entfaltung neuer sozialer Beziehungen und Bindungen blieb hier hinter den parallelen Vorgängen in Westeuropa zurück, doch erfolgte die Entstehung einer antifeudalen Weltanschauung, der Aufklärung, im allgemeinen etwa zeitgleich. Der Übergang zur neuen Gesellschaftsstruktur wurde begleitet und vorangetrieben von vielen Fortschritten in den Naturwissenschaften und deren Anwendung in der Mechanik. Am allgemeinen Entwicklungsniveau West- und Mitteleuropas um etwa 1700 gemessen war Rußland ein rückständiger Staat. Besonders in der zweiten Hälfte des 17. Jahrhunderts hatten sich in ihm relativ schwache sozialökonomische Voraussetzungen herausgebildet, die zur absoluten Monarchie drängten und damit einer gesamteuropäischen staatlichen Tendenz entsprachen.

Die gesellschaftliche Struktur, Qualifikation und Denkweise der in Wirtschaft und Staat bestimmenden Schichten boten allerdings keine Gewähr, um die gegebenen Voraussetzungen für eine Modernisierung Rußlands ausnutzen und systematisch verstärken zu können. Die Rückständigkeit Rußlands gegenüber den westeuropäischen Staaten war auf den entscheidenden Konkurrenz- und Vergleichsfeldern – Produktivität der Volkswirtschaft, Organisiertheit des Staatsapparates, Militärwesen, Qualifikation der Mittelschichten – schmerzhaft groß geworden. Die Genialität Peters I. und seiner engeren Mitarbeiter in dieser Hinsicht bestand nicht darin, wie Brückner annahm, a priori überlegenen west- und mitteleuropäischen Einflüssen endlich wahllos Tür und Tor geöffnet zu haben, sondern in einer zweckgerichteten und zielbewußten Übernahme neuer Arbeitsmethoden, von instrumentalem Wissen, Erfindungen und kulturellen Errungenschaften aus West- und Mitteleuropa, um die im Staat bestimmenden Personengruppen, die sich in diesem Prozeß veränderten, zur Leitung eines absolutistisch verfaßten Staats von großer internationaler Bedeutung zu befähigen und sie zugleich zu saturieren.[6] In diesem Verhältnis zu dem verwendbaren Wissen West- und Mitteleuropas, das nur einen Ausschnitt aus dem Komplex der petrinischen Reformen und keineswegs, wie Brückner annahm, ihren Kern ausmachte, lag auch der Unterschied zu den Herrschaftsperioden der russischen Zaren vor und nach Peter I. – wiederum entgegen Brückners Versuch, einen großen einheitlichen und nur quantitativ in sich differenzierten Europäisierungsvorgang von etwa 1650 bis 1800 zu konstruieren.

Bevorzugte Forschungsgebiete Brückners waren die Rolle der Ausländer in Rußland und andererseits Aufenthalt, Reisen und dienstliche Missionen russischer Personen in das europäische Ausland. Über diese Themen schrieb er wieder und wieder. In seiner typischen Methode der „Tatsachenreihen", die er für suggestiv-einprägsam hielt, verfolgte er die Berufung ausländischer Fachleute vom Beginn des 17. Jahrhunderts bis zur Eröffnung der „Kunstkammer" 1725 und die Auslandsreisen russischer Diplomaten, Geschäftsleute, angehender Wissenschaftler, Emigranten, hoher Adliger und Schriftsteller im gesamten Zeitraum der beiden Jahrhunderte, ebenso die sechzehnmonatige Reise des späteren Historikers Karamzin durch Deutschland, England und Frankreich 1789/1790.[7] Überall erwies er sich als sehr belesen und bemüht, die Angaben aus den thematisch zusammengehörigen Quellen, die sich bei wichtigen Begebenheiten wie der „Großen Gesandtschaft" Peters I. 1697/98 außerordentlich häuften, untereinander zu vergleichen und zu korrigieren.

Brückner hat viele Details präzisiert oder neue ermittelt, auf den Wert unterschätzter Geschichtsquellen hingewiesen und auch einige Dokumente selbst zutage gefördert. In einem Aufsatz über General Gordon machte er auf dessen umfangreiches englisch verfaßtes Tagebuch aufmerksam, das mit großer Genauigkeit über Gordons politische und militärische Erlebnisse aus der zweiten Hälfte des 17. Jahrhunderts und besonders über sein Leben in Rußland (1660–1699)

6 Vgl. B. I. Krasnobaev, V. O. Ključevskij über die Kulturbeziehungen zwischen Rußland und Europa im 17. und 18. Jahrhundert, in: Kulturbeziehungen in Mittel- und Osteuropa im 18. und 19. Jahrhundert, Festschrift H. Ischreyt, Berlin 1982, S.291–297.

7 Karamzins Reise nachgezeichnet in: Brückner, Die Europäisierung 535–549.

sowie sein enges Verhältnis zu Peter I. berichtet.[8] Brückner merkte an, daß sogar Adelung ungenaue Angaben über den schottischen General mitgeteilt habe, Ernst Herrmann den inzwischen von Posselt besorgten und deutsch gedruckten Auszug noch nicht kennen konnte, Solov'ev das sechsbändige Tagebuch nur flüchtig benutzt und allein Ustrjalov die Bedeutung dieses Materials erkannt habe. Im Dresdener Hauptstaatsarchiv und in der Forschungsbibliothek zu Gotha entdeckte Brückner zahlreiche Dokumente über den noch unbekannt gebliebenen Arzt Laurentius Rinhuber, der mit Blumentrost d.Ä. 1667 oder 1668 zum ersten Mal nach Moskau kam und später noch weitere Reisen nach Rußland unternahm. Brückner schrieb den ersten biographischen Beitrag über Rinhuber und bezeichnete ihn darin als „zu gleicher Zeit Gelehrter und Diplomat, Arzt und Tourist, enzyklopädisch gebildet, Vertreter der mannigfaltigsten Interessen, unternehmend, strebsam, nicht ohne Ehrgeiz, reich an Erfahrungen, viel gewandert, reiselustig."[9]

Das Bild einer geschichtlich erzwungenen Hinwendung Rußlands von Asien zu Europa und einer damit verbundenen inneren Umwandlung des Landes, wie es Brückner entwarf, wies neben der einseitigen Betonung der zwischenmenschlichen Kontaktsphären noch einige andere Bestandteile auf. Brückner legte Wert darauf, die historische Bildungs- und Kulturhöhe des polnischen und des ukrainischen Volkes vom Niveau Großrußlands entschieden abzusetzen und die Angliederung der linksufrigen Ukraine an den Moskauer Staat im 17. Jahrhundert als einen Vorgang erscheinen zu lassen, der infolge der Integration vieler hochstehender geistlicher und kultureller Kräfte unbeabsichtigt ein wichtiger Impuls zur weiteren Westorientierung Rußlands geworden sei.[10]

Die Lehre einer mehrfachen ausländischen Kulturüberfremdung Rußlands fungierte in den geistigen Auseinandersetzungen der Zeit als

8 Brückner, A.: Patrik Gordon. Ein Beitrag zur Geschichte Rußlands im 17. Jahrhundert. Historisches Taschenbuch, 1879, 5. Folge, 9 – /63–173; ders.: Beiträge zur Kulturgeschichte Rußlands im 17. Jahrhundert. Leipzig 1887, 355–451.

9 Ders.: Laurentius Rinhuber. Ein Beitrag zur Geschichte Rußlands im 17. Jahrhundert. In: HZ 52 (1884) 193–253.

10 Ders.: Die Europäisierung 187–220.

Ansatz, die von den Slavophilen verfochtene Eigenwertigkeit der russischen Geschichte radikal zu verneinen sowie die hohe Bewertung Peters I. und der westeuropäischen Kultur durch die Westler als ein nützliches Deutungsmuster zu akzeptieren, dem Brückner allerdings für die Totalschau einer in eintausend Jahren russischer Geschichte von außen auferlegten, quasi schicksalshaften und jedenfalls von subjektivem Wollen unabhängigen Sinnentleerung und endlicher Sinngebung nicht genügen konnte. Rußland war für ihn die geschichtliche Endstation einer langen asiatischen Einflußkette und daher prädisponiert, um in näherer Zukunft den aus West- und Mitteleuropa fließenden Kulturstrom transformiert nach Asien umzuschlagen. Diese Funktion sah Brückner durch die Ausbreitung des modernen Städtewesens über Rußland hinweg nach Westsibirien und durch die Assimilation zahlreicher „inorodcy“ durch russische bäuerliche Siedler schon seit geraumer Zeit angelegt, und in achtungsvollen Worten verglich er die russische Geschichte mit einem großen Kolonisationsprozeß: „Man hört von keiner eigentlichen politischen Aktion, nichts von gewaltigen Heldentaten im gewöhnlichen Sinne. Die Bedürfnislosigkeit und Wanderlust, die Zähigkeit und Geduld des Mannes aus dem Volk, welchen der Kampf ums Dasein vorwärtstreibt, machen alles. Ein solches Vordringen und Aushalten, eine solche langsame Arbeit mit bescheidenen Mitteln, ohne große Gesichtspunkte, um der bloßen Existenz willen, ist auch eine nationale Tat zu nennen. Es war nicht sowohl die Regierung, welche kolonisierte, als das Volk, die Gesellschaft.“[11]

Brückner hatte nicht den Ehrgeiz, bewegende Kräfte des geschichtlichen Prozesses ausfindig zu machen oder historische Gesetzmäßigkeiten zu fixieren. Bürgerlicher Ökonomismus führte ihm mehrmals die Feder[12], sozialgeschichtliches Bemühen als Interessenanalyse von Schichten oder Gruppen nicht. Das Gesamtbild seiner Veröffentlichungen zeigt, daß er oftmals, offensichtlich auch im Zusammenhang mit behördlichen Interventionen gegen seine schon zeitig beantragten

11 Ebenda, 141.

12 Ders.: Finanzgeschichtliche Studien. Kupfergeldkrisen. St.Petersburg 1867; ders.: Die Hauptmomente der Geschichte des Bauernstandes. In: Baltische Monatsschrift 9 (1864) 275–332; ders.: Russische Geldfürsten. Ein Beitrag zur Wirtschaftsgeschichte des 18. Jahrhunderts. Historisches Taschenbuch, 1877, 5.Folge, 7 – /1–49.

Archivstudien, vorliegende Forschungsergebnisse zusammenfaßte, sie neu interpretierte und zu etappenübergreifenden kulturgeschichtlichen, wie er selbst formulierte, „Tatsachenreihen" ordnete. Brückner untersuchte nicht historische Zeitabschnitte in ihrer Gesamtheit und in ihrer strukturellen wie entwicklungsmäßigen Bedingtheit. In seiner lesenswerten Abhandlung über die „Naturgeschichte der Prätendenten" [13], in der er das Auftreten der verschiedensten „falschen" und „echten" Thronanwärter von der Antike bis zur Gegenwart bei besonderer Berücksichtigung der vielen russischen Beispiele zeitlos klassifizierte, lehnt er Schopenhauers Negation der Geschichte als Wissenschaft mit dem Hinweis auf die durch gleichsam naturwissenschaftliche Verfahren (Verallgemeinerung der Tatsachen statt ihrer Individualisierung, Analogieschlüsse, Klassifikation) mögliche Verwissenschaftlichung der Geschichte ab.

An der Frage einer epochenorientierten und allseitigen oder einer linearen, epochenüberschreitenden Darstellungsweise entzündete sich um 1880 eine heftige Polemik mit Schirren, in der auch die Abneigung vieler deutschbaltischer Gelehrter gegen Brückners immerhin in Dorpat betriebene ausschließliche Beschäftigung mit der Geschichte Rußlands und gegen seine Vermittlerfunktion zur deutschen Historiographie spürbar war.[14] Schirren machte geltend, daß sein Nachfolger miteinander verbundene Seiten aus der Geschichte Rußlands in der Epoche des Nordischen Krieges zerreiße und in falsche Zusammenhänge stelle, worauf Brückner bissig erläuterte, daß er die Verwandlung Rußlands aus einem asiatischen in einen europäischen Staat als Prozeß darzustellen hatte und niemand glauben werde, daß die Geschichte des Nordischen Krieges selbst bei jahrzehntelanger Beschäftigung mit ihm diese große Metamorphose erklären könne. Es bleibt festzuhalten, daß Brückners als Forschungsprinzip angewendeten Tatsachenreihen einen statistischen, einebnenden Eindruck hinterlassen und schon von hier aus die Einseitigkeiten in seiner Europäisierungstheorie angelegt sind. Die epochebedingten Unterschiede im Verhält-

13 Ders.: Naturgeschichte der Prätendenten, In: ders.: Beiträge zur Kulturgeschichte Rußlands im 17. Jahrhundert. Leipzig 1887, 3–30.

14 Schirrens Rezension zu: Brückner, A.: Peter der Große, Berlin 1879. In: Göttinger Gelehrte Anzeigen , 30 (1880). Brückners Antwort In: HZ 45, (1881) 468–487.

nis Rußlands zu West- und Mitteleuropa oder in speziellen Fragen wie etwa dem Aufenthalt von Ausländern in Rußland und vor allem die sozial bedingten Ursachen des gesamten Problemkomplexes treten nicht hervor, es entsteht und sollte entstehen der Eindruck einer im 17. und 18. Jahrhundert kontinuierlich anschwellenden Westorientierung Rußlands.

In den beiden letzten Jahrzehnten des 19. Jahrhunderts war Alexander Brückner in Rußland und Deutschland ein vielgelesener Autor, nicht zuletzt infolge der Tatsache, daß in der deutschen Rußlandhistoriographie dieser Zeit bis zum Auftreten des Kreises um Schiemann eine gewisse Leere an neuen Ideen spürbar war, obgleich eine Reihe durch Privatgelehrte verfaßte bemerkenswerte und nützliche Arbeiten erschienen. Die Vorwürfe einiger Kritiker, Brückner habe dem historischen Wissen kein neues Material hinzugefügt und sei unoriginell[15], treffen nicht den Kern. Es ist klar, daß der Wert seiner vielen Publikationen für die deutsche Rußlandhistoriographie weder im Erschließen unbekannter Quellen noch in der Ausarbeitung einer neuen Methodologie oder in der Bekräftigung der schon gesicherten Erkenntnis bestand, daß mit den Reformen Peter I. ein neuer Abschnitt der russischen Geschichte begonnen hatte. Der Wert lag im neuartigen Geschichtsbild und dessen Verwendbarkeit. Gegenüber der konservativen Russophilie, die in historisch-politischer Hinsicht auf die antikapitalistischen, patriarchalisch-christlichen Inhalte der russischen Geschichte orientierte, und gegenüber dem von Herrmann und Bernhardi geprägten historischen Bild, das in der Vergangenheit Rußlands die Äußerung einer bestimmten Staatsidee sah und das Wirken der Politiker festhielt, trug Brückner in die Materie erstmals konsequent den Dualismus von Europa und Asien hinein, von West und Ost als einer geschichtlich gewordenen Konfrontation zweier unvereinbarer Größen und Kulturprinzipien, die um die „Seele“ Rußlands rangen.

15 Loewenson, L.: The Historian Brückner. A neglected page of Russian Historiography. In: Slavic and East European Review 64 (1946) 149–158.

Personenregister

(zusammengestellt von M. Schippan)

Autorenverzeichnis

DETLEF BRANDES, Professor Dr., Düsseldorf

GERD FESSER, Dr., Jena

CONRAD GRAU, Professor Dr., Berlin

RUDOLF HARTMANN, Dr., Berlin

PETER HOFFMANN, Dr., Berlin

RÜDIGER HORN†, Dr., Berlin

BALDUR KAULISCH, Dr., Berlin

HEINZ LEMKE, Dr., Berlin

MICHAEL SCHIPPAN, Dr., Berlin

LUDMILA THOMAS, Professor Dr., Berlin

GERD VOIGT, Professor Dr., Berlin

FOLKWART WENDLAND, Dr., Berlin

DIETMAR WULFF, Dr., Berlin

KLAUS ZERNACK, Professor Dr. Dr., Berlin